NEXT CSR – PATAGONIA

넥스트 CSR 파타고니아

CSR의 새로운 흐름

서진석 유승권 지음

mysc

차례

III
연대와 확산

·

맥주를 만드는 의류회사,
파타고니아

파타고니아는 아웃도어 의류회사인데도 2012년 식품사업에 진출하더니 2016년에는 뜬금없이 롱루트에일(Long Root Ale) 맥주를 출시했다. 사업 다각화를 추진하는 기업은 전·후방 연관 산업에서 자신의 역량을 활용하는 것이 일반적이다. 파타고니아와 롱루트에일 맥주를 연관 지을 수 있는 것은 무엇일까.

교집합이 있다. 파타고니아의 미션과 파타고니아가 실현하고자 하는 환경·사회적 가치다. 이에 따른 지평을 확장시켜 나간 결과 되살림 유기농업 (Regenerative Organic Agriculture)을 추진하게 되었고, 그 일환으로 롱루트에일 맥주를 출시했다.

사회적 기업이 빵을 만들기 위해 고용하는 것이 아니라 고용하기 위해 빵을 만들 듯이, 파타고니아 역시 맥주의 원료인 다년생 밀을 보급하기 위해 맥주를 만든다. 맥주 생산은 부차적인 목적이고, 기후변화를 막는 것이 근본적인 목적이다. 지구상의 단년생 밀을 다년생 밀로 대체한다면, 이산화탄소를 땅속에 붙들어 토양 유실을 막아 지구환경을 되돌려 놓을 수 있다는 것이다.

많은 기업들이 지속가능성(sustainability)을 외치고 있지만, 사회문제, 환경문제는 개선되는 속도보다 악화되는 속도가 오히려 빠르다. 지속가능성에 담긴 문제의식과 목표의 크기로는 현재의 문제 발생 속도를 따라잡기가 상당히 버겁다.

이 때문에 지속가능성을 넘어 되살림(regeneration) 관점에서 비즈니스를 재설계하는 혁신가와 혁신기업들이 나타나고 있다. 카펫회사 인터페이스에 큰 영감을 준 『비즈니스 생태학(The Ecology of Commerce)』의 저자 폴 호켄(Paul Hawken)은 2014년부터 '축소 프로젝트(Project Drawdown)'를 추진하다가 결과물을 모아 2017년 『축소(Drawdown)』라는 책을 냈다. 축소 프로젝트는 기후변화의 속도를 줄이는 것이 아니라, 이를 역전시켜 궁극적으로 지구 평균기온을 낮추는 것이 목표이다. 이를 위해 200명이 넘는 전문가, 활동가들이 참여하여 이산화탄소 절감 효과가 큰 100가지 해결책을 제시했다[1]. 여기에 깃든 추구가치는 '지속가능성'을 넘어 '되살림'이다.

지속가능기업 순위에서 항상 상위에 랭크되어 있는 인터페이스 역시 2016년 '기후 회복(Climate Take Back)'이라는 새로운 미션을 내걸었다. 1996년부터 추진한 '미션 제로(Mission Zero)'의 근본적인 방향이 부정적 영향을 제로화하는 것이었다면, '기후 회복'은 이산화탄소를 줄여 기후를 되찾는 것이 목표이다. 이 역시 '지속가능성'에서 '되살림'으로 방향을 전환한 것이다.

파타고니아도 이러한 방향 전환의 선두에 있다. 파타고니아의 1991년 미션[2]은 '불필요한 환경 피해를 유발하지 않는다'는 측면에서 '지속가능성'을 지향하고 있다. 그러나 2012년 되살림 유기농업을 활성화하기 위해 식품사업 자회사를 설립하고, 2018년에는 아예 기업미션을 "우리는 우리의 터전,

---

1. www.drawdown.org/solutions에서 100가지 해결책을 볼 수 있다. 파타고니아가 추진하는 되살림 농업은 11위에 랭크되어 있다.
2. "우리는 최고의 제품을 만들되, 불필요한 환경 피해를 유발하지 않으며, 환경 위기에 대한 공감대를 형성하고 해결 방안을 실행하기 위해 사업을 이용한다."

지구를 되살리기 위해 사업을 한다"로 바꾸었다. '지속가능성'을 넘어 '되살림'으로 목표를 높이고 활동반경을 넓힌 것이다.

파타고니아가 처음부터 비즈니스로 사회적 가치를 창출하려 노력했다고 생각하면 큰 오산이다. 1973년 이본 취나드가 파타고니아를 설립하고 약 20년 가까이 흐를 당시만 해도 이본 취나드는 의류산업이 얼마나 환경에 피해를 입히고 있는지 제대로 몰랐다. 파타고니아가 '지속가능성'을 넘어 '되살림'으로 진화·발전해온 것은 40여 년 동안 좌충우돌하면서 치열하게 고민하고 싸워온 결과이다.

크게는 세 단계를 밟아왔다. 처음에는 비즈니스가 훼손하는 환경·사회적 가치가 무엇이고 얼마나 큰지 제대로 자각하지 못했기에 환경 분야에 대한 사회공헌을 지속적으로 강화했다. 그 뒤 파타고니아 제품을 만드는 과정에서 얼마나 많은 환경 피해를 유발하는지 자각한 후에는 비즈니스 과정에서 훼손하는 환경·사회적 가치를 최대한 줄여 나갔다. 이는 철저한 자기 반성에 기반하였고, 지구의 환경문제를 해결한다는 원대한 목표가 있었기 때문에 책임의 수준과 범위를 최대한 확장할 수 있었다. 마지막으로 비즈니스를 통해 새로운 환경·사회적 가치를 창출하고자 했다. 환경·사회적 가치의 훼손을 줄이는 것을 넘어, 비즈니스라는 동력을 돌려 플러스(+) 가치를 지속적으로 만들고, 다른 기업과 사회로 확산하고자 했다.

파타고니아는 위의 과정을 순차적으로 겪었다. 파타고니아 CSR(Corporate Social Responsibility, 기업의 사회적 책임)의 40여 년 역사를 훑는 것은 우리나라 CSR의 과거와 현재를 돌아보는 것이며, 미래 방향을 설계하는 과정이다.

최근 우리나라도 사회적 가치에 대한 관심이 크게 증가하고 있다. 그러나 자칫 사회적 가치를 담은 신규 상품·서비스를 일부 발굴하거나, 이산화탄소를 절감하도록 일부 프로세스를 변경하는 것으로만 그칠까 우려된다.

통상적으로 비즈니스가 하던 혁신상품 발굴, 비즈니스 프로세스 혁신을 사회문제 해결 관점에서 적용하는 것만으로는 한계가 있다.

이를 통해서 일부 개선은 이루어져도 혁신적인 전환은 이루어지지 않는다. 그런 점에서 사회적 가치에 대한 관심이 높아지는 시점에 파타고니아가 추구하는 환경·사회혁신을 자세히 들여다보는 것은 의미가 크다. 파타고니아가 추구하는 방향은 향후 우리 사회가 나아갈 '넥스트 CSR'을 탐구하는 데 큰 도움이 될 것이다.

본 작업의 시작은 2016년 11월로 거슬러 올라간다. 두 필자 모두 사회 공헌센터 연수 프로그램에 참여해 미국 캘리포니아 벤투라에 있는 파타고니아 본사를 방문했다. 2시간가량의 짧은 탐방이었지만, 새로운 프로젝트의 필요성을 충분히 느꼈다.

CSR 선진기업의 사례 소개는 주변에 많다. 파타고니아 사례 역시 짧은 글, 카드뉴스, 동영상 클립 형태로 많이 소개됐다. 그렇지만 매우 짧게 요약되어 단편적이거나, 잘못된 정보를 제공하거나, 과장되었거나, 제대로 파악되지 않은 사실들이 일부 존재했다. 2016년 파타고니아 본사 방문을 마치고, 파타고니아가 고민하고 실천하는 내용을 짧은 글 안에 가둘 수 없다는 점을 깨달았다.

그리고 2017년 1월부터 파타고니아 본사 심층 방문조사를 위한 연구팀을 꾸렸다. 필자들 외에 MYSC 김정태 대표, LG전자 김민석 팀장, SK하이닉스 이준석 TL이 합류했다. 파타고니아 코리아 김광현 차장은 파타고니아 본사 방문 및 연구팀의 구성과 운영 전반에 지대한 역할을 했다. 김광현 차장이 아니었다면 파타고니아 본사 방문이 불가능했을 것이고 당연히 이 책도 나오지 못했을 것이다.

파타고니아 본사 방문 및 연구팀은 매달 자료 조사 및 토론을 하고, 공개 세미나도 열면서 1년 6개월을 준비한 끝에, 2018년 6월 파타고니아 본사를 방문했다. 필자들은 두 번째 방문이었다. 일주일간 충분히 머물면서 파타고니아 부사장에서부터 매니저까지 17명의 임직원을 만났다. 인터뷰는 이 책의 큰 자양분이 되었다.

파타고니아 본사 방문 및 연구팀의 미션은 우리나라 기업 및 소셜벤처의 CSR 방향 전환을 꾀하는 것이다. 이 차원에서 파타고니아 사례는 더할 나위 없이 훌륭했다. 파타고니아 본사 방문 및 연구팀은 본사 방문 이후 다양한 방법으로 미션을 수행하기 위해 각자의 자리에서 노력했다.

MYSC 김정태 대표는 귀국하자마자 이사회 의결을 통해 MYSC가 '지구를 위한 1%(1% for the Planet)'에 기업회원으로 가입할 수 있도록 했다. 평소 거의 쇼핑을 하지 않았던 그는 전 직원에게 파타고니아 티셔츠를 선물하고 스스로도 유니폼처럼 입고 다닌다. 최근 '지구를 위한 1%' 한국 회원 모임인 '1% 얼라이언스'를 결성하고 파타고니아와 지구를 위한 1% 전도사로 맹활약하고 있다.

LG전자 김민석 팀장은 새로운 꿈이 하나 생겼다. 그것은 은퇴 후 파타고니아 대리점을 운영하는 것이다. 한편 김민석 팀장은 '지구를 위한 1%'에 개인회원으로 가입했다. LG전자를 비롯해 국내 기업들의 CSR 담당자들을 만날 때마다 파타고니아 CSR을 소개하는 전파자 역할을 하고 있다. 그의 페이스북엔 온 가족이 파타고니아 옷을 입고 찍은 사진이 가득하다.

하이닉스 이준석 TL은 사내 구성원에게 파타고니아 사례를 알리기 위해 노력했다.

이 책 역시 미션을 달성하려는 여러 활동의 연장선에 있으며, 작은 중간 지점일 뿐이다. 도서 출간은 마침표가 아니라 쉼표다. 우리 사회에서 환경·사회적 가치 창출을 위해 노력하고 있는 수많은 사람과 함께 고민하고, 함께 방향전환을 꾀하길 바라본다.

2019년 10월
서진석·유승권

I

파타고니아 CSR의
어제와 오늘

NEXT
CSR -
PATAGONIA

:

1장

왜 파타고니아인가?

우리에게는 제대로 된 '북극성'이 필요하다

서핑포인트 옆에 위치한 본사

캘리포니아 로스앤젤레스 북서쪽으로 태평양 연안도로를 따라 약 100킬로미터 남짓 올라가면 인구 11만 명이 사는 작은 도시 벤투라(Ventura)가 나온다. 벤투라시의 남쪽 경계에는 산타클라라강이 흐르고, 북쪽 경계에는 작은 벤투라강이 태평양으로 흘러 들어가고 있다.

북쪽의 벤투라강 하구는 해변황무지공원(Seaside Wilderness Park)으로 해안사구가 넓고 길게 발달해 해안식물도 잘 자란다. 바로 그 해변에 2미터 높이의 파도가 치곤 하는 훌륭한 서핑포인트가 있다. 평일에도 출근시간 전이나 점심시간이면 많은 사람들이 서핑이나 카이트서핑(kite surfing, 패러글라이딩에 매달려 하는 파도타기)을 하거나 일광욕을 즐긴다.

해변황무지공원에서 도로 하나를 건너 300미터만 걸어가면 '지구를 되살리기 위해 사업을 하는 회사'인 파타고니아 본사가 나온다. 자연환경이 좋은 곳에 본사가 위치한 것이 아니라, 훌륭한 서핑포인트 옆으로 회사를 옮긴 것이다. 파타고니아의 전신인 쉬나드 장비회사(Chouinad Equipment Co.)가 이곳에 자리 잡은 것은 1966년이다. 버려진 함석지붕으로 된 창고를 그대로 사용했는데, 50여 년이 지난 지금도 여전히 활용한다.

1970년대부터 인근 건물을 하나씩 매입해 파타고니아 본사로 사용하는데, 증·개축 없이 있던 건물을 그대로 사용하고 있다. 현재는 약 9천 평 대지에 1~3층 규모의 작은 건물 10개 동을 사용하고 있다. 예전 소방서 건물도 처음 지은 모습 그대로 지금까지 사용하는 등, 모든 건물의 외관도 내부 사무실도 꾸미지 않은 수수한 모습을 간직하고 있다.

이곳에는 파타고니아 매장이 두 개 있는데, 한 매장 건물에 표시된 파타고니아 로고가 아니면 파타고니아 본사라는 것을 전혀 알 수 없다. 도로에 인접해 주차하기 가장 편리한 곳에는 임원 전용 주차장이 아니라 전기자동차 주차장이 있다. 전기사용료는 개인 부담이지만, 전기자동차 충전시설을 회사에서 제공하고 있다.

마당의 주차장에는 30미터 길이의 긴 태양열 발전패널이 다섯 줄로 설치돼 있다. 한 줄에서 생산한 전기는 인근 빌딩 하나에서 사용하는 전기를 100% 공급할 만큼 충분하다. 자전거 출퇴근 운동을 주기적으로 펼치고 있어서인지 건물 마당에는 자전거가 많이 세워져 있다. 또한 난간 곳곳에는 서핑 슈트가 많이 걸려 있다. 출근시간 전이나 점심시간에 서핑을 즐긴 직원이 말리기 위해서 걸어 놓은 것이다.

'지속가능성'의 발원지, 파타고니아 함석지붕

그러나 이것보다 인상적인 공간이 두 곳 있다. 하나는 '미래'와 연관 있는 공간으로, 직원 자녀를 돌보는 데이케어(daycare)[3]센터다. 회사 뒤편을

3. 공식 명칭은 '태평양어린이개발센터(Great Pacific child development center)'다.

가로질러 150미터나 되는 기다란 야외공간을 차지하고 있으며, 마당과 주차장을 제외하면 파타고니아 본사에서 가장 넓은 공간이다.

여기에서는 8주 영아에서부터 만 9세 아동까지 약 120명의 아동을 하루 종일 돌본다. 파타고니아 본사에 근무하는 직원이 600명이라는 것을 감안하면, 어린 자녀가 있는 직원은 대부분 아이와 같이 출근하고 같이 퇴근하고 있다는 것을 의미한다.

파타고니아는 캘리포니아주에서 사내 어린이집을 최초로 운영한 회사다. 다른 곳을 벤치마크해서 도입한 것이 아니라 회사 운영과정에서 수많은 논의 과정을 통해 만들어낸 소중한 결과다. 1970년대부터 창업자 이본 취나드(Yvon Chouinard)의 부인 멜린다(Malinda)는 아들을 회사에 데리고 나와 일했다. 직원들도 그렇게 하기를 바라는 마음에서 아들을 데리고 와서 일한 것이다. 점차 회사가 아이들 놀이터로 변하자 반대하는 직원들이 나왔다. 그렇지만 멜린다는 주장을 굽히지 않고 직장 동료를 설득하여, 1983년 캘리포니아에서 최초로 회사 내에 탁아시설을 만들었다. 파타고니아 본사를 방문할 때마다 데이케어센터의 아이들은 마당의 놀이터에서 즐겁게 뛰어놀고 있었다. 환경을 지키고 재생하겠다는 파타고니아의 미션은 미래 세대를 건강하게 키우겠다는 데이케어센터의 정신에도 깃들어 있다.

또 하나 인상적인 공간은 '과거'와 연관된 공간이다. 바로 약 20평 되는 작은 함석지붕 창고. 이본 취나드는 1966년 이 창고에서 등반장비를 제작하기 시작했고, 지금도 자신의 등반장비를 이 함석지붕 창고에서 직접 제작해서 쓰고 있다.

이 창고는 취나드 장비회사 사업을 궤도에 올려놓은 곳이자, 이본 취나드의 기업철학이 만들어지고 발전한 역사적 현장이다. 그리고 50년이 지난 지금 작은 함석지붕 창고는 박물관으로 고이 모셔지는 것 대신, 여전히 절단기와 해머 소리가 간간이 들리는 곳이다. 여전히 파타고니아의 철학과 초기 정신을 강하게 발산하는 장소다.

세상에는 기억해야 할 '창고'가 몇 개 있다. 우리는 실리콘밸리의 산실이라는 휴렛패커드의 창고만 기억하는데, 더불어 파타고니아의 벤투라 창고 역시 기억해야만 한다. 지금 우리 사회가 쌓아 올린 혁신의 발원지를 찾아가다 보면 어느 지점에서 실리콘밸리의 창고를 만날지 모르겠으나, 훗날 지구의 지속가능성을 복원시킨 발원지를 찾아 나설 때 우리는 벤투라 창고를 만나게 될 것이기 때문이다.

'아름다운 기업'이 아니라 '치열한 기업'

오랜 기간 CSR(Corporate Social Responsibility, 기업의 사회적 책임), 사회혁신 관련 분야에서 일하면서 많은 기업을 벤치마크하고 들여다봤다. 그 중 대표적으로 사회적 책임을 실천하고 있을뿐만 아니라, 자본주의가 낳은 환경·사회적 문제점을 개선하고자 가장 근본적인 질문을 던지고 실천하는 기업을 하나 뽑으라면 주저 없이 파타고니아를 꼽을 것이다.

지속가능한 기업으로 자주 회자되는 기업들도 몇몇 아름다운 사례를 이야기하지만, 자세히 들여다보면 회사 경영 전반에 걸쳐 치열하게 자기성찰을 하거나, 책임의 범위를 계속 확대해 가는 점에 부족한 측면이 다소 있다. 대표적인 사회적 책임 기업으로 꼽히는 유니레버만 해도 그렇다. 유니레버는 손꼽힐 정도로 훌륭한 기업이지만 여전히 개선의 여지는 많다. 그린피스는 2008년 유니레버가 구매하는 야자기름으로 인해 열대우림이 파괴되고 있다고 비판했으며, 국제앰네스티 역시 2016년 유니레버에 야자기름을 공급하는 농장에서 아동노동이 벌어지고 있다고 고발했다.

진정으로 지속가능한 기업은 '아름다운 기업'이 아니라 '치열한 기업'이다. 예전에는 유기농 원재료, 미세플라스틱, 농장·목장·산림 단계까지 책임지는 것이 사회적 책임 범주에 들지 않았다. 하지만 이런 문제들이 지속적으로 책임의 영역으로 새롭게 인식되면서 책임의 지평이 확대되고 있다. 더군다나 '아름다운 기업'이 늘어나고 있지만 지구환경 문제는 더욱 악화일로로 치달고 있다. 현재의 문제점은 '아름다운 해결법'으로 분명히 한계가 있다. 끊임없는 자기성찰을 기반으로 책임의 범위를 넓혀 치열하게 실천하는 기업이 많아져야 가능성이 다소 보일 것이다.

그런 점에서 파타고니아는 기업경영의 밸류체인(value chain) 전반을 통해 우리가 고민하고 실천할 것이 무엇인지 심층적으로 들여다봐야 할 대표적인 기업이다. 완전한 기업이라는 뜻이 아니다. 완전하지 않기에 환경·사회 문제에 민감하게 반응하고 있고, 항상 더 치열하게 고민하고 있고, 그럼에도 불구하고 지구환경 문제 개선에는 턱없이 부족하다고 이야기하고 있다.

이본 취나드는 2018년 11월, 기업 미션을 "우리는 우리의 터전, 지구를 되살리기 위해 사업을 합니다"로 바꾸면서 이렇게 말했다.

"나는 지구환경에 나쁜 일을 해왔어요. 늘 그랬어요. 아무리 노력해도 지구환경에 피해를 줬습니다. 그래서 미션 스테이트먼트를 새롭게 바꾸게 된 겁니다."

파타고니아를 들여다볼 필요가 있는 이유는 항상 반성하면서 근본적인 패러다임 전환을 위해 끊임없이 노력하고 있는 기업이기 때문이다.

CSR을 보기 위해 제거해야 할 두 가지 렌즈

파타고니아는 인위적으로 소비를 늘리기 위한 마케팅 활동을 활발하게 전개하지 않는다. 그래서 광고비용도 전체 지출의 1% 정도 수준이다. 그런 파타고니아가 2017년에 40여 년의 역사상 처음으로 70만 달러를 들여 TV 광고를 했는데, 그 내용은 트럼프 정부가 해제하려는 유타주 국립자연보호 구역을 보호하자는 캠페인 광고였다.

이렇듯 파타고니아는 기업 이미지를 제고하는 홍보 활동을 거의 하지 않음에도 불구하고, 글로브스캔(GlobeScan)과 서스테인어빌리티 (SustainAbility)가 매년 시행하는 지속가능성 리딩 기업 조사에서 2013년 이래 줄곧 2위를 기록하고 있다. 단지 17개국에 직영매장을 가지고 있고, 매출이

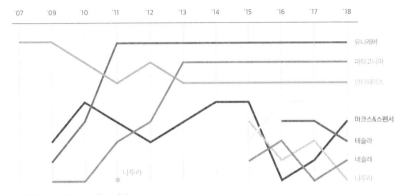

| '07 | '09 | '10 | '11 | '12 | '13 | '14 | '15 | '16 | '17 | '18 |

유니레버
파타고니아
인터페이스

마크스&스펜서
테슬라
네슬레
나투라

나투라

[그림1] 지속가능성 대표 기업
출처 : GlobeScan-SustainAbility Leaders Survey (2017년 및 2018년)

10억 달러인 기업이 전 세계에 영업망을 구축하고 607억 달러 매출(2017년)을 기록하고 있는 유니레버에 이어 2위를 기록한 것은 매우 의미 있는 일이다.

그러나 정작 우리나라에는 파타고니아의 혁신이 잘 알려지지 않았다. 파타고니아 하면 친환경 의류회사, 또는 '이 재킷을 사지 마세요(Don't buy this jacket)'라는 2011년 블랙프라이데이 당시 캠페인 문구만 떠올릴 뿐이다. 왜 파타고니아가 그러한 캠페인을 했고, 어떤 가치를 지향하는지는 잘 모른다.

이유는 많겠지만 무엇보다도 우리나라는 두 개의 렌즈가 기업의 사회적 책임을 제대로 보는 것을 가로막고 있기 때문이다. 이 렌즈를 벗어야 한다. 첫 번째는 기업 이미지 제고 전략으로 만들어진 렌즈다. 아무리 초연결 사회라고 하지만 기업의 많은 정보를 투명하게 공개하지 않으며, 많은 기업이 민낯을 드러내는 대신 화장을 하기도 한다. 기업이 비즈니스를 수행하는 과정에서 어떤 환경·사회적 가치를 훼손하는지와 어떤 기업이 이 문제와 치열하게 싸우고 있는지에 대한 이슈가 좀 더 공론화되어야 한다.

두 번째는 사회공헌이라는 렌즈다. 기업이 창출하거나 훼손하는 가치에 비교하면 사회공헌이 만드는 가치의 비중은 1%도 채 되지 않는다. 창출하거나 훼손하는 사회적 가치의 99% 이상은 비즈니스에서 나온다. 그럼에도 우리는

1%가 만드는 가치의 비중을 크게 두는 경향이 있다. 1%가 착시현상을 불러온다. 착시를 걷어내고 99%를 들여다봐야 한다.

우리나라에서 대표적인 CSR기업, 대표적인 CSR프로그램이 무엇인지 물으면 많은 사람들이 사회공헌을 잘 하는 기업이나 몇몇 사회공헌 프로그램을 떠올린다. 대부분은 오랜 기간 TV광고로 이미지를 쌓아 올린 기업이나 프로그램이다. 기업 CEO나 경영진은 '우리 회사도 그런 회사처럼 이미지를 구축해볼 것'을 현업 부서에 주문한다. 그러나 이는 '북극성'이 아니라 '신기루'를 따라가라는 주문이다. 그러한 이미지를 만들기 위해 막대한 비용을 써도 안 되며, 설사 그 길을 따라간다 해도 절대 '지속가능한 기업'이 될 수 없기 때문이다.

대표적인 CSR기업이나 프로그램에 대한 인식에서 위의 두 가지 렌즈를 제거해보자. 그리고 물어보자. 제품의 원재료 단계까지 추적하며 환경·사회적 책임을 다하려 하는가, 제품의 폐기 단계까지 책임지며 쓰레기를 없애고 업사이클링(up-cycling)을 실천하려 노력하는가, 밸류체인 전반에서 환경·사회적 가치를 훼손하지 않고 지구환경 복원을 위해 노력하는가 등의 질문을 던져야 제대로 북극성을 찾을 수 있다.

두 번에 걸친 파타고니아 본사 방문

아쉽게도 우리는 잘못된 북극성을 지우는 작업부터 해야 한다. 그러기 위해서는 제대로 된 북극성을 제시하고, 북극성이 어떤 길을 개척하고자 하는지 파헤쳐야 한다. 필자들이 이런 갈증을 안고 파타고니아 본사를 처음 방문한 것은 2016년 11월이었다. 많은 질문을 담고 갔지만 2시간 정도의 짧은 방문으로는 파타고니아를 제대로 파헤칠 수 없었고 갈증만 더 깊어졌다.

다녀와서 목표는 더욱 명확해졌다. 우리나라 CSR의 새로운 방향성을 제시하는 데 파타고니아만한 사례는 없으며, 그렇기에 파타고니아의 여러 부서의 핵심 관계자들을 인터뷰해서 제대로 알리고 싶었다. MYSC 김정태 대표, LG전자 김민석 팀장, SK하이닉스 이준석 TL, 파타고니아 코리아 김광현 차장 등과 1년 6개월에 걸친 준비 끝에 2018년 6월, 여섯 명이 함께 일주일 동안 파타고니아 본사를 방문했다. 필자들로서는 두 번째 방문이었다. CSR 관련 여러 부서와 12번의 미팅으로 파타고니아 부사장부터 매니저까지 총 17명의 파타고니아 임직원을 만났다.

만나고, 토론하고, 다녀와서 분석하고, 정리하고, 수차례의 강연을 통해 알릴수록 파타고니아 사례가 던지는 문제 제기는 끝이 없었다. 몇 가지는 분명해졌다. 사회변화를 위해서 우리가 써야 할 근육은 사회공헌을 움직이는 근육이 아니라, 비즈니스 동력을 움직이는 근육이라는 것이다. 그러기 위해서는 우리가 만들고 있는 긍정적인 가치를 찾기보다, 우리가 환경·사회적으로 만들고 있는 잘못된 결과를 철저하게 자성해야 한다.

파타고니아 사례를 보는 것은 그동안 익숙했던 두 가지 렌즈를 빼고, 비즈니스를 통해 훼손한 가치 회복과 사회혁신을 들여다보는 렌즈를 끼우는 과정이 될 것이다. 그러기 위해서 파타고니아 창립과정과 창업자 이본 취나드에 대해 먼저 알아보자.

비주류 자연주의자의 파타고니아 창업

18세에 취나드 장비회사 창업하다

이본 취나드는 암벽등반가, 자연주의자, 환경운동가, 파타고니아 창업자와 같은 수식어가 붙는다. 보통은 파타고니아 창업을 가장 먼저 꼽지만, 이보다 인생 전체를 일관되게 꿰뚫는 정체성을 드러내는 수식어는 환경주의자, 자연주의자이다. 파타고니아는 그의 정체성이 오랜 기간 투영되면서 이제는 인생 철학의 발현체처럼 되었다. 따라서 파타고니아를 알기 이전에 먼저 이본 취나드가 어떤 인물인지 볼 필요가 있다. 이본 취나드를 한마디로 정의한다면 '비주류 자연주의자'이다.

이본 취나드는 1938년 미국 동북부 맨 끝 메인주 리스본에서 2남 2녀의 막내로 태어났다. 아버지는 미장일, 목공, 전기 수리, 하수도 수리, 기계 수리 등 다양한 일을 했다. 그의 가족은 이본 취나드가 8살 때, 로스앤젤레스 북쪽 외곽 도시인 버뱅크로 이사했다. 북쪽으로 샌안토니오산맥이 이어지고, 가까이에서 낚시와 등반을 즐길 수 있는 곳이었다.

학교 공부는 엉망이어서, 고등학교를 겨우 졸업할 수 있을 정도였다. 대신 그의 관심은 자연과 함께 생활하는 것이었다. 고등학교 시절인 16살에 일찍이 암벽등반을 시작했다. 암벽등반을 배운 해에, 스스로 정비한 고물 자동차를 끌고 1,500킬로미터를 달려 옐로스톤국립공원 인근 개니트피크 (4,209미터)를 암벽등반으로 정상 등정하기도 했다. 이후 방학이나 주말이면 옐로스톤국립공원 인근 암벽이나 요세미티국립공원 암벽, 그리고 캘리포니아와 멕시코해안에서 살다시피 했다.

1957년에는 대장장이 기술을 익히기 시작했다. 암벽을 오를 때 쓰는 장비를 직접 만들기 시작했다. 기존 장비에 만족하지 못했기 때문이기도 했다. 이본 취나드는 암벽등반 역사에 몇 가지 점에서 자주 언급되고 있다. 흔히 이본 취나드는 '요세미티 암벽등반가'로 많이 알려졌다. 요세미티는 당시 세계에서 가장 어려운 코스로 정평이 나 있었는데 여기에 새로운 루트를 많이 내기도 했다. 그러나 등반 역사에 족적을 뚜렷하게 남긴 것은 바로 등반장비. 이본 취나드는 등반장비의 판도를 두 번이나 바꾸어 놓았다.

첫 번째로 판도를 바꾼 것은 연철 피톤(piton)을 강철 피톤으로 전환한 것이다. 피톤은 암벽등반 시 바위 틈새에 박아 중간 확보물로 쓰는 금속못으로, 암벽등반의 혁명을 불러온 장비다. 당시에 주로 쓴 피톤은 주조방식으로 만든 연철 피톤으로, 바위틈새 모양에 따라 알맞게 변형되어 박히지만, 튼튼하지 못하고 재사용이 불가능하다는 단점이 있었다. 이본 취나드는 강철 피톤 발명자는 아니지만 강철 피톤을 보급하는 데 결정적인 역할을 했다. 등산상식 사전에도 "1957년부터 10년 동안 장비 개발의 귀재라고 불리는 이본 취나드가 독창적인 아이디어로 피톤의 여러 모델들을 제작하여 유럽은 물론 전 세계 시장에 보급했다"고 언급하고 있다.

이본 취나드가 만든 강철 피톤은 단단하고 강했으며, 연철 피톤과 달리 빼서 여러 번 쓸 수 있었다. 다른 피톤이 20센트인 반면, 이본 취나드의 피톤은 1.5달러로 매우 비쌌지만 주변 산악인의 주문이 계속 이어졌다. 이에 1957년 버뱅크에 철물 공방을 본격적으로 차렸다. 18세에 취나드 장비회사(Chouinard Equipment Co.)를 만든 것이다. 등반인의 생명을 좌우할 제품이자 자신이 쓸 물건이기에 최고의 품질을 지향한다는 정신을 담았는데, 이는 60년이 지난 지금도 파타고니아 정신으로 계속 이어져오고 있다.

철물 공방을 차렸다고 사업을 본격적으로 한 것은 아니었다. 4월부터 11월까지는 요세미티, 옐로스톤 인근, 캐나다 등지로 암벽을 타러 가고 피톤은 주로 겨울에 만들어 팔았다. 1년 중 6개월 이상은 텐트도 없이 산중 노숙을 하며 살 정도로, 기업인이라기보다 '비주류 자연주의자'였다.

떠돌이이자, 대장장이이자, 암벽등반가

청년기의 이본 취나드는 권위적인 것을 부정하고, 물질문명을 만들어내는 기업과 소비문화에 반항했으며, 자연에 심취했다. 그에게 영향을 준 인물로는 헨리 소로 등 여러 명이 있었지만, 그 중 대표적으로 존 뮤어(John Muir, 1838~1914)를 꼽을 수 있다. 존 뮤어는 이본 취나드가 자주 등반하는 요세미티폭포 아래에 통나무집을 짓고 살던 자연탐구자이자, 문필가이자, 미국 국립공원의 아버지로 불리는 인물이다. 1890년 요세미티가 미국에서 세 번째 국립공원으로 지정되는 과정에서 결정적인 역할을 했다.

이본 취나드는 존 뮤어가 창설한 비영리 환경단체인 시에라클럽(Sierra club)의 회원이었다. 시에라 클럽은 자연의 야생지역과 생태계를 보호하고 지구 자연자원을 책임 있게 사용하자는 운동을 펼친 미국의 대표적인 환경단체. 17살 때 시에라클럽 등반가들과 어울려 등반했는데, 이 당시 만난 톰 프로스트(Tom Frost)는 1966년부터 9년 동안 취나드 장비회사의 동업자가 되기도 했다. 이본 취나드는 2018년 시에라클럽에서 주는 최고의 상인 존 뮤어 상을 수상하며, 시에라클럽과의 인연을 다시 이어갔다.

이본 취나드는 우리나라 산악인 사이에서도 유명하다. 1962년부터 2년 동안 한국에서 군 생활을 하던 중, 우리나라 산악인들과 어울리면서 북한산 인수봉에 취나드A, 취나드B라는 두 개의 코스를 개척했기 때문이다.

1964년, 군 제대 이후 이본 취나드는 등반장비 카탈로그를 만들고, 등반동료를 직원으로 고용하면서 회사의 틀을 갖추기 시작했다. 그러나 여전히 세계 최고 난이도의 암벽을 좇아다니느라 1년 중 6개월은 함석지붕 공장을 비우기 일쑤였다. 그는 여전히 떠돌이이자, 대장장이이자, 암벽등반가였다.

1966년, 현재의 파타고니아 본사가 있는 벤투라의 함석지붕으로 공장을 이전했다. 세 번째 공장이자 마지막 공장이다. 이본 취나드의 장비는 가장 가벼우면서도 가장 튼튼한 데다, 지속적인 디자인 개선으로 고객이 계속 늘어났다. 1970년에는 미국 내 등반장비 시장점유율이 75%에 이를 정도로 입지를 굳혔다.

자신이 만든 피톤으로 훼손되는 요세미티

이본 취나드는 요세미티암벽이 나날이 훼손되는 것을 목격했다. 암벽 표면을 훼손하는 주범은 다름 아닌 강철 피톤이었다. 자연을 사랑했으나 스스로 자연을 훼손시킨 장본인이 된 것이다.

요세미티암벽을 오를 때, 많게는 수백 개의 피톤을 쓰기도 한다. 추락을 방지하기 위해 앞서 오르는 선등자가 피톤을 설치하면서 올라가게 되고, 후등자는 이를 회수하며 뒤따른다. 회수할 때는 피톤의 머리 부분을 좌우로

때려 느슨하게 한 후 빼내기 때문에 암벽이 훼손될 수밖에 없다.

당시 강철 피톤은 취나드 장비회사 매출의 70%를 차지하고 있었다. 환경·사회적 가치와 비즈니스 가치가 정면으로 충돌할 때, 어려운 딜레마에 빠지게 된다. 이를 돌파하는 방법은 향후 파타고니아의 철학으로 지속적으로 이어지게 된다.

두 가치가 충돌할 때 어느 가치를 선택할 것인가만 선택지에 있는 것은 아니다. 비즈니스 모델을 바꾸면서 이해관계자의 행동변화를 동시에 꾀하는 방법도 있다. 먼저, 이본 취나드는 비즈니스 모델을 바꿔 나가기로 하고 피톤 생산을 축소할 대체 장비를 찾았다. 다행히 영국 등반가들이 일부 사용하고 있는 알루미늄 쐐기가 있었다. 강철못을 바위에 박는 대신, 알루미늄으로 된 쐐기를 바위 틈에 끼워 넣어 안전을 확보하는 장비였다. 해머가 필요 없으며, 간단하게 분리할 수도 있었다.

그러나 등반가들에게 등반장비는 곧 생명이나 다름없다. 등반가들이 튼튼한 피톤 사용을 중단하고 대신 쐐기를 틈새에 끼워가는 형태로 등반방식을 바꾸는 것은 쉬운 일이 아니다. 취나드 장비회사는 두 가지 전략을 썼다. 이른바 클린 클라이밍(Clean Climbing) 캠페인을 전개하는 한편, 알루미늄 쐐기 제품을 혁신하는 전략이었다.

클린 클라이밍은 1920년대부터 있던 개념이나, 캠페인 형태로 대중화한 것은 취나드 장비회사의 공로가 절대적이다. 1972년 취나드 장비회사는 클라이밍에 대한 두 개의 에세이를 실은 카탈로그를 고객들에게 발송했다. 앞 2페이지에 이본 취나드와 톰 프로스트의 글을, 그리고 14페이지에 걸쳐 덕 로빈슨(Doug Robinson)의 에세이 '자연보호기술'을 실었다.

클린 클라이밍은 바위를 훼손하지 않는 등반이다. 두 글을 통해 클린 클라이밍을 호소하고, 피톤과 해머 대신 알루미늄 쐐기를 사용하는 방법을 알렸다. 그리고 이본 취나드 스스로 알루미늄 쐐기로 요세미티를 오르는 것을 보여주고, 유명한 등반가들의 동참을 이끌어냈다.

비즈니스 혁신 이끈 '클린 클라이밍'

다른 한편으로 피톤을 대체하기에 부족함이 있었던 알루미늄 쐐기를 개선하고 새로운 장비를 만들었다. 취나드 장비회사는 다양한 틈에 맞는 튼튼하고 편리한 쐐기를 만들었다. 특히 이본 취나드와 톰 프로스트가 고안한 육각기둥 모양의 쐐기(Hexentrics)는 1976년 미국 특허로 등록되었으며, 지금도 헥센트릭스라는 제품명으로 팔리고 있다.

오늘날 암벽등반 시 해머 소리는 들리지 않는다. 누군가 피톤을 암석에 박으려고 하면 주변 등반인들이 즉각 제지한다. 대신 이본 취나드와 톰 프로스트가 고안한 다양한 모양의 알루미늄 쐐기를 지금도 사용한다. 이본 취나드가 강철 피톤에 이어 두 번째로 등반장비 판도를 완전히 바꾼 것이다. 전환점의 시작은 바로 1972년 카탈로그에 실린 두 개의 에세이였다.

이본 취나드는 등반역사에 강철 피톤, 알루미늄 쐐기, 그리고 몇 개의 개척 루트로 큰 족적을 남겼다. 그러나 기업경영에 남긴 족적은 그 이상이다. 첫째, 무엇보다도 환경·사회 문제에 대해 앞서 나간 민감성을 바탕으로 진지하게 자신을 성찰하는 정신을 남겼다. 1972년 당시만 해도 어느 등반인도 강철 피톤 생산을 규탄하지 않았다. 오히려 취나드 장비회사가 알루미늄 쐐기 사용 캠페인을 벌이자 비난을 쏟아냈다. 그런 상황에서도 문제를 먼저 인식하고, 인식하자마자 피톤 생산을 줄일 계획을 세운 것이다.

둘째, 환경·사회적 가치와 비즈니스 가치가 충돌할 때 과감하게 비즈니스 모델을 개선하는 사례를 제시했다. 강철 피톤과 알루미늄 쐐기는 재료만이 아니라 생산방식과 프로세스도 달랐다. 피톤 생산 시에는 드롭 해머로 타격하는 것이 필요했지만, 알루미늄 쐐기는 드릴 절삭기가 필요했다. 그럼에도 불구하고 취나드 장비회사는 과감하게 비즈니스 모델을 바꾸고, 혁신을 통해서 새로운 길을 찾아냈다.

마지막 족적은 이해관계자의 변화를 이끌면서 변화를 추구했다는 것이다. 진정한 혁신은 장비의 혁신에만 집중하지 않는다. 고객의 변화를 이끈 것이야말로 혁신 중의 혁신이자 가장 어려운 혁신이다.

혁신을 통해 클린 클라이밍을 구현한 정신은 이후 파타고니아의 유전자로 깊이 각인되었다.

'파타고니아' 브랜드의 탄생

1970년대 초, 취나드 장비회사에는 강철 피톤을 알루미늄 쐐기로 바꾸는 변화 외에 조용한 변화가 또 하나 시작됐다. 의류사업의 시작이었다. 당시만 해도 등반용 의류라는 개념이 거의 없었다. 청바지를 잘라 만든 반바지 위에 흰색 티셔츠를 입는 것이 일반적인 복장이었다. 안전한 등반을 위해서는 튼튼한 옷이 필요했다.

이본 취나드는 1970년 스코틀랜드 등반을 갔다가 럭비 유니폼을 보고 튼튼하다고 생각해 이를 가져와서 주변에 팔았다. 1972년에는 더욱 발전시켜 함석지붕 창고 옆 공장건물을 리모델링하여 의류 소매가게를 차렸다. 이곳에서 반바지, 배낭 등 자신들이 직접 사용하고 판매할 제품 라인을 확대하기 시작했다. 그곳은 지금도 매장으로 운영되고 있다. 이른바 1호점이다. 당시만 해도 직영매장이 전 세계에 106곳이나 생길 줄은 전혀 몰랐을 것이다.

취나드 장비회사는 철공소의 수작업 경험과 역량을 활용하여 등반인의 시각에서 등반인에게 필요한 제품을 튼튼하고 편리하게 만들었다. 의류 매출 비중이 점차 커지자 등반장비 회사 이미지를 넘기 위해 새로운 브랜드가 필요했다.

1968년에 이본 취나드는 다른 4명의 등반동료와 함께 중고차를 끌고 6개월 동안 왕복 26,000킬로미터를 달리며 남미 파타고니아 피츠로이(Fitzroy) 등반을 다녀온 적이 있었다. 1973년, 이본 취나드는 의류사업 브랜드를 정할 때 당시 파타고니아 여행을 떠올리며 브랜드 이름을 정했으며, 더불어 피츠로이산의 스카이 라인을 본뜬 로고도 만들었다. 남미의 파타고니아와 같은 거칠고 순수한 자연환경에 어울리는 옷을 만들겠다는 취지를 브랜드와 로고에 담은 것이다.

파타고니아 론칭 이후에도 취나드 장비회사는 사업을 이어오다 1989년 결국 문을 닫았다. 취나드 장비회사의 장비모델, 특허 등 자산은 블랙다이아몬드 장비회사로 넘겨져 지금까지도 생산된다.

그리고 취나드 장비회사에서 추구한 기업경영 철학은 고스란히 파타고니아로 이어져 더욱 발전되었다.

노스페이스 창업자의 '또 다른 길'

'50년 환경보호 동반자' 취나드와 톰킨스

이본 취나드와 노스페이스 창업자 더글라스 톰킨스(Douglas Tompkins, 1943~2015)는 10대 후반에 암벽등반과 파도타기 동료로 만나 50년 이상 서로에게 영향을 주며, 각기 다른 방식으로 지구 생태계에 기여하는 역할을 했다.

1968년, 이본 취나드를 남미 파타고니아 여행으로 이끈 사람은 톰킨스였다. 그들은 파타고니아 피츠로이산에 새로운 길을 개척했다. 당시 그들은 그 여행을 '자유로운 비주류(funhogs)' 여행으로 정의했다. 베트남전쟁 반전운동 등으로 비주류가 하나의 흐름으로 만들어질 때, 이들은 존 뮤어에 심취하며 자본주의가 낳은 환경 파괴에 반기를 들고 비주류를 자청했다.

1964년, 톰킨스는 21세에 노스페이스를 설립해 등반장비 등을 판매했다. 노스페이스가 궤도에 오르자 이를 매각하고 1968년에는 에스프리(Esprit)를 설립했다. 이본 취나드와 톰킨스는 같이 의류산업에 뛰어들었지만 환경생태를 향한 관심은 여전히 깊었다. 이본 취나드는 저서 『파도가 칠 때는 서핑을(Let my people go surfing)』에서 파타고니아가 추구하는 가치관과 기업문화를 정립하는 데 에스프리가 엄청난 도움이 되었다고 말한 바 있다.

파타고니아가 2011년 진행한 '이 재킷을 사지 마세요' 캠페인의 원조도 사실은 톰킨스의 에스프리였다. 1989년, 여성복 중 가장 잘 팔리는 드레스 사진 위에 '이 드레스를 사지 마세요'라고 쓴 광고를 내보냈던 것이다.

톰킨스는 1970~80년대 환경문제에 심취하면서 근본적 생태주의(deep ecology)를 깊이 받아들였다. 1989년부터 1994년에 걸쳐 에스프리의 지분을 이혼한 아내에게 모두 넘기고, 매각대금 1억 7천만 달러를 들고 남미 파타고니아로 가서 환경 보존 활동에 뛰어들었다.

톰킨스는 1991년부터 25년간 칠레와 아르헨티나에서 총 1.4제곱킬로미터의 광대한 천연 자연지역을 매입했다. 그리고, 이 지역을 국립공원으로 지정하면 국가에

기부하겠다고 하여 매입한 땅의 3~4배나 넓은 지역이 국립공원으로 지정될 수 있도록
활동했다. 남미에서 가장 큰 국립공원인 칠레의 푸말린국립공원(4,450제곱킬로미터)은
오로지 톰킨스의 노력으로 만들 수 있었다. 정부가 국립공원화하도록 노력한 것까지
포함하면 톰킨스는 최소 12개 이상의 공원을 조성했으며, 모두 6만 제곱킬로미터(남한
면적의 60%)의 땅을 지켰다.

2015년 12월, 이본 취나드와 톰킨스는 함께 칠레 남부의 카레라호수로 급류 카약을
타러 갔는데, 이본 취나드는 살아오고 톰킨스는 급류에 휩쓸려 운명하고 말았다. 그리고
톰킨스는 피츠로이산 북쪽 공원의 작은 묘지에 묻혔다. 1968년부터 정신적 고향이었던
파타고니아에 묻힌 것이다. 그리고 묘비에는 흠모했던 존 뮤어의 글귀가 새겨졌다. 그의
'자유로운 비주류(funhogs)' 여행은 파타고니아에서 시작했다가 파타고니아에서 끝났다.

한 사람은 기업 밖에서, 한 사람은 기업 안에서

이본 취나드와 톰킨스는 여러 면에서 공통점이 많았다. 등반, 존 뮤어, 환경보호,
파타고니아, 유기농, 댐 해체 등 철학, 가치관, 생활, 활동내용 면에서 항상 동반자였다.
다만 기업을 바라보는 관점이 달랐다. 한 사람은 환경문제 해결을 불가능하게 하는
산업사회 패러다임의 중심이 기업이라고 생각하여 기업을 매각했고, 다른 한 사람은
기업을 이용하여 환경문제를 해결해보겠다고 하여 기업혁신을 끝까지 몰고 갔다.

톰킨스가 에스프리 지분을 매각한 것은 매각한 돈으로 환경보호에 나서기 위한 것만이
아니었다. 자신을 성공한 사업가로 만들었던 것은 '소비자문화'였고, 소비자문화가 자연에
독성을 주는 산업의 성장을 이끈다는 자각 때문이었다.

1991년 톰킨스가 남미 파타고니아 자연을 매입하기 시작했을 때, 이본 취나드는
"환경 위기에 대한 공감대를 형성하고 해결방안을 실행하기 위해 사업을 이용한다"는
파타고니아의 미션을 정립했다. 미션을 세울 당시, 파타고니아를 자문했던 컨설턴트는
"당신이 환경을 위해 일하고 싶다면 회사를 팔아 환경사업을 하면 되지 않느냐"고
제언했다. 이 질문에 이본 취나드는 오히려 혁신적인 미션을 만드는 것으로 답했다.
파타고니아 릭 리지웨이(Rick Ridgeway) 부사장은 2017년 9월 방한하여 강연 중

이렇게 말한 바 있다.

"파타고니아를 팔아서 그 돈으로 환경운동을 했을 때의 효과와 현재 기업을 유지하면서 환경에 기여하는 효과를 분석해본 적이 있다. 결론은 이 상태를 유지하는 것이 지구환경에 좋겠다는 것이었다. 그 이유 중 하나는 파타고니아가 다른 회사에 영감을 주고, 다른 회사들이 친환경적으로 나서도록 설득할 수 있다고 생각했기 때문이다."

한 사람은 기업 밖에서, 다른 한 사람은 기업 내부에서 새로운 루트를 개척했다. 비즈니스가 환경문제와 인간중심적 사고방식을 계속 만들어내는 주체라는 점에서 톰킨스는 비즈니스를 떠났다. 하지만 기업경영을 변화시켜 환경을 살려야 한다고 생각한 이본 취나드는 비즈니스를 밀고 나갔다. 두 사람의 길은 달랐지만, 두 가지 길이 더욱 넓어져서 하나의 길로 통합될 때 지구환경 문제는 지속가능을 넘어 복원과 회복으로 갈 수 있을 것이다.

2장

:

파타고니아가 만들어 온 혁신

사회적 가치를 만드는 세 가지 방법

파타고니아 혁신의 역사를 보는 이유

창업자 이본 취나드의 확고한 환경철학이 있었기에 파타고니아가 오늘날 대표적인 사회적 책임 기업이 될 수 있었다고 흔히 말한다. 이 말은 맞으면서도 틀리다. 그의 영향이 절대적이었던 것은 사실이지만, 이본 취나드 자신도 오랜 기간 기업경영이나 사회적 책임의 본질을 제대로 이해하지 못했다고 스스로 자성했기 때문이다.

혹자는 파타고니아가 추구하는 철학이나 수준이 너무 높고, 또 확고한 의지를 가진 창업자가 기업을 이끌고 있기에 우리나라 현실과 괴리감이 많아 오히려 벤치마크하기 어렵다고 이야기한다. 그러나 이는 미흡한 점이 있는 문제 제기다.

첫째, 파타고니아도 완전한 기업이 아니며 지속적으로 새로운 이슈와 싸우고 있는 기업이다. 파타고니아 임직원을 만나면 그들 역시 아직 한계가 많다는 말을 자주 한다. 파타고니아 역시 어느 수준에 '도달'한 회사가 아니라, 치열하게 고민하며 여전히 진화·발전하고 있는 회사다.

둘째, '높은 수준'이냐 아니냐를 논하기 전에 '방향'이 중요하다. 변화에서 중요한 것은 힘의 크기 이전에 지향하는 방향이다. 우리가 봐야 할 가장 중요한 것은 격차를 확인하는 것이 아니라 우리가 나아갈 방향과 좌표이다.

셋째, 파타고니아 CSR 역사를 보면 파타고니아 역시 끊임없이 좌충우돌하면서 길을 열어왔다. 짧게는 파타고니아 창립 이후만 보면 40여 년, 길게는 취나드 장비회사 창립 이후 60여 년의 역사 과정에서 어떤 고민을 했고, 고민의 결과 어떤 변화를 만들었는지 봐야 한다. 파타고니아가 발전시켜온 문제의식에는 우리나라 CSR의 과거만이 아니라 미래 역시 담겨 있다.

파타고니아의 사회적 가치 창출 방법

파타고니아의 CSR 역사를 보기 전에 기업이 사회적 가치를 만드는 방법을 구분할 필요가 있다. 크게 세 가지가 있다. 첫째는 기업의 이윤을 활용하는 방법이다. 가장 쉽게 접근할 수 있는 방법은 흔히 사회공헌 형태로 이루어진다. 비즈니스가 훼손하는 사회적 가치가 무엇이고, 얼마나 큰지 아직 제대로 자각하지 못했거나, 비즈니스와 사회공헌을 분리하여 접근할 경우에 취하는 방법이다.

둘째는 비즈니스 과정에서 사회적 가치 훼손을 줄이는 것이다. 상품·서비스 자체가 가지고 있는 마이너스(-) 사회적 가치를 줄이거나, 비즈니스 프로세스 과정에서 부정적인 환경·사회적 가치를 줄이는 것이다. 이는 사회 통념상으로 상품·서비스 가격에 반영되지 않는 사회적 비용을 찾아 줄이는 과정으로, 철저한 자기 반성에 기반해야 한다. 이 과정을 지속적으로 파고들면 궁극적으로 현재의 생산-소비 시스템의 문제점까지 닿기 때문에 끝이 없다.

셋째는 비즈니스를 통해 사회적 가치를 새롭게 창출하는 것이다. 비즈니스가 운영될수록 끊임없이 온실가스와 쓰레기를 배출하는 경우가 대다수이지만, 반대로 상품·서비스를 새롭게 디자인하면 비즈니스라는 동력을 돌릴수록 사회적 가치를 만들어낼 수 있다.

파타고니아의 역사를 통해서 우리는 한 기업이 세 가지 방향의 사회적 가치를 어떤 고민과 성찰 속에서 진정성 있게 만들었는지 들여다볼 수 있다. 파타고니아는 이런 과정을 의도하며 단계적으로 밟아온 것이 아니다. 끊임없이 성찰하면서 변화를 이끄는 과정에서 세 가지 방향을 순차적으로 밟아왔다. CSR의 진화 과정을 스스로 보여준 것이다.

물론 이 세 가지 방향은 '징검다리'처럼 건너온 과정이라기보다 '탑 쌓기'처럼 중첩하여 쌓아온 과정이다. 즉, 처음에는 이윤을 활용하면서 사회적 가치를 만들다가, 이후 이와 더불어 비즈니스가 훼손하는 사회적 가치를 최소화시키고, 나아가 비즈니스를 통해 사회적 가치를 창출하는 것까지 함께 추진해 온 것이다.

세 번째 단계의 방법은 마치 CSV(Creating Shared Value, 공유 가치 창출)와 비슷하게 여기는데, 결정적으로 다른 점이 많다. 사회적 가치를 만드는 앞의 두 방향 위에 중첩하여 쌓았다는 점이나, 경영전략의 한 사례로 추진한 것이 아니라 기업 전체 차원의 변화전략으로 추진하였다는 점 등이 다르다.

파타고니아는 사회적 가치를 창출하는 세 가지 방법을 순차적으로 깨닫고 실천했는데, 이는 곧 파타고니아 CSR의 발전 단계이다.

파타고니아 CSR의 발전 단계

첫 번째 단계, 창립에서 미션 정립까지

파타고니아 CSR 변화의 첫 번째 단계는 1973년 창립에서부터 1991년 파타고니아가 위기를 겪으면서 미션을 정립한 해까지 약 20여 년이다. 쉬나드 장비회사는 '클린 클라이밍' 캠페인을 통해 비즈니스에서 사회적 가치와 재무적 가치가 충돌하는 문제를 방지하고 해결한 바 있다. 취나드 장비회사와 파타고니아가 다른 회사는 아니기에, 파타고니아 역시 출발부터 이런 문제를 자각하고 해결하고자 노력했을 것 같지만, 당시 파타고니아는 그렇지 못했다.

이본 취나드는 취나드 장비회사의 제품을 A부터 Z까지 모두 알기 때문에 생산 및 판매 전체 프로세스를 제어하는 것이 가능했다. 그러나 파타고니아 의류제품은 전혀 달랐다. 모두 실패를 겪어가며 하나씩 알아가야 했다. 의류산업은 원재료 조달부터 생산, 판매까지 오랜 기간이 소요되었으며, 다른 나라의 여러 업체와 협력해야 했고 품질 조절이 쉽지 않았다. 이본 취나드는 강철 피톤의 환경 영향을 파악하는데 10여 년이 필요했다. 반면, 의류산업이 환경·사회적으로 끼치는 영향을 제대로 파악해야겠다고 절실히 느끼는 데는 약 20년이 필요했다.

이 시기의 파타고니아를 한 문장으로 정리하면 '전통에 얽매이지 않는 기업문화 속에서, 품질 좋은 최고의 제품을 생산하여, 지구환경을 지키는 회사가 되고자 한다'이다. 이 기간에 차근차근 다진 기업문화, 품질(제품에 대한 책임), 환경보호 활동(사회공헌을 통한 책임), 세 가지는 이후 파타고니아가 CSR을 깊게 뿌리내리고 확산하는 데 튼튼한 토대가 되었다. 파타고니아의 CSR이 1990년대 이후 급성장할 수 있었던 것은 20년 동안 다지고 축적한 기반이 있었기 때문이다. 그 기반은 세 가지로 요약할 수 있다.

첫째, 이 시기에 파타고니아는 전통에 얽매이지 않는 자유로운 기업문화를 만들고자 했다. 이본 취나드는 '비주류' 정신을 이어갔다. '멋진 파도가 몰려오면 파도를 타러 갈 수 있어야 한다는 것'은 흔히 이야기하는 '구성원이 즐겁게 일하는 회사를 만들겠다'는 것만으로 설명이 부족하다. 고정관념에 얽매이지 않고, 기존 권위와 질서에 영향 받지 않겠다는 의미도 담겨 있다.

대표적인 것 중 하나가 앞에서 설명한 1983년에 만든 직장 탁아소 데이케어센터(태평양어린이개발센터)다. 단지 직원 복리후생 차원에서 접근하는 것은 협소한 해석이다. 직장과 가정의 경계가 왜 있어야 하느냐는 질문에 대한 파타고니아식 답변이었다.

제품·서비스 영역에서만 혁신이 필요한 것은 아니다. 앞서 나가는 CSR을 만들기 위해서도 혁신이 필요하다. 주류에서 자유로워지려는 파타고니아의 기업문화는 환경·사회적 책임 영역에서도 혁신적인 질문을 던질 수 있는 토양을 만들었다.

둘째, 파타고니아는 이 시기에 품질 측면에서 최고의 제품을 생산하는 토대를 닦았다. 파타고니아 제품 품질의 근본적인 철학은 자신과 동료들이 입을 의류를 책임감 있게 만드는 것이다. 책임감이란 생명 보호, 안전, 다기능, 편리함에 대한 것이며, 향후 제품을 만드는 전체 과정에 대한 책임감으로 확대되는 기반이 되었다.

대표적으로 1985년에 파타고니아가 몰던 밀즈(Malden Mills)와 오랜 협력 끝에 내놓은 신칠라(Synchilla)는 당시 가장 혁신적인 원단이었다. 몰던 밀즈는 1979년 등산의류에 일대 혁명을 몰고 온 폴라플리스(Polar fleece) 개발사이다. 파타고니아는 몰던 밀즈와의 협력을 통해 폴라플리스를 한 단계 업그레이드하여 보풀이 전혀 일어나지 않고 훨씬 부드러운 양면 원단을 내놓았다. 이렇듯 파타고니아는 1970~80년대에 끊임없이 제품을 혁신해 왔다. 이를 통해 1980년대 중반부터 1990년 사이에 매출액이 2천만 달러에서 1억 달러로 급성장했다.

그러나 파타고니아가 생각하는 '최고'의 개념은 달랐다. 보통 '최고'란 최대 매출, 시장점유율 1위를 뜻한다. 반면 파타고니아는 품질 면에서 가장 우수한 것을 '최고'로 고려했다. 이는 큰 차이다. 약 5년 사이에 매출이 5배로 뛰는 경우 보통의 회사는 최대 매출을 향해 액셀러레이터를 밟는다. 그렇지만 파타고니아는 액셀러레이터에서 발을 뗐다. 최대 매출이 '최고'를 보장해주지 않으며, 최고의 품질이란 제품에 대한 전방위적인 책임과 함께 해야 한다는 자각을 하게 된 것이다. 이 시기에 파타고니아는 제품의 여러 면에서 '최고'가

되기 위한 튼튼한 기반을 다졌다.

마지막으로 파타고니아는 이 시기에 환경운동의 지지자이자 참여자로서 자신의 정체성을 강화하기 시작했다. 대표적으로는 1973년 파타고니아 본사 옆에 흐르는 벤투라강 보호운동을 펼치는 '벤투라강의 친구들(Friends of the Ventura River)'에게 사무실을 내어주고 후원한 것부터 시작했다. '벤투라강의 친구들'은 파타고니아가 풀뿌리 환경운동의 중요성을 자각하도록 했다. 그렇다고 해서 1970년대의 파타고니아를 환경철학이 내재된 회사라고 정의하기 어렵다. 파타고니아 역시 이를 위해서는 기나긴 시간이 필요했다.

흔히들 파타고니아가 규모가 매우 큰 회사가 아니어서 환경철학을 철저하게 관철할 수 있었다고 한다. 그러나 그렇지 않다. 파타고니아는 회사의 규모와 영향력이 커질수록 오히려 환경철학을 더욱 강화해 왔다. 1970~80년대만이 아니라 지금도 마찬가지다.

대표적으로 환경단체에 대한 기부도 그렇다. 1973년부터 환경단체에 기부를 시작했지만 당시로서는 매우 미미한 수준이었다. 1980년대 초에 이르러 순이익의 2%를 환경단체에 기부하다가 1985년에는 법인세 손비 인정 한도 수준인 10%까지 늘렸다. 1990년대 이후에도 매출 1% 기부, 지구를 위한 1%(1% for the Planet) 설립, 임팩트투자 기금 설립, 블랙프라이데이 매출 전액 기부(2016년) 등 책임의 수준을 계속 높이고 있다. 회사의 규모가 성장할수록 오히려 책임의 수준을 높이고 있다.

왜 파타고니아는 환경단체에 기부를 시작했고, 지속적으로 늘려 왔을까. 이유는 두 가지다. 하나는 풀뿌리 환경단체의 가치를 인식하고 있었기 때문이며, 다른 하나는 비즈니스를 하면서 알게 모르게 훼손하고 있는 환경적 가치에 따른 비용을 지불하고자 함이었다. 파타고니아는 좋은 기업, 착한 기업이 되고자 기부를 늘린 것이 아니다. 만약 그러했다면 환경단체에 대한 기부가 통상적인 착한 기업의 수준에서 멈추었을 것이다. 불가피하게 훼손하는 환경 가치에 따른 비용을 지불하는 것으로 기부를 인식한다면, 만족 수준, 도달 수준은 존재하지 않을 것이다. 파타고니아 역시 CSR의 역사를 기부로 시작했지만, 이것이 다른 기업과의 차별점이다.

파타고니아는 기부 외에 1988년 요세미티계곡의 자연복원을 위한 마스터플랜을 지지하는 캠페인을 시작으로 수많은 환경보호 캠페인을 벌이기 시작했다. 지지자를 넘어 참여자가 됐다. 파타고니아는 고객에게 발행하는 카탈로그에 지지글을 게재하고, 매장을 통해서도 이를 알려 나갔다. 이 역시 기부와 마찬가지로 파타고니아의 규모와 영향력이 커지면서 책임의 범위를 넓혀 나갔다. 카탈로그가 인터넷, 블로그, 동영상 등으로 다변화되면서 고객과의 접점을 확대했고, 매장 역시 1986년부터 벤투라 외의 지역에 개설하기 시작했는데, 직영매장을 고객에게 환경의 중요성을 알리는 거점으로 십분 활용했다.

파타고니아는 1980년대 들어 사회적 책임을 향해 조금씩 굵직한 발걸음을 떼고 있었으나, 실제 자신의 비즈니스 역시 얼마나 환경에 부정적인 영향을 끼치고 있는지 제대로 몰랐다. 물론 자신이 운영하고 있는 비즈니스 동력이 환경·사회적 가치를 만드는 데 얼마나 큰 힘을 갖고 있는지는 더더욱 몰랐다. 그렇기에 환경을 훼손하고 있을지도 모르는 것에 대한 비용으로 기부를 늘려 갔을 뿐이다. 이 단계의 파타고니아는 자유로운 가치를 추구하는 회사, 이윤을 창출하여 지구환경을 지키는 단체를 후원하는 회사가 되고자 했다. 이 단계를 한 단어로 표현하면 굿 컴퍼니(Good company)이다.

두 번째 단계, 환경피해를 유발하지 않는다

파타고니아가 본격적으로 CSR의 혁신을 만드는 시기는 1990년대 이후다. 두 번째 단계는 1991년부터 2010년대 초반까지 약 20년이다. 이 시기 파타고니아는 이전 미션(2018년 파타고니아는 미션을 더 단순하면서도 명확하게 변경했다)에 있었던 문구 중 일부인 "불필요한 환경피해를 유발하지 않는다(Cause no unnecessary harm)"를 적극적으로 실천했다.

자각의 계기는 회사가 위기를 겪으면서였다. 파타고니아는 1980년대 후반 매출이 급성장하면서 회사와 인력규모가 갑자기 커졌다. 1990년에만 100명의 직원을 신규채용했으나, 파타고니아는 성장을 감내할 준비가 제대로 되어 있지 못했다. 회사시스템의 비효율성이 드러나고 위기의 조짐이 보였다. 이 때 파타고니아는 기업을 왜 하고자 했는지에 대한 근본적인 질문을 던졌다.

이본 취나드는 비즈니스를 시작한 지 34년이 지나서야 왜 비즈니스를 하는지 이유를 어렴풋이 알게 되었다고 고백했다. 『파도가 칠 때는 서핑을』에서 이본 취나드는 "우리 회사에서 만든 피톤과 빙벽용 도끼가 여타 장비회사 제품의 모델이 되었듯이, 파타고니아가 다른 업계 종사자들에게 환경문제와 지속가능한 성장을 위해 회사 차원에서 할 수 있는 노력의 모델이 되었으면 하는 바람이었다"고 말했다.

이 결과 만들어진 미션이 "우리는 최고의 제품을 만들되, 불필요한 환경피해를 유발하지 않으며, 환경위기에 대한 공감대를 형성하고 해결방안을 실행하기 위해 사업을 이용한다"이다. 이 때가 1991년이고, 이를 기점으로 파타고니아는 비로소 '사업을 이용'하기 시작한다.

파타고니아 미션의 첫 문장, "우리는 최고의 제품을 만들되"는 이전 1단계에서부터 지속적으로 추구한 가치다. 나머지 문장들은 새로운 자각이다. 그런데 어떻게 불필요한 환경피해를 유발하지 않을까? 파타고니아는 과학 저널리스트인 다니엘 골맨(Daniel Goleman)이 제시한 세 가지 규칙을 따랐다. 그것은 "당신이 끼치는 영향을 파악하라, 개선을 장려하라, 알고 있는 것을 공유하라!"였다.

무엇보다 파타고니아의 비즈니스가 유발하는 피해를 알아야 했다. 1991년 파타고니아는 자신이 가장 많이 사용하는 면직, 모직, 폴리에스터, 나일론 등 4가지 섬유에 대한 라이프사이클을 처음으로 분석했다. 환경영향 평가보고서 역시 1994년에 처음 발간했는데, 여기에 분석결과를 실었다. 파타고니아는 이를 통해 4가지 섬유 중 오히려 막대한 살충제를 뿌려 키우는 면직물이 환경에 가장 유해한 섬유라는 것을 처음 알았다.

파타고니아는 두 가지를 깨달았다. 먼저, 환경운동을 지지하고 참여해온 파타고니아 자신도 환경피해 유발자라는 점에서 자유롭지 못하다는 것을 자각했다. 생태경제학자 로버트 코스탄자(Robert Costanza)는 "우리는 자연의 가치를 제외함으로써 아주 오랫동안 분식회계를 해 온 셈"(1998)이라고 했는데, 파타고니아 역시 그러한 산업 생태계 속에서 성장해온 것을 알게 되었다. 또 하나는 의류 비즈니스를 약 20년 했지만 자신의 비즈니스에 대해 제대로 몰랐다는 자각이다.

1994년에 시작하여, 1996년 봄에 100% 유기농 면직 제품을 내놓은 것은 뼈저린 성찰의 결과였다. 100% 유기농 면화는 파타고니아 역사에서 매우 중요한 분기점이 되었다. 이는 쉬나드 장비회사 시절 강철 피톤을 알루미늄 쐐기로 바꾼 것과 같은 혁신을 만들어냈다. 당시 유기농 면직 제품을 사용해야 한다는 사회적 압박이 있었던 것도 아니다. 유기농 면화를 구할 수 없어 면직 제품을 3분의 2 수준으로 줄여야만 했다. 가격 또한 올려야만 했다. 면직 제품의 매출이 20%나 차지하고 있었으니 경영상 큰 손실을 감내한 것이다. 파타고니아는 환경·사회적 가치와 비즈니스 가치가 충돌한다는 것을 자각했을 때, 다시 한번 환경·사회적 가치 측면에서 비즈니스를 재편했다.

이 시기 파타고니아 CSR의 노력은 크게 세 가지로 요약할 수 있다. 첫째는 재활용제품의 생산이다. 파타고니아는 제품의 라이프사이클 분석을 통해 원재료들이 환경에 불가피한 피해를 유발한다는 것을 알았다. 이를 줄이기 위해서는 재활용을 해야 한다.

생산-소비 시스템은 대부분 자원조달→생산→판매→소비→폐기로 이어지는 직선적이고 끊긴 시스템(linear system)이다. 만약 폐기에서 자원조달로 다시 이어지는 원형적이고 순환형으로 이어지는 시스템(circulating system)을 만든다면 우리 삶은 지속가능해진다. 특히 폐기된

재료를 재활용할 때, 원재료의 질이 떨어지지 않고 원래의 특징을 계속 유지하면서 다시 가공할 수 있다면 무한 순환이 가능할 것이다. 우리는 이를 업사이클링이라고 한다.

업사이클링이 가능한 원재료는 많지 않다. 대표적으로 폴리에스터와 나일론6이 있다. 파타고니아는 업사이클링을 먼저 시도했다. 1993년에 버려진 페트병으로 인조양모 재킷을 생산하는 방식으로 폴리에스터 재활용 제품을 생산한 데 이어, 2008년에는 나일론 재활용 제품을 출시했다. 그 이후에도 재활용하는 원재료 범위를 지속적으로 확대하고, 2025년에는 재활용되거나 생분해 되는 재료를 100% 사용하겠다는 목표를 향해 나아가고 있다.

둘째는 공동자원 활용 운동의 전개다. 우리가 소모하는 것을 후손에게 물려줘야 할 공동자원으로 본 것이다. 파타고니아는 축소(reduce), 수선(repair), 재사용(reuse), 재활용(recycle), 생각의 전환(reimagine) 등 5R을 비즈니스 전반에서 노력하는 한편, 고객도 소비자 관점에서 함께 노력하자는 운동을 전개했다. 2011년 블랙프라이데이 당시 '이 재킷을 사지 마세요(Don't buy this jacket)' 캠페인은 이 일환으로 이루어졌다.

파타고니아는 1996년 네바다주 르노에 수선센터를 설립해 오래 전부터 이 문제에 접근하기 시작했다. 현재 르노 수선센터에서는 연 5만 벌(2017년 기준)을 수선한다. 2005년에는 폴리에스터 제품을 고객이 보내오면 이를 재활용해서 다른 폴리에스터 옷으로 완벽하게 재활용하는 활동을 펼쳤다. 그러나 이러한 단편적인 노력으로는 현 시스템을 바꿀 수 없다. 이에 2011년 종합적인 공동자원 활용 운동을 전개한 것이다.

파타고니아의 공동자원 활용 운동은 몇 가지 점에서 큰 문제 제기를 했다. 단지 소비자 중심의 3R(감소(reduce), 재사용(reuse), 재활용(recycle)) 운동이나 몇 가지 재료의 업사이클링만으로 한계가 있기에, 총체적인 접근이 필요하다는 것이다. 특히 소비 이전에 제품 생산과정이 중요하다는 문제의식을 던졌으며, 파타고니아가 이를 먼저 실천하겠다는 의지를 천명했다.

셋째는 환경·사회적 책임의 범위를 원재료 생산단계까지 거슬러 올라가 추적하기 시작했다. 이는 파타고니아 CSR 두 번째 단계의 핵심적 내용이다. 이런 노력은 1994년 시작하여 1996년 100% 유기농 면직 제품 생산을 완성하는 것으로 이미 시도했다. 그러나 유기농 면이라는 좁은 영역에서의 시도였을 뿐, 파타고니아 비즈니스 전반에서 이루기 위해서는 과제가 산적했다.

이는 두 가지 방향에서 이루어질 수 있다. 하나는 협력업체에 대한 책임 분야의 확대다. 협력업체에 대한 책임 영역은 환경, 인권, 노동 등 분야가 매우 넓다. 파타고니아는 공정노동협회(FLA)에 참가(2001년)하는 데 이어, 원재료의 화학물질 및 염료, 생산환경, 폐기물 처리 및 배출 등과 관련하여 가장 엄격한 섬유제품 기준을 제시하는 블루사인(Bluesign)의 협력 파트너(2007년)가 되는 등 다각도로 노력했다.

또 다른 하나는 협력업체 관리범위를 1차, 2차 협력업체를 넘어 원재료 생산단계인 농장·목장·산림까지 거슬러 올라가 파고드는 것이다. 2007년 파타고니아는 의미 있는 두 개의 발걸음을 내디뎠다. 발자국 찾기(Footprint Chronicles)와 100% 책임 추적 다운(100% Traceable Down) 사업을 전개하기 시작한 것이다.

'발자국 찾기'는 원재료의 생산단계에서부터 직조, 염색, 봉제 등 생산작업을 거쳐 물류, 배달 과정까지 추적하여 부족한 문제점을 고객에게 공개하는 방대한 작업으로, 아직까지 현재진행형인 장기 과제다. '100% 책임 추적 다운'은 살아있는 거위나 오리 및 푸아그라를 얻기 위해 강제로 사료를 먹이는 거위나 오리에서 털을 뽑지 않고, 도축한 거위나 오리에서 뽑은 털이라는 것을 도축장, 사육농장만이 아니라 알 생산농장까지 거슬러 올라가 추적하고 인증하는 프로그램이다. 파타고니아는 무려 7년간의 노력 끝에 2014년에 이를 완성했다.

이 시기에 파타고니아는 환경피해 유발을 줄이기 위해 끊임없이 공급망 책임 범위, 영역, 수준을 확대하면서 환경적 책임을 강화했다. 한편으로는 한계를 깨달아가는 과정이었다. 이는 너무나도 광대하여 장기간 지속적으로 추진해야 하며, 혼자의 노력만으로는 완성하기 어려운 부분도 많았다. 특히 환경피해 유발를 줄인다 해도 여전히 기후변화, 생물다양성 파괴, 화학적 오염 문제는 더욱 심각해지고 있었다. 시계를 어떻게 돌려놓을 것인가를 생각하면 단지 훼손의 정도를 줄이는 것만으로는 부족하다는 자각을 할 수밖에 없었다.

한편, 파타고니아는 1단계 시기부터 추진해오고 있는 환경운동 지지자 및 참여자로서의 정체성을 더욱 확대했다.

무엇보다도 환경단체 기부 정책을 전환했다. 1996년, 순이익 10% 기부에서 매출액 1% 기부로 바꾼 것이다. 단지 기부액을 늘렸다거나 적자가 나도 기부를 하겠다는 차원에서만 해석하면 안된다. '굿 컴퍼니'가 아니라 '지구의 지속가능성' 차원의 접근이다. 비즈니스 과정에서 불가피하게 훼손하는 것을 비용으로 지불하겠다는 철학에 따른다면, 순이익이 아니라 매출 대비 기부를 하는 것이 맞다.

또한 풀뿌리 환경단체에 대한 지원수단을 확대했다. 대표적으로 1994년부터 지금까지 시행하고 있는 '풀뿌리 활동가를 위한 도구들(Tools for Grassroots Activists)' 이라는 3일 이상의 집중 콘퍼런스를 2년 주기로 열면서 풀뿌리 환경단체 역량 강화에 힘썼다.

환경 캠페인 역시 자연보호 캠페인을 넘어 환경 분야 전반으로 확대하고 정치 참여를 독려하는 방식으로까지 확대했다. 유전자변형식품(GMO) 반대 캠페인(2001년)과 환경정책 지지 투표 캠페인(2004년)이 대표적이다.

이 단계에서 파타고니아가 추구했던 가치를 한 단어로 표현하면 지속가능성(Sustainability)이다.

세 번째 단계, 지속가능성 넘어 '되살림'으로

세 번째 단계는 2012년경부터 현재까지이다. 파타고니아가 두 번째 단계를 완성한 것은 아니다. 파타고니아는 여전히 비즈니스를 통해 환경을 오염시키고 기후변화에 부정적인 영향을 끼치고 있다고 성찰한다. 파타고니아는 "우리는 노동을 부당하게 이용하고, 환경을 훼손하고, 소비주의를 장려하는 산업에 참여하여 비즈니스하고 있다"고 말한다. 자신의 비즈니스 역시 현재 지속가능 하지 않다고 고백하는 것이다.

자신의 마당도 제대로 쓸지 못했지만, 설사 제대로 쓸어도 다른 곳에서 낙엽이 날아들면 깨끗해질 수 없다. 또 파타고니아가 환경피해를 유발하지 않도록 노력했지만 지구환경 차원에서 보면 기후변화, 생물다양성 위험이 더욱 심각해지고 있었다. 단지 마이너스(-) 환경·사회적 가치를 줄이려는 노력만으로는 한계가 있으며, 플러스(+) 환경·사회적 가치를 만드는 노력으로 전환해야 한다고 보았다. 파타고니아는 또 한 번의 전환을 추구했다.

파타고니아 CSR의 세 번째 단계는 환경피해를 유발하지 않도록 하는 것을 넘어서 긍정적인 환경·사회적 가치를 만드는 단계이며, 지속가능성을 넘어서 지구 되살림(regeneration)을 꾀하는 단계이다. 파타고니아는 "지속가능성으로는 충분하지 않다(Sustainability is not enough)"라고 말한다. 대다수 기업이 '지속가능성'을 추구해도 현재 돌진하는 환경 위기의 방향을 전환할 수 없다고 판단했다. 파타고니아 환경전략 최고책임자 질 두메인(Jill Dumain)은 "환경피해 유발을 줄이는 노력은 낮게 열린 과일을 따먹는 것"이라고 표현한 바 있다. 높은 과일을 따기 위한 노력을 하지 않는다면, 지구의 미래는 불확실할 것이다.

이러한 방향 아래 파타고니아는 2012년 식품사업 자회사인 파타고니아 프로비전스(Patagonia Provisions)를 설립했다. 기후변화에 끼치는 부정적 영향을 줄이는 것을 넘어서 해결하는 방안을 찾고자 하는 취지였다. 예를 들면 전 세계 농장 절반 이상이 땅을 파헤치지 않는 방식으로 경작한다면 매년 배출되는 이산화탄소를 모두 흡수할 수 있다는 연구 결과가 있다. 식물들은 대기 중의 이산화탄소를 흡수하여 뿌리로 내리고 뿌리를 통해 땅속에 이산화탄소를 저장하는 역할을 했다. 만약 다년생 작물을 재배한다면 땅을 파헤치지 않으면서 이산화탄소를 땅속에 포집할 수 있다. 이런 문제의식에서 파타고니아는 다년생 밀 보급에 참여하고 있으며, 다년생 밀로 만든 맥주 롱루트에일(Long Root Ale) 맥주를 판매하고 있다.

사업만이 아니라 파타고니아 조직 및 방향을 이에 맞게 혁신하는 작업을 추진했다. 대표적인 예가 풋프린트 위원회(Footprint council) 설립과 새로운 미션 정립이다.

파타고니아가 2016년 풋프린트 위원회를 설립한 것은 두 가지 목적 때문이었다. 하나는 2050년까지 내다보며 지구 자원만으로 인류가 살아가는 세상을 만들기 위해 다가올 이슈를 미리 대비하기 위함이며, 다른 하나는 회사 전체가 총체적으로 접근해 힘을 모아야 할 필요성을 느껴서이다. 이에 CEO를 비롯한 11명의 위원을 공동의장 형태로 구성하여 매월 되살림 유기농업, 탄소 제로, 생활임금, 동물복지 정책, 미세플라스틱 등 다가올 이슈를 미리 찾아내서 대응책을 모색하고 있다.

파타고니아가 1991년에 표방한 미션의 한 문구인 "불필요한 환경 피해를 유발하지 않는다"를 넘어서는 것이자, 미션의 마지막 문구인 "환경 위기에 대한 공감대를 형성하고, 해결방안을 실행하기 위해 사업을 이용한다"에 대한 적극적 해석이다. 파타고니아는 발전한 문제의식을 더 명확하게 담고 추진하고자 1991년 만든 미션을 2018년 11월에 단 한 문장으로 다시 정립했다. "우리는 우리의 터전, 지구를 되살리기 위해 사업을 한다(We're in business to save our home planet)"는 문장은 파타고니아가 궁극적으로 추구하는 가치를 명확히 표현하고 있다.

이 세 번째 단계를 한 단어로 압축하면 되살림(Regeneration)이다.

파타고니아는 세 번째 단계에서도 첫 번째, 두 번째 단계에서 추진한 정책을 강화, 발전했다. 환경운동 지지자이자 참여자 입장에서는 행동주의자 기업(Activity company)으로의 정체성을 명확히 했다.

대표적으로 2016년부터 확고한 의지를 가지고 추진한 베어스 이어스 국립자연보호구역(Bears Ears National Monument) 보호 캠페인을 들 수 있다. 트럼프 정부가 2017년 12월, 이 보호구역 지정을 해제하여 개발이 가능하도록 발표하자, 파타고니아는 그날 즉시 조기를 게양하듯 홈페이지 초기화면을 검은 바탕에 흰 글씨로 "대통령이 우리의 땅을 훔쳤다(The President Stole Your Land)"라고 써서 가득 채웠다. 당일 저녁 이본 쉬나드는 CNN 인터뷰에서 "이 정부는 한 마디로 악마다. 나는 절대로 잠자코 앉아 악마가 제멋대로 굴게 내버려 두지 않을 것"이라고 맹공을 퍼부었다. 그리고 며칠 뒤 트럼프 정부에 대한 소송을 제기하여 지금도 전면전을 펼치고 있다. '환경활동가'처럼 '행동주의자 기업'의 표본을 제시했다.

환경단체 기부 역시 강화했다. 트럼프 정부가 법인세 인하를 추진하자, 2018년 11월 파타고니아는 법인세 인하로 절감된 금액 1천만 달러를 환경을 지키기 위해 그대로 기부하겠다고 발표했다. 파타고니아 CEO 로즈 마카리오(Rose Marcario)는 "세금은 사회, 자연, 모든 생물에서 가장 취약한 부분을 보호한다. 그럼에도 불구하고 트럼프 행정부는 지구에 꼭 필요한 일에 사용하는 예산을 줄이는, 기업 감세 정책을 시행했다"며 법인세 절감보다 환경문제 해결의 중요성을 강조했다.

세 번째 단계에서, 환경피해 유발을 축소하거나 없애기 위한 노력에서도 파타고니아는 우리 사회에 커다란 문제의식을 던졌다.

가장 대표적인 것이 2018년 내놓은 '비전 2025'다. 파타고니아는 2025년까지 재활용·재생 가능한 원료를 100% 사용한 상품 생산, 되살림 유기농업 확산, 모든 포장재·운반재에 100% 생물 분해되거나 재활용 가능한 원료 사용, 100% 생활임금, 100% 탄소중립(브랜드, 공급망, 상품 포함) 등을 달성하겠다는 목표를 내걸었다. 비전 2025는 환경피해 유발을 특정 영역에서 제로화하겠다는 것으로, 파타고니아가 가능성을 제시한다면 CSR의 새로운 지평이 열릴 것이다.

2015년부터 적극적으로 대응해오고 있는 미세플라스틱 이슈도 주목할 만한 사례다. 환경 이슈는 시대에 따라 항상 새로운 이슈가 제기되고 있다. 이러한 다가오는 이슈에 민감성을 기르지 않는 한 결코 문제를 해결할 수 없다. 미세플라스틱 이슈 역시 의류업계가 적극적으로 나서야 할 이슈로, 파타고니아는 먼저 해결방법을 찾아 나섰다. 즉 섬유 세탁 시 미세플라스틱의 환경영향을 측정했으며, 이 결과 옷 한 벌에서 평균 약 8만 개의 미세플라스틱이 배출된다는 사실을 자각했다. 2016년 이 결과를 대외적으로 공개하고 관련 업계에 문제를 함께 풀어보자고 제안했다. 현재도 원단 생산업체, 세탁기 제조회사와 협력방안을 다양하게 찾고 있다.

단계별 협력을 통한 확산 추진

파타고니아는 지난 40여 년 동안 꾸준하게 노력하면서 굿 컴퍼니(Good company), 지속가능성(Sustainability), 되살림(Regeneration)으로 문제의식을 발전해오고 실천 수준을 높였다. 앞에서 파타고니아는 다니엘 골맨이 제시한 세 가지 규칙을 따랐다고 이야기한 바 있다. 마지막이 "알고 있는 것을 공유하라"였는데, 파타고니아는 단계별로 배운 것을 공유할뿐만 아니라, 다른 기업 및 기관들과 연대해 동참을 이끌어내고 문제해결을 확산하려 했다.

이것을 표로 나타내면 다음과 같다. 파타고니아는 굿 컴퍼니 단계, 지속가능성 단계, 되살림 단계별로 대표적으로 추진해 온 사례의 역량과 경험 등의 자산을 경쟁업체를 포함한 산업계나 일반에 공개하고, 다른 주체 또한 같이 문제해결에 동참하도록 하고 있다. 이 과정에서 파타고니아는 연합단체를 주도적으로 설립했다.

구분		1단계(1973~1991)	2단계(1991~2012)	3단계(2012~현재)
사회 공헌 (환경 운동)	개선 추진	• 벤투라강의 친구들 후원 (1973) • 순이익 2% 환경단체에 기부 (1980년대 초) • 순이익 10% 환경단체에 기부(1985) • 요세미티 자연복원 캠페인 (1988)	• 풀뿌리 활동가를 위한 도구들(1994) • 환경 인턴십 프로그램(1994) • 매출액 1% 환경단체에 기부(1996) • GMO 반대 캠페인(2001) • 환경정책 지지 투표 캠페인 (2004)	• 댐 해제 캠페인 '댐네이션' (2014) • '베어스 이어스' 보호 캠페인 (2016) • 블랙프라이데이 매출액 기부(2016) • 트럼프 정부 소송(2017) • 법인세 감세 금액 전액 기부(2018)
	확산	• 환경보존연대 발족(1989)	• '지구를 위한 1%' 발족(2001)	
환경 피해 유발 축소	개선 추진		• 4가지 섬유 환경평가(1991) • 폴리에스터 재활용제품 생산(1993) • 환경평가보고서 발간(1994) • 르노 수선센터 설립(1996) • 100% 유기농 면직제품 생산(1996) • 공정노동협회(FLA) 참가 (2001) • 공동자원 재생 프로그램 (2005) • 블루사인 협력 파트너 (2007) • '발자국 찾기' 시작(2007) • '100% 책임 추적 다운' 시작(2007) • 나일론 재활용 제품 출시 (2008) • 올 재활용 제품 출시(2010) • 공동자원 활용운동(2011) • '이 재킷을 사지 마세요' 캠페인(2011)	• 천연고무 서핑 슈트 율렉스 출시(2013) • 공정노동 인증 제품 출시 (2014) • 면 재활용 제품 출시(2014) • 미세플라스틱 이슈 대응 (2015) • 다운 재활용 제품 출시 (2016) • 캐시미어 재활용 제품 출시 (2017) • 비전 2025 발표(2018)
	확산		• 지속가능한 의류 연맹(SAC) 발족(2010)	• 히그 인덱스 완성 (2020 예정)
재생·복원	개선 추진			• 파타고니아 프로비전스 설립(2012) • 롱루트에일 맥주 출시(2016) • 풋프린트위원회 구축(2016) • 신(新) 미션 발표(2018)
	확산			• 임팩트투자 틴쉐드벤처 설립(2013) • 되살림 유기농 연대 발족 (2017) • 되살림유기농 인증 추진 (2017)

[표1] 파타고니아의 CSR 단계 구분

첫 번째 단계의 대표적인 사례는 환경단체 기부이다. 파타고니아는 스스로 매출액 1%를 환경단체에 기부하기 시작했는데, 2001년에는 작은 낚시회사와 힘을 모아 '지구를 위한 1%(1% for the Planet)'라는 단체를 만들고 확대·발전시켰다. 현재는 45개국 1,800개 기업이 가입하여 매출의 1%를 환경단체에 내놓고 있으며, 누적 기준으로 2억 달러 이상을 기부했다. 한 기업의 시작으로 끝나지 않고 다수의 흐름을 만들어낸 것이다.

두 번째 단계의 대표적인 사례는 공급망 전체를 거슬러 가며 환경·사회적 책임 범위를 확대하고 수준을 높이는 활동이다. 파타고니아는 이 활동을 의류·신발산업계 전반으로 확대하고자, 2009년 월마트에 지속가능한 의류연합(SAC, Sustainable Apparel Coalition)을 만들자고 제안했으며, 두 기업 주도하에 2010년 12개 기업이 모여 SAC가 첫 발을 내디뎠다.

SAC의 가장 큰 목적은 원재료 생산 단계에서부터 소비 단계까지 전 과정의 환경·노동·사회적 기준을 만들어 100점 만점으로 수치화한 후, 제품 태그에 보여주는 '히그 인덱스(Higg Index)'를 표준화하고 보급하는 것이다. 2020년 론칭할 계획인데, 이미 230여 개 기업·기관이 가입하여 행보를 같이하고 있다. 의류·신발업계의 시장점유율 기준으로 50%가 넘는 기업이 참여하고 있으니 히그 인덱스가 몰고 올 향후 파장은 매우 클 것이다.

세 번째 단계의 대표적인 사례는 파타고니아 프로비전스로 대변할 수 있는 되살림 유기농업이다. 파타고니아는 2012년부터 되살림 유기농업을 추진한 데 이어, 좀 더 광범위하게 확산하고자 2017년 닥터 브로너스(Dr. Bronner's), 로데일연구소(Rodale Institute) 등과 함께 되살림 유기농 연대(Regenerative Organic Alliance)를 만들었다. 되살림 유기농 연대는 유기농 인증처럼 되살림 유기농 인증(Regenerative Organic Certification)을 추진하고 있다. 이는 유기농업이 추구하는 내용 외에 토양 보호, 동물복지, 공정노동 등의 분야까지 추가하여 인증하는 제도로, 2018년 3월 인증 가이드라인을 발표했으며 향후 공식적으로 인증을 부여해 나갈 계획이다.

이는 '지속가능성' 개념으로는 환경위기에 대응하기가 부족해 되살림 유기농업을 통해 땅, 사람, 동물을 건강하게 재생하겠다는 것이다. 이를 통해 제2의 유기농 혁신을 만들고자 한다.

세 번째 단계의 또 하나의 확산 사례로 임팩트투자 펀드를 꼽는다. 파타고니아는 2013년 '2천만 달러와 변화($20 Million and Change, 현재의 틴쉐드벤처)'라는 펀드를 만들었다. 목적은 환경문제를 해결하는 다수의 벤처에 인내자본 형태로 투자하여 환경문제 해결 속도를 확산하는 것이다. 현재 되살림 유기농업, 폐기물 전환, 신재생에너지, 수자원 절약 등의 분야에 걸쳐 누적기준 총 14개 혁신적인 벤처에 총 7,500만 달러를 투자했다.

지구를 위한 1%, 히그 인덱스, 되살림 유기농 인증, 임팩트투자 펀드 등 파타고니아는 깨달은 것을 확산하기 위해 경쟁사는 물론 동종업계, 다른 산업계와도 협력했다. 기업들이 차별성, 브랜드 인지도 제고라는 편협한 틀에서 벗어나, 사회적 가치를 창출하기 위한 연대와 협력으로 나선다면 세상을 더 빠르게 바꿀 수 있을 것이다.

파타고니아 CSR 조직의 변화

오히려 뒤늦은 CSR 조직 강화

우리나라 사회공헌이나 CSR 부서들은 다른 선진 기업의 CSR 조직 구성 등을 종종 벤치마크한다. 그 이유는 여럿 있겠지만 안타깝게도 '형식을 통해 내용의 확장'을 꾀하고 싶은 것이 크다. 원론적으로 보면 조직은 형식이고 내용을 담는 그릇이다. 해당 회사가 무엇을 할 것인가를 논하고, 이에 걸맞은 조직 형태를 취하면 된다. 그러나 전사적 공감대 형성이 부족함에도 인위적으로 공감대를 끌어올리는 방안으로, CEO의 권위를 빌어 '전사적 조직'을 만들려고 한다. 이러한 방식이 초기단계에서 취할 수 있는 방법이다.

파타고니아의 CSR은 흐름이 반대다. 조직이 항상 뒤늦게 따라온다. 1991년 4개 섬유가 환경에 미치는 영향을 조사하면서 본격적으로 CSR의 범위를 확장할 당시, 파타고니아는 CSR 전담조직이 없었다. 관련 비즈니스 부서에서 이를 시작했다. 파타고니아가 CSR 담당직원을 고용한 것은 1992년이 처음이다. 4개 섬유를 조사하는 과정에서 전문성이 필요했기 때문이다.

2007년 파타고니아는 두 가지 큰 시도를 했다. 발자국 찾기(Footprint Chronicles)와 100% 책임 추적 다운(100% Traceable Down) 사업이다. 당시에도 변변한 CSR 전담조직이 없었다.

파타고니아가 CSR 전담조직을 늘리기 시작한 것은 현재 파타고니아 CSR 최고책임자인 카라 채콘(Cara Chacon) 부사장을 영입한 2010년 이후다. 일반적인 기업은 'CSR 조직을 만든 후 조직을 전사 내 비즈니스 부서에 내재화하는 것이 최종 목표'라고 하는데, 파타고니아는 그 반대의 길을 걷고 있다. 처음에는 비즈니스 부서에서 CSR을 추진하다가, 책임의 범위를 확장하다 보니 비즈니스 부서에서 감당이 되지 않아 CSR 부서를 늘린 것이다.

현재 파타고니아의 CSR 조직은 크게 세 개로 구분되어 있다. 파타고니아

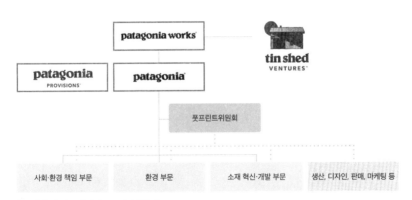

[그림2] 파타고니아의 CSR 추진체계

및 파타고니아 공급망의 환경·사회적 책임을 다루는 사회·환경 책임 부문(Social & Environmental Responsibility Department, SER), 환경 캠페인을 벌이고 지원하는 환경 부문(Environmental Department), 그리고 제품 책임을 담당하는 소재 혁신·개발 부문(Materials Innovation & Development Department)이다. 그리고 전사 차원에서 장기적인 환경문제를 해결하고자 최고 의사결정기구로 풋프린트 위원회(Footprint Council, FC)를 두고 있다.

최고 의사결정기구, 풋프린트 위원회

일반적인 기업들은 'CSR위원회'를 운영한다. 회사의 환경·사회적 책임을 점검하고 이행하는 취지에서 설립한다. 이사회나 CEO 산하에 두기도 하고, 사외이사가 참여하기도 한다. 조직의 구성이나 형태, 역할이 조금씩 상이하기는 하지만 전반적으로 CEO의 적극적인 리더십이 약한 가운데 사회공헌 업무 중심으로 보고하는 수준에 머무르는 경향이 강하다.

반면 파타고니아가 풋프린트 위원회를 설립한 첫 번째 배경은 지구환경 위기에 대한 심각성 때문이다. 통상적인 방식으로 환경·사회적 책임을 수행하는 경우 인류가 직면한 환경문제를 풀 수 없다는 절박함을 느낀 것이다. 단지 한 기업을 둘러싼 상황을 보는 것이 아니라 지구 전체의 환경문제를 주목하고, 이를 기업 차원에서 어떻게 풀 것인가를 고민하고자 함이다.

파타고니아는 '지구한계선'[4] 프레임워크에 의해 지구 생태계에서 중요한 것을 파악하고, 이 중 파타고니아에게 중요한 것, 가장 영향을 끼치는 것, 그리고 파타고니아가 변화를 가장 잘 이끌어낼 수 있는 것을 찾아 주요 정책방향을 결정한다.

풋프린트 위원회를 설립한 두 번째 배경은 기후변화 등 지구환경 위기를 불러일으키는 주요 주체가 기업이라는 자각이다. 지구상 조직 중에 비즈니스가 기후변화에 3분의 2의 책임이 있음에도 불구하고 부담을 지지 않고 있는 구조이며, 이러한 시스템이 지속된다면 지구환경은 더욱 심각한 위기로 갈 것이라고 판단했다. 기업이 지구환경 생태계에서 얻는 이익을 '사유화'하고, 파괴하는 비용을 '사회화'하는 구조를 해결하기 위해서는 회사 차원에서라도 문제를 깊게 들여다봐야 할 것이라고 보았다.

풋프린트 위원회는 2050년까지 여러 문제를 내다보려고 만들었다. 미국 뉴욕주에 살았던 이로쿼이족은 자신들의 결정이 앞으로 다가올 일곱 세대에게까지 미칠 영향력을 고려해 최대한 신중을 기했다고 한다. 그러나 지금의 상황은 일곱 세대까지 기다려주지 않는다. 풋프린트 위원회는 2050년까지 내다보면서 공정거래, 지속가능성 뿐만이 아니라 되살림 유기농업, 탄소 제로, 생활임금, 동물복지 정책, 미세플라스틱 등 다가올 이슈까지 대비하려고 한다.

궁극적으로 지향하는 것은 재생가능한 경제모델이다. 현재의 비즈니스는 기본적으로 지구 생태계에서 자원을 약탈하는 구조 위에 세워져 있다. 그 비용을 현 세대가 지불하지 않는다는 의미에서 약탈이다. 지구 생태계에서 빼앗는 것을 복원하고 재생하는 경제모델을 궁극적으로 지향한다.

그러기 위해서는 장기적인 관점에서 전체론적인 접근이 필요하며, 보다 엄격한 기준을 검토할 필요가 있다. 전사적인 협력은 물론 회사 범위를 넘어서 농장에서부터 소비자까지 전 과정에 걸친 협력이 필요하다.

그래서 파타고니아는 풋프린트 위원회를 주요 조직의 최고리더 총 11명으로 구성했다. CEO, COO를 비롯, 제품, 공급망, CSR, 환경전략, 환경활동, 대중 참여, 글로벌 판매 및 마케팅 등 각 분야의 최고책임자들로 구성했으며, 모두 공동의장으로 수평적 의사결정 구조를 갖췄다.

---

4. 지구한계선(planetary boundaries)은 인류가 자원 소비나 개발을 진행할 경우 지구가 수용할 수 있는 최대치로, 기후변화, 생물다양성 파괴 등 9가지 영역으로 구분하고 있다.

파타고니아가 풋프린트 위원회를 추진한 가장 큰 특징은 현재 문제되는 현안보다 2050년까지 내다볼 때 장기적으로 문제되는 현안을 찾아내 대비하는 것에 좀 더 주목하겠다는 것이다. 단지 파타고니아와 관련된 환경이슈만이 아니라 지구환경 자체가 직면할 이슈를 먼저 찾고, 파타고니아가 할 것을 논한다는 점에서도 큰 특징을 가진다.

밸류체인 책임을 다루는 SER 부문

SER 부문(Social & Environmental Responsibility Department)은 파타고니아 및 공급망의 환경·사회적 책임을 다루는 부서로, 우리나라의 CSR 부서에 해당한다. 그러나 우리나라 CSR 부서와는 세 가지 점에서 다소 다른 특징을 가지고 있다.

첫 번째로는, 우리나라 일반적인 CSR 부서는 주로 사회공헌 업무를 하면서 기업윤리, 공급망 관리, 환경, 고객경영 등을 점검하는 정도만 하는 반면, 파타고니아 SER 부문은 사회공헌 업무를 전혀 하지 않으며, CSR 본연 업무를 직접 실행한다.

두 번째로 다른 점은 다루고 있는 이해관계자 범위다. 보통 CSR이라 하면 회사의 법적 테두리 안이거나 회사와 직접적인 거래관계에 있는 이해관계자 범위 정도까지의 책임으로 국한한다. 반면 파타고니아는 생산 단계로 치면 농장의 범위까지, 소비 단계로 치면 제품의 사용 및 폐기까지 이해관계자 범위를 최대한 확대한다.

세 번째로 다른 점은 해당 업무에 대한 인원 배정이다. 파타고니아의 SER 부문 직원은 모두 16명이다. 공급업체 CSR, 파타고니아 내부 CSR로 업무를 나눌 때 인원은 7:1 수준으로 공급업체 CSR 비중이 압도적으로 많다. 파타고니아의 비즈니스로 발생하는 이산화탄소 중 86%는 공급업체가 만드는 '재료'에서 나온다. 파타고니아 사무실, 매장, 제품 생산 및 운송 과정에서 나머지 14%가 발생한다. 대부분 환경·사회적 책임 문제가 회사 공간 밖에서 벌어지고 있기에 CSR 업무 인원 역시 이 분야에 보다 많이 배치하는 것이다.

제품을 판매하는 회사의 책임은 어디서부터 어디까지일까. 의류판매 회사는 면, 다운 등의 소재의 기원을 거슬러가면 면화목장, 거위농장 등까지 거슬러 간다. 소비 단계를 보면 제품을 판매한 후에도 세탁하기 위해 계속 물을 사용하고 나중에 폐기까지 하게 되니, 책임의 범위가 제품이 수명을 다하는 단계까지 확장될 수 있다.

파타고니아 SER 부문은 전체 공급망 관리를 환경, 사회, 동물복지로 나누어 관리한다. 파타고니아의 협력업체가 되기 위해서는 4가지 요소를 모두 통과해야 한다. 일반적인 기업이 관리하는 요소인 비즈니스 역량, 제품 품질 외에 환경적 요소와 사회적 요소 모두 통과해야 한다. 이 중 환경적 요소와 사회적 요소에 대한 관리를 SER 부문이 담당한다. 비즈니스 부서에서 역량과 품질이 뛰어난 업체에게 제품이나 재료를 공급받고 싶어도 SER 부문의 실사 결과 부적합하다고 판단하면 해당 업체와 거래할 수 없다.

공급망 프로세스에서 환경·사회적으로 문제가 없는지 추적하는 것도 SER 부문의 중요한 업무다. 파타고니아는 공급망 관리에서 특별히 추적책임성(traceability)을 따로 구분하여 강조한다. SER 부문 책임자 카라 채콘 부사장은 "추적책임성은 섬유의 모든 과정, 즉, 유기농 면화농장, 방적, 직조에서 완제품까지의 전 과정을 추적하는 업무다. 추적책임성이 CSR에서 중요한 이슈가 되고 있다. 회사는 재활용 소재나 책임 있는 다운 사용을 소비자에게 입증해야만 한다. 제품이 지속가능성을 담보하는지를 확인하고 요구하는 고객들이 증가하고 있기 때문이다"고 말했다.

그 외에도 SER 부문에서는 공정무역 인증 제품 확대, 생활임금, 되살림 유기농 인증, 히그 인덱스, 블루사인, 100% 책임 추적 다운, 파타고니아 울 표준, 화학 및 환경영향 평가 프로그램, 탄소 발자국 찾기, 탄소 중립성, 쓰레기 제로 등의 업무를 추진하고 있다.

'행동주의자 기업' 이끄는 환경 부문

환경 부문(Environmental Department)은 우리나라로 표현하면 사회공헌팀이다. 사회공헌 업무를 환경 분야에 집중해서 하기 때문이다. 파타고니아는 행동주의자 기업(activity company)을 지향하는데, 이를 이끄는 부서다. 모두 18명이 근무하는데, 우리가 만난 한스 콜(Hans Cole)은 마치 환경운동단체 활동가 같았다.

한스 콜은 파타고니아의 환경 캠페인의 특징을 네 가지로 이야기했다. 첫째는 '장소'의 중요성이다. 파타고니아는 환경이슈를 고를 때 장소를 중시한다. 파타고니아의 소비자와 직원이 많은 지역을 중심으로 결정한다.

둘째는 지속적으로 이슈를 찾고 확대하는 것이다. 파타고니아가 그동안 집중했던 이슈는 야생환경 보호와 기후변화 대응 등이었다. 그러나 환경문제는 항상 새롭게 떠오르고 있는 주제들이 많다. 최근에 주목하고 있는 것은 되살림 유기농업과 생물다양성이다.

셋째는 직원과 소비자를 활동가의 영역으로 끌어들이는 것이다. 파타고니아는 모든 현장에서 활동할 수 없다는 사실을 잘 알고 있다. 문제 해결방안 중 하나로 전 세계에 존재하는 직원과 소비자를 파타고니아의 활동영역 안으로 참여시키는 것이다. 한 예로 유명한 산악스포츠 선수 캐롤라인 글리치(Caroline Gleich)는 파타고니아의 베어스 이어스 국립자연보호구역 보호 캠페인에 적극적으로 참여하면서 워싱턴DC에 있는 유타주 상원의원을 찾아가 파타고니아의 대변자로서 국립자연보호구역 보호에 대해 설득하기도 했다.

넷째는 경쟁사를 포함한 다른 기업들과 협력하는 방식으로 환경 캠페인을 확산하는 것이다. 한스 콜은 "영리기업이 '특정 이슈가 중요하니 경쟁사하고도 협력하겠다'고 하는 것은 비즈니스에서 매우 급진적인 것이지만, 이러한 활동을 점차 늘려가고 있다"고 말했다.

이런 방향 아래 환경 부문은 '지구를 위한 1%'와 다양한 환경 캠페인 등의 업무를 담당하고 있다.

제품책임성 다루는 소재 혁신·개발 부문

마지막으로 소재 혁신·개발 부문(Materials Innovation & Development Department)의 일부 부서에서 제품책임성을 다룬다. 이 부서에서는 제품 생애주기 분석(life cycle assessment)을 통해 환경 영향을 지속적으로 감소시키기 위한 활동을 한다. 친환경·지속가능성 측면을 고려하여 제품을 만들도록 관리하는 활동과, 제품 판매 이후 세탁, 제품관리, 수선, 폐기 또는 재활용 과정에서 환경 영향을 감소시키기 위한 활동을 한다.

대표적으로 미세플라스틱, 재활용 소재 확대, 소재의 탄소 영향 평가, 100% 유기농 면, '오래 입은 옷' 캠페인 등이 제품책임성과 관련된 활동내용이다. 파타고니아의 공급업체 관리는 SER 부문에서 하지만, 환경 영향을 측정하고 데이터를 모으고 연구·분석하고 개선점을 찾는 것은 제품책임성을 담당하는 부서에서 한다. 최근에는 미세플라스틱 문제 해결이 가장 큰 관심사항으로, R&D 부서와 협력하여 미세플라스틱 문제를 제품 생산 시 고려하도록 테스트하고 있다.

CSR 조직이 추구하는 세 가지 '확장'

파타고니아 CSR의 역사는 환경·사회 문제를 해결하기 위해 비즈니스의 활용도를 최대한 넓혀가는 과정이었다. 최근 우리나라 CSR에서도 사회공헌 영역에서 비즈니스 영역으로 관심과 고민이 확대되고 있다. 파타고니아 CSR 조직 현황은 사회적 가치 창출을 위해 비즈니스라는 동력을 돌릴 때 조직의 구성형태와 운영에 대한 하나의 방향을 던지고 있다.

그 외에도 CSR 관점의 확장 측면에서도 많은 시사점을 준다. 첫째는 전사 조직 관점으로의 확장이다. 파타고니아 CSR 부서는 공급업체 선정 시에도 비즈니스 부서와 협력하며, 제품책임성 관련해서는 R&D 부서 등 다양한 부서와 협력한다.

둘째는 미래 관점의 이슈 확장이다. CSR 이슈는 지속적으로 새롭게 제기되고 있어 항상 민감성을 가지고 대응해야 한다. 특히 파타고니아 풋프린트 위원회는 미래를 대비하는 방식을 보여주는 사례다.

셋째는 참여 범위의 확장이다. 이는 파타고니아 조직을 넘어선 확장 개념이다. 파타고니아는 내부의 변화를 넘어서, 협력업체, 경쟁사, 고객, 일반 시민의 변화까지 이루기 위해 계속해서 참여의 범위를 확대하고 있다. 환경 부문의 여러 캠페인이 대표적이다.

앞에서 파타고니아 CSR을 세 단계로 나누었다. 파타고니아가 CSR 부서를 강화한 것은 두 번째 단계인 1990년대 초반 이후다. 그리고 부서의 기능은 지속적으로 강화됐다. 세 번째 단계에 들어서면 지속가능성(sustainability)을 넘어 되살림(regeneration)으로 패러다임을 전환하고자 풋프린트 위원회를 설치했다.

흔히 CSR이 정착되면, CSR이 전사 부서에 내재화되어 궁극적으로 기능이 축소되어야 한다고 말한다. 그러나 파타고니아 사례는 CSR 부서 기능과 역할의 강화가 필요하다는 것을 보여준다. 지속적으로 새로운 환경·사회적 이슈에 대응해야 하며, 비즈니스 부서 자체적으로 하기 힘든 전문성을 갖춰야 한다. 지속적으로 책임 수준을 다양한 방면으로 확대해야 하며, 특히 나날이 환경·사회 문제가 심화되고 있어 미래를 내다보며 패러다임 전환을 추구해야 하기 때문이다.

II
파타고니아의
비즈니스 혁신

NEXT
CSR -
PATAGONIA

::

3장

원재료까지의 책임

CSV 우등생 네슬레도 갈 길이 멀다

CSV 대표사례, 네슬레의 지역농가 육성

네슬레는 CSV(Creating Shared Value, 공유 가치 창출)의 우등생이다. 2011년 하버드 비즈니스 리뷰에 CSV 논문이 실리기 전 2006년에 발간된 책자 「네슬레의 CSR 콘셉트(The Nestlé concept of CSR)」를 보면, CSV 사례로 남아메리카 콜롬비아의 카퀘타(Caquetá)에서 네슬레가 수행한 사업이 나온다. 네슬레는 이 지역에서 사업을 시작하면서 대규모 축산농장을 설립하는 대신, 지역 축산농가의 열악한 생산환경과 품질을 개선하여 이들을 공급업체로 끌어들였다.

이 결과 축산농가의 우유 생산량이 4배 이상 증가했고, 네슬레는 우유 생산량의 51%를 그 지역에 있는 15개의 커뮤니티에서 모아, 지역사회와 공존하면서 발전했다. 1962년 처음 시작된 프로그램은 우유 외에 커피, 코코아 생산 농가에도 적용하고 있다. 현재는 브라질, 인도네시아 등 30여

개국으로 확장해 진행하고 있으며, 농부 역량 제고 프로그램으로 훈련한 농부는 2017년 기준 43만 명 이상으로 크게 확대되었다. 이에 마이클 포터(Michael Porter)와 마크 크레이머((Mark Kramer)는 CSV 개념을 설명하면서 네슬레를 대표사례로 소개한다.

네슬레는 훌륭한 CSR 기업임에 틀림없다. 1860년대 네슬레 창업자 앙리 네슬레(Henri Nestlé)는 모유를 먹일 수 없던 어머니들을 위해 모유 대신 유아의 영양을 보충할 식품을 개발하기 위하여 소젖과 밀가루와 설탕을 다양한 방법으로 조합하는 실험을 시작했다. 궁극적인 목적은 영양실조로 인한 유아의 사망률을 낮추는 것이었다. 신제품을 만들었고 신제품의 첫 번째 고객은 의사들이 가망 없다고 단념한 미숙아였다. 네슬레의 새로운 분유는 그 아이의 삶을 구했다. 이러한 기업철학이 있어 네슬레는 CSV를 발전시킬 수 있었다.

그린피스, 네슬레 본사 앞 시위

그러나 CSV 우등생 네슬레조차 시민단체의 시위대상에서 자유롭지 못했다. 2010년 4월, 스위스 로잔에 있는 네슬레 본사 앞에서 환경단체 그린피스 회원들이 오랑우탄 분장을 하고 환경 파괴 항의시위를 했다. 그린피스는 네슬레가 킷캣(Kit Kat) 초콜릿을 만들면서 오랑우탄 서식지를 파괴하고 기후변화를 가속화하고 있다고 항의했다.

네슬레는 킷캣 초콜릿에 쓰이는 야자기름을 동남아시아, 라틴아메리카, 서아프리카 등에서 구입하고 있었다. 가장 많이 구입하는 나라는 말레이시아와 인도네시아다. 인도네시아 기업인 시나르마스(Sinarmas)도 네슬레가 야자기름을 사들이는 회사 중 하나였다.

네슬레의 야자기름 공급망 체계는 몇 단계로 이루어졌다. 시나르마스는 세계적으로 손꼽히는 야자나무 농장을 운영하는 GAR로부터 야자열매를 사들여 가공했다. 그리고 GAR은 자회사를 통해서 농장을 운영하여 야자열매를 수확했다. 문제는 야자나무를 재배하는 GAR이 야자열매를 수확하기 위해서 막대한 열대우림을 파괴해 대규모 플랜테이션 농장을 만든 것이다. 야자기름은 가격이 저렴하고 용도가 다양해서 전 세계 식물성 기름 중에서 가장 많이 소비되는 기름이다. 그래서 생산을 늘리기 위해 열대우림 파괴가 지속적으로 벌어졌던 것이다.

이를 위성사진으로 확인한 그린피스는 열대우림 파괴로 오랑우탄이 멸종 우려에 이르렀으며 특히 지구온난화를 가속화하고 있다는 점을 고발했다. 그린피스는 '오랑우탄에게 휴식을(Give me a break)' 캠페인을 8주 동안이나 전개했고, 전 세계에서 수십만 명이 네슬레에게 이메일을 보내거나 SNS에 의견을 남겨 그린피스 캠페인에 힘을 실었다.

초기 네슬레의 대응은 안일하고 잘못되었다. 그린피스의 캠페인 동영상이 유튜브에서 삭제되면서 검열 논란의 주인공이 되고 말았다. 검열 논란으로 오히려 관심은 증폭했고, 해당 동영상 조회수가 150만 회를 넘어서는 등 큰 관심을 받았다. 지금도 인터넷에서 킷캣 브랜드를 찾으면 오랑우탄이 등장하는 캠페인과 브랜드명 대신 킬러(Killer)라는 슬로건이 쓰여진 사진과 자료가 많이 검색된다. CSV 대표기업인 네슬레로서는 치명적인 아픔이다.

네슬레도 제대로 몰랐던 공급망

네슬레는 곧 올바르게 대응하기 시작했다. 네슬레는 2010년에 곧바로 2020년까지 네슬레의 모든 제품이 삼림 벌채와 관련되지 않도록 하겠다는 '산림 벌채 금지' 약속을 선언했다. 그리고 국제 비영리기구 TFT(The Forest Trust)와 파트너십을 맺고 열대우림 삼림 벌채 종식에 나섰다. TFT는 네슬레가 환경 및 사회문제를 파악하고 해결하여 책임 있는 공급망을 구축하는 데 많은 도움을 주었다.

네슬레는 TFT와 함께 환경·사회적이자 지속가능한 방식으로 생산·가공하는 제품을 조달하고자 책임 있는 구매 가이드라인(Responsible

Sourcing Guidelines)을 만들었다. 가이드라인은 공급업체의 지속가능한 책임성 수준을 평가하고, 현재는 요구사항을 충족하지 못했지만 이를 달성하기 위해 최선을 다하는 공급업체에게 기술 지원을 제공하는 데 초점을 맞추었다. 그러나 삼림 벌채와 관련 있는 위험도 높은 농장이나 이를 관리하는 회사를 체계적으로 식별하고 이러한 공급업체를 배제하는 목적 또한 가지고 있다.

그렇다면 2010년 당시 네슬레가 공급받는 원료나 제품 중 '책임성 있는' 제품의 비율은 얼마나 될까? 야자기름 기준으로 겨우 18%였다. 네슬레 역시 환경·사회적 책임에서는 완전하지 않았고, 오히려 부족함이 많았다. 네슬레는 CSV 프로그램을 통해서 공급망의 사회적 가치를 높이는 한편, 비즈니스 이익도 함께 실현했다고 말했지만, 사실 공급망에 대해서 제대로 몰랐던 것이다.

2010년 항의 캠페인에 대응하여 네슬레는 2011년 말까지 지속가능한 방식으로 생산하는 야자기름 구매 비율을 50%로 하고, 2015년까지는 100%로 하겠다는 야심찬 목표를 세웠으나 지킬 수 없었다. 공급망이 복잡하고, 개선과정이 지난한 것을 차츰 알게 되었기 때문이다.

네슬레는 주요하게 두 가지 지표를 관리하고 있다. 하나는 재료의 원천을 추적하여 파악하는 추적가능(traceable) 비율이고, 다른 하나는 재료·제품이 환경·사회적으로 지속가능한 방식으로 생산되었는지를 파악하는 책임성 있는 구매(responsibly sourced) 비율이다. 이 중 책임성 있는 구매 기준은 현지 법률을 준수하고, 2015년 12월 31일 이후 자연림이 제거된 지역에서 생산하지 않아야 하며, 높은 수준의 탄소를 저장하고 있는 토지를 보호해야 하며, 지속가능한 야자기름 제품의 성장과 사용을 장려하는 업계 인증기준인 RSPO(Roundtable on Sustainable Palm Oil) 원칙을 준수하는 조건을 모두 만족해야 한다.

공급망을 제대로 파악하고 책임감 있게 개선하기 위한 수많은 노력 끝에,

네슬레는 제대로 된 목표를 공표했다. 2020년까지 달성하기 위한 목표로, 공급받는 재료·제품의 원천 추적 가능비율 목표는 80%, 책임감 있는 구매 비율 목표는 70%다.

2018년 네슬레는 야자기름, 코코아, 커피 등 14개 주요 제품을 대상으로 조사했을 때, 재료 원천 추적 가능비율은 72%, 책임성 있는 구매 비율은 63% 달성했다. 이 중 야자기름만 본다면 각각 54%와 64%였다.

이 수치는 네슬레가 지난 8년여 동안의 노력을 알려주는 한편, 공급망의 책임성을 확대하는 것이 얼마나 어려운지도 함께 알려주고 있다. 그렇게 노력했음에도 불구하고 아직까지도 3분의 1을 달성하지 못했기 때문이다.

공급업체 개선이 어려운 이유

이를 달성하기 어려운 것은, 무엇보다 공급업체가 많고, 공급업체의 단계가 플랜테이션 농장에 이르기까지 복잡하기 때문이다. 네슬레는 야자기름을 공급하는 1차 공급업체의 대부분을 공개하고 있다. 공개하는 1차 공급업체만 43개 업체이지만, 2차, 3차로 넘어가면 더욱 많은 공급업체가 있다. 이들을 거슬러 올라가면서 농장에 대해 현장 평가 하고 모니터링 하는 작업은 쉽지 않은 일이다.

두 번째로 어려운 점은 산업 전반의 변화가 함께 동반되어야 하기 때문이다. 그린피스 캠페인으로 문제가 되었던 인도네시아 기업 시나르마스의 경우만 해도 네슬레만이 아니라 유니레버, 크래프트, 카길 등 다수의 글로벌 기업에 제품을 공급한다. '책임감 있게 생산하지 않으면 구매하지 않겠다'고 한 기업이 선언해도, 공급업체가 납품처를 다른 기업으로 바꾸면 해결되지 않는다. 산업 전반의 가이드라인을 정비하고 함께 노력하지 않으면 개선이 쉽지 않다.

셋째, 전 세계 야자기름 생산의 40%를 소규모 농장에서 담당하는 것도 어려움 중 하나다. 소규모 농장의 경우 현장 평가, 모니터링이 더 어려울 수 있을뿐더러, 영세성으로 인해 벌채 금지 등 개선이 더욱 어렵기 때문이다.

이러한 어려움 속에서 네슬레는 몇 가지 긍정적인 실험을 하고 있다. 인도네시아 등 5개 나라에서 국제 비영리기구 TFT와 함께 '전원화(Rurality)' 프로그램을 추진하고 있다. 소규모 농장이 책임감 있는 방식으로 생산하도록 도우면서 그들이 공급망에 포함되도록 하는 프로그램이다.

또 하나 주목할 만한 실험이 위성 기반 서비스인 '스탈링(Starling)'이다. 에어버스(Airbus) 및 TFT와 협력하여 구축하고 있는 서비스로, 위성으로 산림 벌채 위험이 있는 지역을 확인하고, 야자나무 재배농장의 위치와 면적을 파악하고, 현장 평가 및 원격 모니터링을 하도록 한다.

예를 들면 인도네시아 수마트라 섬 북쪽의 아체 지역을 보면, 해당 지역 어디에, 얼마나 야자나무 농장이 있는지를 알 수 있으며, 농장들이 있는 지역이 분기별로 어떻게 변화하는지 체크할 수 있어, 얼마나 산림 벌채가 이루어지고 있는지, 산림이 얼마나 회복되고 있는지를 시스템으로 쉽게 알 수 있다. 네슬레는 2019년 초, 네슬레가 공급받고 있는 야자나무 농장 전 지역을 대상으로 스탈링 시스템 구축을 완료했다.

1차 공급업체를 넘어 원재료까지

2018년 네슬레는 '사회 속의 네슬레(Nestlé in Society)'라는 자료를 통해 "소비자와 이해관계자는 그들에게 공급하는 음식이 무엇인지, 어디서 왔고, 어떻게 만들어졌는지 점차 더 알기를 원하고 있다. 기업들은 그들의 요구에 응답할 필요가 있다. 공급망의 투명성과 책임감 있는 구매는 사업의 지속가능한 미래를 보장하는데 필수적이다"라고 말한다. 그러나 아직까지도 네슬레 역시 이를 풀기 위한 여정에 있을 뿐이다.

네슬레의 야자기름 이슈는 '책임'이라는 단어가 간단한 문제가 아니라는 것을 보여준다. 1992년 처음 제기되었던 나이키의 아동노동 이슈는 제1차 공급업체에서 발생한 것이었다. 그 이슈에 빗대어보면 2010년 그린피스의 캠페인은 축구공의 원료인 가죽을 생산하는 축산농장의 생태계 파괴 이슈를 제기하는 것이다.

네슬레 사례는 우리의 사고가 나이키 아동노동 이슈가 제기하는 책임 수준에 아직 머물러 있는 것은 아닌지 돌아보게 한다. 물론 아직도 아동노동 문제가 해결된 것은 아니지만, 사회와 지구환경은 훨씬 더 높은 수준의 책임을 요구하고 있다. 그런 점에서 2010년 그린피스의 네슬레 항의사례는 우리가 확대해야 할 책임의 범위에 대해서 고민해보게 만든다.

농장단계까지 검증하는 '100% 책임 추적 다운'

"우리는 아직 많은 문제를 가지고 있다"

팀버랜드(Timberland)는 자신이 배출하는 온실가스의 전체 양을 알고 싶어 공급업체까지 조사했다. 그리고 가장 많이 배출되는 과정은 공장, 매장, 운송 과정이 아니라 젖소 방목이라는 것을 알고 놀랐다. 온실가스의 90%가 소에게서, 또 소의 가죽을 얻는 과정으로부터 나오고 있었다. 파타고니아도 자신이 배출하는 이산화탄소의 86%가 원자재에서 온다는 것을 알았다. 전 세계 공장, 매장, 사무실에서 배출하는 양은 불과 4%였다.

산업 분야마다 다르겠지만, 기업이 소유하고 직접 관리·감독하는 영역에서만 온실가스를 줄이려 노력하는 것은 매우 제한적이라는 것을 보여준다. 결국 원재료 생산 단계까지 거슬러 올라가며 책임의 범위를 확대하기 위해 노력해야 한다. 하지만 네슬레 사례에서 보듯 이는 쉬운 일이 아니다.

파타고니아는 이 문제를 해결하기 위해 2007년 의미 있는 두 개의 사업을 시작했다. 첫 번째가 발자국 찾기(Footprint Chronicles) 사업이다. 파타고니아가 발자국 찾기 사업을 시작한 것은 일반적인 기업들이 지속가능성 보고서를 발간하지만, 해당 회사의 좋은 점만 홍보하고, 부족한 점까지는 공개하지 않는다는 문제의식에서 출발한 것이다.

처음에는 5개 제품에 대해서 디자인에서부터 섬유 생산, 직조, 염색, 봉제작업을 거쳐 물류창고에 배달되기까지의 과정을 추적해서 탄소 배출량, 에너지 사용량, 그리고 쓰레기 배출량을 계산하여 웹사이트에 공개했다. 사업관행을 개선하기 위해서는 옷을 만드는 과정에서 의도하든 의도하지 않든 환경과 사회에 나쁜 영향을 주고 있는 것은 아닌지 깊고 자세하게 알아봐야 한다. 그래야 파타고니아는 물론 협력회사까지 개선할 수 있다.

현재 일반 시민들은 파타고니아의 홈페이지에서 파타고니아 각 제품을 전 세계의 어느 공장에서 만들고 제품의 원재료가 어디에서 왔는지에 대한 정보를 확인할 수 있다. 그러나 공개가 중요한 것이 아니라, 실제 각 생산 단계별로 환경·사회적 책임을 어떻게 관리하고 있느냐가 더욱 중요하다.

파타고니아는 공급업체를 크게 3차 단계로 나누고 있다. 1차 단계는 최종 제품 생산 공장으로 17개국에 걸쳐 81개가 있다. 이들 공장에 대해서는 모두 공정노동협회(Fair Labor Association)의 규정을 준수토록 하고 있다. 2차 단계는 원재료 공급업체로 25개국에 걸쳐 150개가 있다. 파타고니아는 이 중 40개 업체(생산량 기준으로는 80%)를 주기적으로 모니터링하고 있다고 밝히고 있다. 3차 단계는 다운, 울, 고무를 생산하는 농장으로 전 세계적으로 300여 개가 있다. 아직 이 영역에 대한 모니터링은 제대로 하지 못하고 있으며, 현재 파타고니아는 이 영역의 환경·사회적 책임을 어떻게 관리할 것인가에 대해 주목하고 있다.

파타고니아는 10년 이상 이 문제를 해결하기 위해 노력해오고 있지만 "우리는 아직 많은 문제를 가지고 있다"고 고백한다. 파타고니아의 발자국 찾기는 아직도 '진행형'이다. 동종업계의 많은 기업들이 함께 참여하지 않는 한, 농장 단계까지 환경·사회적 책임을 철저히 관리하는 것은 매우 어려울 수 있다.

2007년에 같이 시작한 두 번째 사업은 '100% 책임 추적 다운(100%

Traceable Down)'이다. 이는 범위를 다운 제품으로만 좁혔기에 성과를 거둘 수 있었다. 그렇다 해도 이를 완성하는 데 7년이라는 긴 세월을 소요했다. 원재료 단계까지의 책임이 무엇을 뜻하고, 어떤 난관을 극복해야 하는지 알아보기 위해서라도 100% 책임 추적 다운 사업을 좀 더 들여다볼 필요가 있다.

2007년부터 다운(down) 추적 시작

다운(down feather의 줄임말)은 새의 부드러운 솜털을 뜻한다. 보통 다운 의류는 거위와 오리의 가슴털을 사용한다. 합성섬유로 만든 보온재보다 훨씬 따뜻하고 가볍고 압축력이 뛰어나 많이 사용한다. 그러나 다운 제품은 몇 가지 아픔을 가지고 있다.

무엇보다도 거위나 오리를 기르는 과정이나 다운을 채취하는 과정에서 문제점이 많다. 다운은 도축한 거위·오리에서 나오는 부산물이지만, 다운 수요가 크게 증가하면서 살아있는 거위·오리에서 털을 뽑는 일이 많아졌다. 털을 뽑는 작업장은 거위와 오리의 괴로운 비명 소리로 가득 찬다.

이 중에는 '푸아그라 거위·오리'도 있어 더욱 문제되고 있다. 푸아그라 요리에 사용하는 간을 많이 얻기 위해 거위·오리의 식도 깊숙이 파이프를 꽂아 소화할 수 있는 양보다 더 많은 사료를 강제로 먹여 간 크기를 늘리는 농장들이 있는데, 이러한 거위·오리에서 나오는 다운이 제품에 사용되고 있는 것이다.

2007년, 파타고니아는 다운이 어떤 환경에서 공급되고 있는지 추적하기 시작했다. 거위나 오리를 기르는 과정에서 환경을 오염시키고, 잔인하게 취급한다는 문제 제기는 있어 왔다. 그러나 이를 추적하는 과정은 쉽지 않다. 직접적 계약관계에 있는 의류 제조공장을 관리하는 것만으로는 되지 않기 때문이다. 다운 처리업체, 다운 도매상은 물론 농장까지 거슬러 올라가 조사해야만 한다. 더군다나 거위·오리는 길러지는 과정만 해도 부화장에서

도축장에 이르기까지 단계별로 보통 농장 4곳을 옮겨 다니기에 그 과정을 모두 추적해야만 한다.

파타고니아는 일부 농장에 직원을 보내 확인한 결과, 일부 공급업체의 거짓을 확인하기도 했다. 그리고 2009년 가을, 공급업체들에게 파타고니아 제품에 납품하는 다운은 살아있는 거위에서 얻은 다운은 포함하지 않았다는 증명서를 요청했다. 또한 사료를 강제로 먹여서 키운 거위의 다운을 취급하지 않겠다는 방침을 세웠다. 당시에는 다운 채취에 대한 가이드라인이 존재하지 않았으며, 이를 요구하는 브랜드는 없다시피 했다. 파타고니아의 증명서 요청은 지금은 합리적인 요구일지 모르겠지만, 당시로서는 원재료 수급 경쟁력을 떨어뜨리는 요구였다.

파타고니아가 공급업체에 증명서를 요구한다 해서 공급망 관리가 제대로 이루어지는 것은 아니다. 파타고니아는 2010년 12월, 뼈아픈 일격을 당했다. 포포즈(Four Paws, 독일의 동물권리 보호 단체)가 "파타고니아가 푸아그라를 위해 강제로 사료를 먹이는 거위에서 채취한 다운을 사용하고 있다"고 비난한 것이다.

파타고니아는 조사팀을 헝가리로 파견했다. 조사팀은 부화농장에서부터 거위를 기르는 농장, 도축장, 그리고 다운 채취하는 곳에 이르기까지 다운 공급망과 관련된 지역들을 모두 직접 방문 조사했다. 포포즈의 주장은 옳았다.

파타고니아 조사팀은 의류공장에도 문제가 있다는 것을 알았다. 살아있는 거위에서 채취한 다운을 사용하지 않는다는 것을 확실히 하기 위해서는 다른 농장에서 온 다운과 섞이지 않게 의류 제조 공정을 구분하고 확인하는 것이 필요하다는 것을 알았다.

2014년, 100% 책임 있는 다운 실현

두 차례에 걸친 조사팀 파견활동으로 파타고니아는 많은 것을 깨달았다. 우선 파타고니아 자신도 다운 공급과정을 자세히 몰랐다는 것을 알게 되었다.

또한 파타고니아의 원재료 추적 프로그램이 적절하지 않으며, 독립적인 검증단체의 공식적인 감사 필요성도 느꼈다. 그리고 자신들이 알게 되고 배운 것을 소비자에게 알려야 한다는 것도 자각했다.

2012년, 파타고니아는 자체적으로 NGO가 요구하는 수준 이상의 '파타고니아 다운 기준'을 만들고 이 기준에 대한 평가작업을 처리업체, 도축장, 부화농장 등에서 3개월 동안 진행했다. 그리고 이 기준에 의거, 전 세계 파타고니아 다운 공급망 전체에 대해 조사작업을 추진했다. 유통과정 추적시스템, 동물복지 등을 평가하여 점수화했으며, 미흡한 평가에 대해서는 개선했다.

이 과정을 거쳐 2013년에 파타고니아는 국가위생재단(NSF)과 함께 TDS(Traceable Down Standard, 추적 다운 기준) 개발을 완성했다. 그리고 같은 해에 그 기준에 의거해 100% 책임 있는 다운으로 만든 첫 제품을 출시했다.

이는 마케팅 관점에서도 매우 유의미한 성과다. 그러나 파타고니아는 이를 차별적인 마케팅 포인트로 활용하는 대신, 경쟁업체 및 다운 공급업체들과 작업결과를 공유했다. 2013년, 파타고니아는 자신이 노력하여 알아낸 내용을 아웃도어산업연합(OIA), 미국 의류 및 신발 산업연합(AAFA)와 공유하고, 국제스포츠 아웃도어 용품 박람회(ISPO)에서 공개적으로 발표했다. 더 많은 기업들의 참여를 유도해 동물복지 실현을 앞당기고자 한 것이다.

나아가 2014년 가을에는 파타고니아에서 생산하는 모든 다운 제품에 오직 100% 유통 과정 추적 다운만 사용하는 것을 실현했다. 2007년 처음 시작한 후 7년 만에 파타고니아는 모든 과정을 100% 검증한 유일한 브랜드가 되었다. 파타고니아의 TDS는 현재까지 다운 관련 가장 엄격한 표준이다. 파타고니아 외에도 몬테인(Montane), 하글롭스(Haglöfs)와 같은 브랜드가 이 표준을 적용하고 있다.

파타고니아의 TDS 외에도 현재 몇몇 표준이 통용되고 있다. 대표적으로 노스페이스가 주도한 RDS(Responsible Down Standard, 책임 다운 기준)다. 노스페이스가 다운 생산 과정의 문제점 개선에 본격적으로 나선 것은 2012년이다. 그리고 2014년부터 섬유산업의 지속가능성을 추구하는 비영리단체인 텍스타일 익스체인지(Textile Exchange), 농업·농장 인증기관인 CUC(Control Union Certifications)와 협력하여 RDS를 만들어 2015년부터 적용하기 시작했다. 노스페이스는 2017년부터 제품에 RDS 인증을 100% 받은 다운을 사용하고 있다.

노스페이스 역시 표준을 완성한 후, 같이 협력했던 텍스타일 익스체인지에 RDS의 소유권을 넘겨 주어 어떤 산업의 조직이라도 사용할 수 있도록 공개했다. 그 결과 2016년 기준 전 세계 3천 개 이상의 농장(4억 마리 사육)이 농장 수준에서 RDS 인증을 받았으며, 브랜드로는 콜럼비아(Columbia), 에스프리(Esprit), 버그하우스(Berghaus), 바우데(Vaude), 마무트(Mammut) 등 50여 개가 자신의 제품에 RDS 인증 다운을 사용하고 있다.

이 외에도 자체적인 표준을 개발하며 앞선 노력들을 하고 있는 회사들이 많다. 피엘라벤이 '피엘라벤 다운 약속(Fjällräven's Down Promise)'을, 마운틴 이큅먼트(Mountain Equipment)가 '다운 규격(Down Codex)'을, 예티(Yeti)가 '윤리적 다운 예티 규정(Yeti Ethical Down Code)'을 만들어 운영하고 있다.

파타고니아 TDS 대 노스페이스 RDS

파타고니아의 TDS와 노스페이스의 RDS는 다운 기준에 약간의 차이가 있다. 비단 '다운' 재료에만 국한한 문제가 아니라 다른 재료에서도 비슷하게 제기될 수 있다. '약간의 차이'는 원재료 단계까지 관리하는 것이 얼마나 힘든지 알려주는 차이이자, 궁극적으로 어디까지 나아가야 하는지 제시해주는 차이이기도 하다.

크게 세 가지 이슈가 있다. 첫 번째는 혼합 다운도 인정할 것이냐의 문제다.

혼합 다운을 인증하지 않겠다면 전체 깃털을 추적하여 관리해야 하며, 다운 처리업체에서 규정을 맞추지 못한 깃털이 섞이지 않도록 번호 붙이고, 별도 처리 프로세스를 마련하고, 이를 지속적으로 모니터링해야 한다. RDS는 인증 받은 다운이 일정 비율 이상 들어있는 혼합 다운도 인증해주고 있지만, TDS는 이를 인증하지 않는다. 물론 RDS를 사용하는 회사의 경우 혼합 다운을 배제하거나 축소하려는 움직임이 있다.

두 번째는 알을 생산하는 농장(parent farms)까지 검증할 것이냐 하는 점이다. 오리는 평균 수명이 20년이지만, 고기로 먹는 오리는 새끼 오리에서 불과 45일 후에 도축된다. 반면 알을 얻기 위해 기르는 오리는 농장에서 약 4년 정도 길러져 알을 낳는다. 현재 살아있는 거위나 오리에서 털이 채취되는 위험이 발생할 가능성 알을 생산하는 농장에서 훨씬 높게 나타난다. 알을 생산하는 농장은 제품과 관련한 직접적인 책임 범위는 아니지만, 해당 사회문제를 해결하려는 관점에서는 주목해야 할 범위 영역이다. TDS는 현재 알을 생산하는 농장까지 검증하고 있다.

세 번째는 '동시 생산'을 인정할 것인가의 이슈다. 동시 생산이란 한 농장에서 책임 있는 다운을 생산하는 한편, 한쪽에는 사료를 강제로 먹이면서 거위나 오리를 키우는 것을 말한다. 해당 농장은 책임 있는 방식으로 운영하는

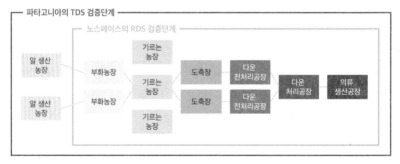

[그림3] 파타고니아의 다운 책임 추적 과정

농장은 아니지만, 일부 다운은 책임 있는 방식으로 생산하여 납품한다. 이 경우 파타고니아의 TDS는 이를 인증하지 않고 있다. 역시 두 번째 이슈와 마찬가지로 실제 공급받는 원재료만 관리할 것이냐, 원재료를 둘러싼 환경까지 관리할 것이냐의 이슈다.

동물복지를 위해 노력하는 단체 포포즈는 노스페이스의 RDS가 개선을 이루어 온 것은 인정하지만, 현재의 기준이 불충분하다는 점에서는 우려를 표명하였다. 반면 노스페이스와 텍스타일 익스체인지는 다른 의견을 내놓고 있다. 향후 기준을 더욱 강화할 것이지만, 현재 지나치게 엄격한 기준을 제시하는 것은 관련 산업에서 이러한 다운을 도입하려는 시도를 차단할 수 있다는 것이다. 예를 들면 다운을 많이 소비하는 침구류 산업에는 '책임 있는 다운' 논쟁의 무풍지대나 마찬가지인데, 이러한 산업까지 참여를 확대하기 위해서는 엄격한 기준이 도움이 되지 않을 수 있다는 우려다.

파타고니아 역시 가장 엄격한 기준을 충족하는 것이 다른 브랜드와 다운 공급업체들에게 쉽지 않다는 사실을 잘 알고 있다. 파타고니아도 7년이나 걸렸기 때문이다. 하지만 기준이 곧 지침이기 때문에 가장 엄격한 기준을 제시할 필요가 있다는 점에서는 명확한 입장을 가지고 있다.

100% 책임 추적 다운의 네 가지 시사점

파타고니아의 '100% 책임 추적 다운' 사례는 많은 시사점을 던져주고 있다. 첫째는 어떤 기업도 완전하기 어려우며, 불완전함을 극복하기 위해 NGO는 훌륭한 파트너가 될 수 있다는 점이다. 파타고니아는 2007년부터 다운을 추적하기 시작했지만, 파타고니아의 노력을 더욱 철저하게 밀어붙이도록 한 것은 다름 아닌 포포즈였다. 포포즈의 입장에서 2010년의 파타고니아는 비판의 대상이었지만, 현재의 파타고니아는 다운산업 업계를 설득하고 동물복지 개선을 확대하기 위한 파트너가 되었다.

책임 있는 기업의 기준은 비판을 받느냐 여부가 아니라, 비판을 받았을 때 어떻게 행동하느냐로 더욱 쉽게 알 수 있다. 모든 기업은 절대 완전할 수 없어 비판으로부터 자유롭지 않기 때문이며, 특히 '책임의 기준'이 시대에 따라 달라지기 때문이다.

둘째는 제품의 생산 단계를 원재료 단계까지 거슬러 올라가면서 책임의 범위와 수준을 확대하기 위해 노력해야 한다는 점이다. 파타고니아는 총 7단계까지 거슬러 올라가며 추적했다. ①의류 생산공장 → ②다운 처리 공장 → ③다운 전(前)처리 공장 → ④도축장 → ⑤기르는 농장 → ⑥부화농장 → ⑦알 생산농장까지 추적했다.

나이키의 아동노동 사례와 비교한다면, 1990년대 나이키에 대한 문제 제기는 1단계(파타고니아로 치면 ①의류 생산공장 단계)에 대한 문제 제기이다. 원재료 단계까지 영향력을 행사하고 개선하는 것은 어려운 문제다. 그러나 100% 책임 추적 다운 사례는 개선하고자 노력하면 바닥까지 닻을 내릴 수 있다는 것을 보여주고 있다.

셋째는 책임의 범위를 자신의 울타리 내로 한정할 것인가의 이슈다. 파타고니아와 노스페이스 기준의 차이는 청소하려고 자신의 마당만 비질을 하느냐, 공유공간까지 비질을 하느냐의 차이라고 볼 수 있다. 엄격하게 이야기하면 ⑦번의 알 생산농장에서 생산된 깃털은 파타고니아나 노스페이스 제품과는 상관 없다. 내 울타리 범위 안에서 문제가 발생하지 않도록 하겠다고 하면 알 생산농장의 문제는 신경 쓰지 않아도 될 것이지만, 동물복지 문제를 해결하겠다고 한다면 가장 위험도가 높은 알 생산농장 문제를 덮을 수 없다.

이는 '동시 생산'을 인정하느냐의 문제와도 연결된다. 같은 농장 안의 바로 옆 우리에서 문제가 발생해도 그 깃털이 자신의 제품에만 들어오지 않는다면 문제되지 않는다고 할 수 있다. 그러나 동물복지 문제를 해결하겠다고 하면 이는 눈 감고 넘어가기 어려운 문제가 된다.

넷째는 많은 외부 기관과 협력하여 표준을 만들고 공개해 업계 전반의 수준을 제고하는 노력을 경주하고 있는데, 이는 훌륭한 확산방법이라 할 수 있다. 파타고니아는 포포즈, 국가위생재단(공급망 평가 및 인증), 아키 어드바이저(Arche Advisors, 유통과정 추적 기관)와 협력함은 물론, 아웃도어산업연합(OIA)과 함께 기준 평가작업을 하고 있으며, 텍스타일 익스체인지 운영위원회와 함께 RDS 기준 개선을 돕고 있다. 특히 2013년 '100% 책임 추적 다운' 기준을 마련했을 때, 이 기준을 곧바로 업계와 사회에 공개함으로써 책임 있는 다운의 확산에 기여했다.

굴을 파기가 어렵지 넓히는 것은 쉽다

혹자는 '100% 책임 추적 다운'이 동물복지에 국한하여 추진하는 이슈이며, 발자국 찾기 사업의 한 영역일 뿐이라고 폄하할 지도 모른다. 그러나 모든 제품의 원재료 단계까지 책임의 범위와 수준을 확대하는 것은 매우 어려운 작업이며 단기간에 끝낼 수 있는 일이 아니다. 이를 동물복지 이슈 영역으로 한정해서나마 깊게 파고들어 지도를 완성하는 것은 매우 의미 있는 일이다. 한번 깊게 판 동굴을 넓히는 일은 동굴을 새로 파는 것보다 훨씬 쉽기 때문이다. '100% 책임 추적 다운'은 저 깊은 바닥까지 깊게 구멍을 하나 낸 것이다. 이를 통해 바닥까지 파고들어 갈 수 있음을 보여준 계기가 됐다.

발자국 찾기 사업은 게놈지도를 그리는 사업과 유사하다. 게놈지도가 완성되었을 때 활용도가 다방면으로 매우 높아지듯이, 발자국 찾기 지도가 완성되었을 때 환경·사회적 책임을 다양한 영역, 다수의 주체로 확대하는 것이 매우 용이할 것이다.

2008년 2월, 파타고니아가 발자국 찾기 사업과 100% 책임 추적 다운 사업을 막 시작했을 무렵, 이본 쉬나드는 트리허거(TreeHugger)와의 인터뷰에서 "아무리 환경을 오염시키지 않고 친환경주의자가 되려고 노력해도 우리는 여전히 오염자이다"라고 말했다. 저 심연 깊은 곳까지 두레박을 떨어뜨리거나, 저 깊은 곳까지 곡괭이를 파고 들어가는 사람은 '완전한 사람'이 아니라 '밤이면 밤마다 나의 거울을 손바닥으로 발바닥으로 닦는 사람'이다.

보이는 책임에서 보이지 않는 책임까지

두 방향으로의 책임 확대

아동노동 이슈는 아직도 제3세계에서 끊임없이 문제 제기되고 있다. 이 문제가 해결된 것은 아니지만 아동노동에 대한 사회기준은 바뀌었고, 더 나아가 사회적 책임 이슈는 끊임없이 더 깊은 수준으로 제기되고 있다.

1992년의 나이키 아동노동 문제가 제기될 때만 해도 2010년의 네슬레처럼 원자재 채취 과정의 이슈는 사회적 이슈가 거의 되지 않았다. 그러나 앞서 보았듯 CSV 우등생 네슬레도 2010년 그린피스의 항의시위 대상이 되고 말았다. 사회적 책임 수준이 높은 회사라도 현재 환경·사회 문제로부터 자유로운 것은 아니다. 그만큼 치열하게 파고들어야 하는 문제다. 파타고니아의 '100% 책임 추적 다운' 사례는 이를 파고든 하나의 사례이다. 그러나 현재로서는 이렇게 좁고 깊게 판 사례가 몇몇 있을 뿐이다.

전통적인 책임 범위는 기업의 핵심 밸류체인(value chain)과 관련된 영역이었다. 해당 제품·서비스 생산 및 공급 과정에서 벌어지는 책임 문제를 주로 다루었다. 이 범위를 더 넘어서서 보다 책임 있게 행동하는 기업도 많았다. 네슬레, 막스&스펜서, 나이키, 노보 노디스크, 팀버랜드 같은 기업이다.

그러나 이 세상의 모든 기업이 이렇게 우수한 사회적 책임을 실현하고 있는 기업 수준으로 변한다 해도 지구의 환경·사회 문제는 해결되지 않는다. 사회적 책임을 확대하려고 노력하는 대다수 기업들 역시, 『책임혁명(Responsibility Revolution)』에서 이야기한 "그동안 우리는 조금 덜 나쁜 기업이 되려는 정도의 노력을 두고도 이를 미화하고 대단히 중요한 변화의 사례라고 추켜세웠다"는 말을 지속적으로 되새겨볼 만하다.

"지속가능한 제조업이란 없습니다"라는 파타고니아 릭 리지웨이 부사장의 단언적인 말은 시사하는 바가 크다. 현재처럼 비용을 사회화하고 이익을 사유화하는 시스템 내에서는 진정한 기업의 책임에 도달하기 어려울 수 있다. 폴 호켄 등이 제시한 『자연자본주의(Natural Capitalism)』가 실현되기 전까지는 어쩌면 기업은 사회적 책임을 확대하기 위한 노력을 지속적으로 경주해야 하는 숙명을 안고 있다.

그 숙명을 안고 선두에서 열심히 헤쳐나가는 기업이 있다. 이 기업들은 크게 두 가지 방향으로 사회적 책임을 확대하고 있다. 첫째는 자신의 핵심 밸류체인을 넘어 원자재 단계까지 책임의 범위를 깊게 파고들어가고 있다. 둘째는 제품의 판매 이후 소비 단계에서 환경 피해를 유발하는 요소나 폐기 단계까지 책임의 수준과 범위를 확대하고 있다.

"공정무역 로고도 한계 존재"

코너 우드먼(Conor Woodman)은 여행 중에 커피 컵에 적힌 '당신이 마신 이 커피가 우간다 농민의 삶의 질을 높여 줍니다'라는 문구에 의문을 품고, 그 말이 사실인지 직접 확인해보기로 하고, 자주 소비하는 상품의 생산과정을 역추적하는 세계여행을 시작했다. 그리고 이를 통해 『나는 세계일주로 자본주의를 만났다(Unfair trade)』라는 책을 펴냈다.

이 책에 여러 사례가 있는데, 영국 캐드버리 초콜릿(Cadbury Chocolate)의 공정무역 사례만 간단히 소개해볼까 한다. 캐드버리 초콜릿 회사는 사회적 책임을 실천하는 대표적인 기업 중 하나로 꼽힌다. 1893년, 노예노동을 하는 코트디부아르 대신 노예제가 없는 이웃나라 가나로 생산시설을 옮겨, 당시에 벌어지고 있던 서부아프리카 코코아농장에서의 강제노역 반대 투쟁에 힘을 실어주기도 했다.

캐드버리 초콜릿 회사가 2009년 자신의 주력 상품인 데어리 밀크초콜릿의 원료 공급원을 공정무역 제품으로 바꾸기로 결정했다. 이 초콜릿은 당시 한 해에 300만 개 이상이 팔리는 인기제품이었다. 캐드버리는 공정무역 최저가(당시 1톤당 1,600달러)를 준수하는 것 외에, 사회발전 기금으로 1톤당 150달러를 지급하고, 가나 농부들이 공정무역 인증을 받는 비용도 부담한다고 밝혀 환호를 받았다.

코너 우드먼은 이런 방식으로 세상을 바꿀 수 있는지 관련 공급라인을 추적하며 조사하기 시작했다. 그 결과 몇 가지 한계가 발견되었다. 기업들은 공정무역재단에 등록된 커피 농가조합으로부터 1kg당 2.81달러로 커피를 구매하는데, 농부들은 커피 농가조합에 그 가격의 절반도 되지 않는 1.39달러에 팔고 있었다. 또한 기업들은 공정무역 로고를 사용하는 대신 공정무역재단에 4%를 지불하고 있었다. 이 4%는 인증제도를 운영하고 감독하는 행정비와 참여 기업을 늘리기 위한 홍보 및 마케팅비로 사용되고 있었다. 인증 관리를 위한 커피 농가조합과 공정무역재단에 들어가는 비용이 만만치 않았던 것이다.

또 하나의 문제점은 공정무역재단에서 커피 수요를 맞추기 위해서 영리를 우선으로 하는 농장에서 생산된 제품을 점점 더 많이 보증하고 있다는 점이었다. 그러나 이런 대규모 농장들은 에너지와 탄소를 더 많이 낭비할뿐만 아니라, 영세농민에 비해 단위 면적당 생산 효율성이 떨어지며, 유기농으로 재배되지 않는다는 문제점이 있었다.

코너 우드먼은 "웬만한 대형 브랜드는 윤리적으로 인증을 받고 관련 로고를 붙인 제품을 하나 이상 소유하고 있다. 그렇다면 '좋은 기업'이 진정 많아진 것일까, 아니면 '좋은 기업'을 가려내기가 더 어려워진 것일까?"라고 질문한다. 공정무역 로고나 열대우림연맹(Rainforest Alliance) 로고가 붙여진 제품이 많아진다는 것은 바람직한 현상이지만, 로고를 붙이는 것만으로 책임의 문제를 풀 수는 없는 것이다.

코너 우드먼은 니카라과의 바닷가재 생산어장까지 추적, 방문해 생명을 위협하는 심해 다이빙으로 장애인이 된 청년들을 만났다. 그리고 "이 공급망에서 가장 강력한 축은 니카라과 정부가 아니라, 미국 레스토랑과 해산물 기업이다. 그들이야말로 다이버들의 작업환경에 가장 큰 변화를 몰고 올 수 있는 존재"라고 말했다. 효율성을 최고의 가치로 내걸고 질주하고 있는 자본주의 시스템을 개선하지 않고 모든 것을 기업의 문제로 돌릴 수는 없겠지만, 어느 기업이 새로운 생산방식을 만들며 확산하려는 노력을 하지 않는 한 시스템의 개선 또한 요원할 것이다. 우리에게는 이러한 개선을 앞장설 '리딩 빅(leading big)'이 필요하다.

세 가지 측면의 한계와 확장

물론 그동안 기업 또한 많은 변화를 만들어왔다. 과거에 비하면 빠르게 사회적 책임의 수준을 확대해 나가고 있다. 예를 들면 공급망 관리(SCM, Supply Chain Management)나 공급망 환경관리(SCEM, Supply Chain Environmental Management)에 대한 관심과 개선이 뚜렷하게 향상되고 있다.

그러나 선진적인 기업들이 SCM, SCEM을 추진하더라도 범위는 1차 협력업체, 그리고 확장해도 제한적으로 2차 협력업체 정도까지 관리할 뿐이다. 관리하는 수준도 구매관리, 환경 가이드라인, 동반성장 중심으로 머무르는 경우가 대부분이다.

온실가스 배출을 봐도 그렇다. 직접 배출원인 영역 1(Scope 1)[5]과 영역 2(Scope 2)[6]는 관리하지만, 간접 배출원인 영역 3(Scope 3)[7]을 제대로 관리하는 기업은 거의 없다시피 하다.

---

5. 직접 사용한 전기 등 조직이 소유하거나 관리하는 물리적 장치나 공정에서 바로 대기에 배출되는 온실가스
6. 회사 차량 등 조직이 구매 또는 획득하여 소비한 장치에서 발생하는 온실가스
7. 조직이 소유하거나 관리하지 않는 배출원에서 발생하는 온실가스로, 구매한 상품 및 서비스, 폐기물 처리, 운송 및 유통, 투자, 임대자산 등으로부터 발생하는 온실가스

현재 많은 기업들이 노력하고 있지만, 다음 그림에서 보듯 세 가지 측면, 즉 영역(scope), 분야(coverage), 생태계 변화(ecosystem change) 측면에서 한계가 있는 경우가 많다.

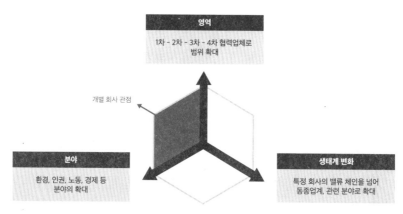

[그림4] 세 가치 방향의 책임의 확대

세 가지 측면의 한계는 곧 향후 책임의 범위를 어느 쪽으로 확대할 것인가를 의미하는 것이다. 선-면-공간으로 확대해가는 것인데, 먼저 '선'(영역)의 측면에서는 공급망 관리를 1차, 2차, 3차 등으로 확대해가야 한다. 이에 대한 대표적인 사례가 '100% 책임 추적 다운' 사례다.

'면'(분야) 측면에서는 구매관리, 동반성장 중심을 넘어, 환경, 인권, 노동, 경제 등의 분야까지 확대하는 것이다. 이에 대한 대표적인 사례로 의류 및 신발 제품이 원재료 단계에서부터 환경·사회적 책임을 얼마나 준수했는지를 100점 만점으로 점수화해서 라벨에 표시하는 원대한 계획 '히그 인덱스(Higg Index)' 사례를 이야기할 수 있다. 이는 8장에서 자세히 소개할 예정이다. '공간'(생태계 변화) 측면에서는 이러한 선-면의 변화를 동종업계, 관련 분야로 확대해 나가는 것이다.

'보이는 것에 대한 책임'을 넘어

이러한 세 가지 방향성 관점 아래에서, 다시 1992년 나이키 아동노동 이슈와 2010년 네슬레 야자나무 농장의 환경 파괴 이슈를 보자. 나이키는 1차 협력회사의 문제였으나 네슬레는 원재료를 공급하는 농장에서 벌어진 문제였다.

1996년 미국 주간지 라이프(Life)지에 실린 사진에는 나이키 로고가 선명하게 찍혀 있었다. 이른바 쉽게 연관되고, 책임의 범위가 눈으로 '보였다'. 반면 네슬레의 킷캣 초콜릿과 오랑우탄 서식지 문제는 몇 단계 거쳐야 연결되고, 야자나무에서 네슬레 로고는 눈으로 보려야 볼 수도 없다. 나이키 축구공은 1차 협력업체에서 생산하긴 해도 소비자에게 직접 전달되는 상품을 제조하는 곳이었고, 나이키의 밸류체인과 긴밀하게 결합되어 있는 공장이었다. 반면 인도네시아 야자나무 농장은 몇 단계를 거친 공급망일 뿐만 아니라, 네슬레 외에도 유니레버, 크래프트, 카길 등에도 공급하는 등 네슬레

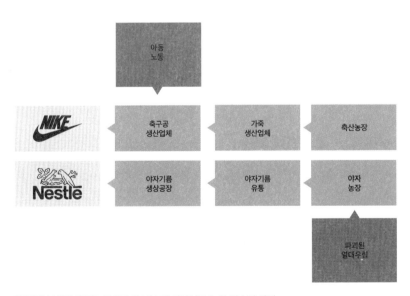

[그림5] 나이키 아동노동 이슈와 네슬레 야자나무 농장 이슈의 차이

밸류체인과만 긴밀하게 결합된 농장은 아니었다. 그렇기에 나이키의 파키스탄 협력업체는 나이키의 '마당'이라고 볼 수 있지만, 인도네시아의 야자나무 농장은 네슬레만의 '마당'이라고 볼 수는 없다.

이는 책임의 범위와 영역이 그만큼 확대되었다는 것을 의미한다. 이제 '보이는 것'에 대한 책임, '제한된 밸류체인 중심'의 책임, '내 집 앞 쓸기' 관점의 책임을 넘어야 하는 시점에 와 있다.

왜 이런 책임의 변화가 일어나는가. 1990년대와 2010년대 사이에 무슨 변화가 있었는가. 무엇보다도 기업이 사회적 책임을 강화하고 있지만 그 속도 이상으로 환경·사회문제가 발생하는 속도가 빠르기 때문이다. 우리가 사용하는 경제원리는 기본적으로 덧셈(+)의 원리 위에 세워져 있다. 환경을 파괴하면서 매출을 올려도 GDP, 매출, 순이익은 덧셈(+)이 되는 구조다. 환경·사회적 가치를 훼손하는 것은 없는지를 보는 뺄셈(-)의 원리가 함께 작동하지 않는 한, 기업의 사회적 책임을 통한 사회적 가치의 증분은 환경·사회문제가 발생하는 속도를 따라잡기 어렵다. 결국 늘어나는 환경·사회문제는 기업의 책임의 범위를 원자재 단계까지 끌어올리는 방향으로 강화하게 만들었다.

또 하나의 변화는 초연결사회의 도래다. 모든 사람, 사물, 공간 등이 연결되는 초연결사회가 도래하면서, 경제활동은 물론 사회 전반에 걸쳐 전방위적인 패러다임 변화가 일어나고 있다. 정보의 투명성과 속도, 그리고 파급력까지 모두 높이는 방향으로 사회의 변화가 추진되었다. 최근 아보카도 소비를 줄이자는 움직임이 있는 것도 대표적인 사례다. 아보카도의 80%를 생산하는 멕시코에서 아보카도를 경작하기 위해 숲을 파괴하고 있으며, 높은 푸드 마일리지로 인해 기후변화를 야기하고 있다는 것이다. 이에 우리나라 식탁 위의 아보카도와 멕시코 산림파괴 이슈가 곧바로 연결된다. 이제는 킷캣 초콜릿과 오랑우탄을 쉽게 연결하여 바라볼 수 있는 시대가 된 것이다. 굳이 코너 우드먼처럼 100개국을 직접 방문하지 않아도 우리는 환경·사회 문제의 연관성을 쉽게 파악할 수 있다.

사회적 책임의 두 가지 어려운 여정

사회적 책임과 관련해 두 가지 힘들고 어려운 여정이 있다. 첫 번째 어려운 여정은 기업의 밸류체인에서 원자재 생산 농장까지 책임을 확대하는 여정이다. 아직까지 온실가스 배출에 있어 영역 3(Scope 3)을 제대로 파악한 기업이 드물며, 원자재 생산 농장, 숲까지 환경·사회적 책임 지도를 체계적으로 그린 기업이 없다.

두 번째 어려운 여정은 첫 번째 여정을 통해 파악한 문제를 해결하는 여정이다. 폴 호켄은 『비즈니스 생태학』에서 "우리는 광산에서 수은과 납을 어떻게 채취하는지, 어떻게 염소가스와 탄소분자를 결합하는지는 잘 알아도 호리병에서 나온 요술쟁이 지니를 호리병 속에 도로 집어넣는 방법은 알지 못한다. 즉 현재로서는 유해 화합물을 완전히 해독하거나, 환경 속으로 안전하게 되돌려놓을 방법이 없다"고 말했다.

두 번째 여정은 첫 번째 여정보다도 어려울 수 있다. 첫 번째 여정은 마이너스(-) 사회적 가치를 파악하는 과정이라면, 두 번째 여정은 마이너스 사회적 가치를 해결하는 과정이다. 아직 첫 번째 여정도 시작 단계다. 사회적 책임의 '게놈지도'를 그려내는 여정이라 할 수 있는데, 이 역시 어느 기업 혼자 해내기 어려운 주제이다. 그렇지만 일부 기업에서는 책임의 범위와 수준을 최대한 깊게 파고들어 가고 있다. 이러한 노력이 다른 기업의 협력으로 이어진다면, 어느 순간 불연속 평형이 일어나며 책임의 수준을 한 단계 크게 높일 것이다.

:

4장

협력업체와의 파트너십

트리크의 축구공

시간당 6센트, 누구의 책임일까?

구글 이미지 검색창에 'Nike CSR'을 검색하면 첫 화면에 나이키 로고처럼 생긴 커다란 몽둥이를 휘두르고 있는 덩치 큰 백인 남성 모습이 나타난다. 몽둥이 아래엔 검은 머리카락의 왜소한 아이들이 몽둥이를 피하느라 잔뜩 움츠린 채 나이키 에어 조던 운동화를 만들고 있다. 관리자로 보이는 백인 남성의 셔츠엔 나이키 로고가 선명하고 그의 입에선 나이키의 캐치프레이즈 "JUST DO IT!" 이 튀어나오고 있다.

1996년 3월 28일 미국 주간지 라이프(Life)에 CSR 역사상 가장 유명한 기사가 실렸다. '시간당 6센트(Six Cents an Hour)'라는 제목의 기사에는 맨땅에 앉아 나이키의 축구공을 맨손으로 꿰매고 있는 한 소년의 사진이 실렸다. 소년의 이름은 트리크(Triq), 나이키에 축구공을 납품하는 파키스탄 생산 협력업체가 시간당 6센트를 주고 고용한 12살 아동노동자였다. 이

기사가 보도된 후 나이키는 제3세계 아동노동의 주범으로 지목되었다. 그리고 20여 년이 지난 지금도 전 세계 어느 곳에서나 CSR과 관련된 사례 발표에 이 사진과 기사가 단골로 등장하고 있다.

나이키 입장에서 보면 억울할 수 있다. 왜냐하면 1996년 당시 제3세계 아동노동 문제는 나이키만의 문제가 아니었기 때문이다. 1990년대 초반부터 나이키, 아디다스를 비롯한 글로벌 스포츠·의류 브랜드 생산 협력업체의 아동노동 문제는 이슈가 되는 중이었다. 1992년 8월 인권 활동가 제프리 볼링거(Jeffrey Ballinger)가 하퍼스 매거진(Harper's Magazine)에 나이키의 성장 뒤에는 제3세계 아동과 노동자들의 저임금 문제가 있다고 폭로한 것을 비롯하여, 여러 시민 단체의 보고서와 다른 언론 보도를 통해 고발된 바 있었다. 그러나 당시 직접적인 책임이 나이키나 아디다스에 있다는 주장에 대해서는 논쟁이 진행 중이었다. 그 이유는 아이들을 고용한 회사는 나이키나 아디다스가 아니고 저 먼 나라 어디 있는지도 잘 모르는 아주 작은 협력업체였기 때문이다.

라이프의 기사가 보도된 후 나이키의 초기 대응은 방어적이었다. 제3세계 아동노동 문제가 나이키만의 문제도 아니며, 나이키가 아이들을 고용한 제3세계 생산 협력업체의 운영에 일일이 간섭할 권한과 책임이 없다고 생각했기 때문이다. 심지어 당시 파키스탄에선 아동노동에 대한 법적 기준도 없었기 때문에, 나이키는 아동노동에 대한 안타까운 마음은 있으나 법적 책임은 분명하지 않다는 입장을 밝혔다.

그러나 이런 방어적이고 수동적인 대응은 오히려 인권단체와 소비자들의 화를 불러일으키는 도화선이 되고 말았다. 이후 미국과 유럽의 여러 인권단체와 소비자단체가 중심이 되어 불매 운동이 일어났고 아동 인권과 관련된 법적 소송도 이어졌다. 또한 윤리경영과 공정무역 등 CSR과 관련된 수많은 콘퍼런스에서 사례 발표와 논문, 책, 언론 기사를 통해 나이키는 아동노동의 대표적인 나쁜 기업으로 소개되었다.

라이프의 보도 후 2년이 지난 1998년 나이키의 설립자이자 당시 CEO였던 필 나이트(Phil Knight)는 연설을 통해 "지금 나이키 제품은 노예 임금, 강제 초과 근무, 임의적인 아동 학대와 동의어가 되었다. 나는 미국 소비자가 학대로 만들어진 제품을 구매하고 싶어하지 않는다는 사실을 진정으로 알고 있다"고 솔직하게 인정했다. 이후 나이키는 기업 책임 부서를 조직하고 생산 협력업체 선정과 관리를 위한 내부 규정을 제정하였다. 이 규정에는 노동자의 최소 연령을 상향 조정하고 생산 협력업체의 노동환경 모니터링 횟수를 늘리며, 모든 공장에서 OSHA[8]의 청정 공기 표준을 채택하고 노동자 복지 정책을 향상한다는 내용이 포함되어 있다.

2019년 현재 나이키는 수백 명의 공인된 CSR 오디터(auditor)들과 협력하고 있다. 오디터들은 CSR 분야의 전문성과 신뢰성을 가진 국제 검증기관에 소속되어 있으며 전 세계에 위치한 수백 개의 나이키 1차 생산 협력업체를 매년 100% 현장 모니터링하고 있다. 현장 오디터들은 아동노동을 비롯한 1천 건이 넘는 현장 점검 항목을 3~4일에 걸쳐 조사한다. 만일 생산 협력업체가 나이키의 기준을 어긴 것이 발견되면 심각성에 따라 계약 해지도 가능하다. 나이키는 이와 같은 현장 점검 활동을 2차, 3차 협력업체로 빠르게 확산하는 중이다.

1996년 열 두 살이었던 트리크는 이제 30대 중반의 성년이 되었다. 라이프의 보도 이후 트리크의 삶은 어떻게 되었을까? 더 이상 축구공을 꿰매지 않고 또래 아이들처럼 학교에 다니게 되었을까? 그리고 20여 년이 지난 지금 트리크와 같은 아이들은 또 없을까?

안타깝게도 상황은 많이 나아지지 않았다. 2017년 국제노동기구(ILO)는 전 세계 1억 2,500만 명의 학령기 아이들이 광산과 농장, 공장에서 일하고 있다고 발표했다. 우리 아이들이 입고 먹고 가지고 노는 티셔츠, 초콜릿, 축구공, 장난감, 스마트폰에는 여전히 다른 나라 아이들의 고된 노동이 담겨있다.

제3세계 생산 협력업체의 환경·사회 이슈들

비단 아동노동 문제뿐만 아니라 전 세계인이 값싼 소비를 할 수 있는 이유는 제3세계 생산 협력업체의 열악한 노동환경, 낮은 인건비, 환경 오염 등의 문제를 방치하고 있기 때문이다. 파타고니아는 이 문제를 개선하기 위해 생산 협력업체를 선정하고 관리하는 기준에 사회와 환경 가치를 결합하고 있으며, 꾸준히 해결방법을 찾아가고 있다. 파타고니아의 노력을 알아보기 전에 먼저 의류산업을 중심으로 제3세계 생산 협력업체에서 일어나고 있는 주요한 환경·사회 이슈에 대해 살펴보려고 한다.

1. 열악함을 넘어선 위험한 노동환경

나이키 사례에서 언급했지만 1990년대 초반부터 서구 언론과 시민단체들은 제3세계 노동환경의 열악성과 심각성을 파악하고, 이 문제를 시급히 해결해야 할 국제적 문제로 이슈화했다. 하지만 30년이 지난 지금도 문제 해결과 개선 정도는 기대 이하다. 2013년 4월 24일, 방글라데시 사바르 공단에 위치한 8층짜리 의류 공장 라나플라자가 부실 공사와 불법 증축, 수용 가능한 인원을 초과한 문제들이 겹치면서 순식간에 붕괴했다. 이 사고로 1,143명의 노동자가 그 자리에서 목숨을 잃었고 수백 명의 부상자가 발생했다. 당시 라나플라자에서 생산 중이던 의류는 누구나 알 만한 글로벌 패션 브랜드의 제품이었다.

안타깝게도 라나플라자와 같은 사고는 언론에 보도되지 않을 뿐 지금도 계속 발생하고 있다. 주로 CSR 관련 탐사보도를 하는 독일 한델스블라트(Handelsblatt)의 기자 프랑크 비베(Frank Wiebe)는 2013년 발간된 그의 책 『애플은 얼마나 공정한가(Wie fair sind Apple & Co.?)』에서 전 세계 의류의 60% 이상을 생산하는 중국, 인도, 인도네시아, 스리랑카,

---

8. Occupational Safety and Health Administration, 미국 노동성 산하 직업 안전 위생국

베트남, 캄보디아 등 아시아 지역의 의류 생산공장 중 정기적으로 외부의 안전 진단을 받는 공장은 통계에 잡히지 않을 정도로 미미하며, 언론에 보도되지 않는 크고 작은 안전 사고가 매일 수십 건씩 발생하고 있다고 고발했다.

또한 미국 뉴스위크(Newsweek)의 2015년 8월 21일자 기사 '독성 패션(Toxic Fashion)'에서는 노동자들이 의류 생산과정에서 발생하는 유독 화학물질에 아무런 보호장비 없이 노출된 사례는 너무나 많아서 헤아릴 수 없을 정도라고 밝혔다. 염색과 탈색, 세탁과 다림질 과정에 사용되는 유독 화학물질은 200종이 넘고 대부분은 인체에 치명적이다. 그뿐만 아니라 재단, 봉제, 포장 과정에서 발생하는 다량의 먼지가 호흡기 질환과 폐암의 주요 원인이 된다. 라나플라자 붕괴 사고 피해자를 비롯해 제3세계 의류 생산공장에서 일하는 노동자들이 대부분 20~30대 가임 여성임을 고려하면 의류 생산과정에서 발생하는 수많은 위험은 노동자 본인만 아니라 세대를 이어서 전해질 가능성이 매우 높다고 이 기사는 전하고 있다.

2. 낮은 인건비

라나플라자에서 일하던 방글라데시 여성 노동자의 한 달 평균 급여는 38달러였다. '하루'가 아니라 '한 달' 급여다. 언론 보도에 따르면 사고 이후 노동자들의 거센 항의와 시위 때문에 글로벌 패션 브랜드들은 최저 임금을 월 70달러 수준으로 올렸다고 한다. 얼마 전 서울 시내에 위치한 해당 브랜드 매장을 찾아가 방글라데시에서 생산된 가장 저렴한 티셔츠 한 벌의 가격을 알아보았다. 20% 할인된 가격임에도 38,000원이었다. 방글라데시 여성 근로자 한 명이 하루 10시간을 미싱 앞에 앉아 박음질하는 티셔츠는 수백 장에 이른다. 그러나 그 여성 근로자는 한 달 급여를 받아도 자신이 만든 티셔츠 한 장을 사고 나면 남는 돈이 거의 없다. 참고로 2012~2016년 글로벌 기업의 생산 협력업체가 주로 위치한 아시아 국가들의 최저 월 임금은 다음 표와 같다.

국가/지역		법정 최저 월임금 (단위 : 각국 통화)					각국 통화	USD 환산 (최종자료기준)
		2012	2013	2014	2015	2016		
미얀마	전지역	-	-	-	108,000	미발표	차트	83.6
라오스	전지역	626,000	626,000	626,000	900,000	미발표	킵	109.4
캄보디아	전지역	61	80	100	128	140	미국 달러	128
베트남	기타	1,400,000	1,650,000	1,900,000	2,150,000	2,400,000	동	107
	박닌, 돈탬	1,550,000	1,800,000	2,100,000	2,400,000	2,700,000		120.4
	하이퐁, 빈푹	1,780,000	2,100,000	2,400,000	2,750,000	3,100,000		138.2
	하노이, 호치민	2,000,000	2,350,000	2,700,000	3,100,000	3,500,000		156.1
인도네시아	자카르타 특별구	1,529,150	2,200,000	2,441,301	2,700,000	3,100,000	루피	222.6
태국	전지역	5,590	7,800	7,800	9,000	미발표	바츠	247.9
말레이시아	말레이반도	-	900	900	900	1,000	링깃	228.4
	사바주, 사라왁주	-	800	800	800	920		201.1
필리핀	마닐라 수도권	11,076	11,856	12,116	12,506	미발표	페소	261
중국	상해	1,450	1,620	1,820	2,020	미발표	원	306.9
	심천	1,500	1,600	1,808	2,030	미발표		308.5

[표2] 아시아 국가의 최저 월 임금
출처 : KOTRA

3. 환경 오염

열악함을 넘어서 위험 수준인 제3세계 생산 협력업체들의 노동환경과 자신들이 만든 티셔츠 한 장도 사지 못하는 낮은 월급도 시급히 해결해야 하지만, 더 심각한 문제는 생산 과정에서 발생하는 환경 오염이다. 파타고니아 환경경영의 큰 전환점이 되었던 목화 농장의 환경 오염은 의류산업 전체가 일으키는 환경 오염 중 극히 일부분에 불과하다. 가장 큰 문제는 과도한 물 사용과 수질오염이다. 의류 제조과정에서 소모되는 물의 양은 일반인이 상상하는 이상으로 많을 뿐 아니라 배출되는 물의 오염 정도도 심각하다. 글로벌 환경단체 그린피스의 조사 자료에 따르면 청바지 한 벌을 만드는 데 소모되는 물이 약 7톤, 면 티셔츠 한 장에는 약 2.7톤이 소모된다. 또 생산과정에 사용하는 수백 종의 화학약품 때문에 옷을 만드는 데 사용한 물은 재생 불가능한 수준으로 오염된다. 의류산업은 농업 다음가는 제2의 물

사용 산업이자 최고의 수질오염 산업이다.

뉴스위크의 '독성 패션' 기사에는 인도의 대표적인 의류 생산지역 티루푸르(Tirupur)의 사례가 나온다. 농업용수가 늘 부족했던 가난한 농촌 마을 티루푸르에 2002년 미국의 국제 개발 원조 프로젝트가 시작되면서 마을이 변모하기 시작했다. 미국 국제개발처(USAID)는 이 지역의 고착된 가난을 해소하고자 농업용수 개발을 지원했다. 이 지역에 흐르는 맑은 노이얄강 상류에 댐을 건설하고 마을 곳곳에 수로를 연결하여 농지에 물을 원활하게 공급했다.

그러나 USAID의 개발이 끝난 후 이 지역에는 빠른 속도로 의류 생산공장들이 들어섰다. 안정적으로 확보된 물로 농사를 짓는 것보다 의류를 생산하는 것이 더 많은 돈을 벌 수 있었기 때문이다. 티루푸르 지역의 공장은 대부분 영세한 염색공장들이 많았다. 노동자들은 아무런 보호 장구 없이 맨손으로 농수로에서 화학 염색과 세탁을 했다.

2007년 환경단체 조사에서 티루푸르의 염색공장 729곳이 하루 8,700톤이 넘는 폐수를 정화하지 않은 채로 방류한다는 사실이 밝혀졌다. 그러나 영세한 업체들이 막대한 비용이 드는 폐수 정화처리 시설을 스스로 갖추는 것은 현실적으로 불가능한 일이었다. 티루푸르 지방정부 또한 공동 폐수 정화시설을 설치할 형편이 못되었다. 환경 오염에 대한 아무런 대책 없이 급속하게 발전한 의류산업 때문에 이 지역에 흐르던 강은 필연적으로 오염되었다. 상류의 물이 오염되자 하류의 강과 저수지들도 연속해서 오염되었다. 강물이 오염되자 토양이 오염되었고 더 이상 이 지역에서 농사를 지을 수 없게 되었다. 2015년 뉴스위크 기자가 이 지역을 방문했을 때 강 유역에서 농사를 짓던 60개 마을이 폐허가 되었으며 염색공장들도 절반 이상 문을 닫은 상태였다. 그리고 이 지역 주민들은 오염된 물 때문에 만성적인 위염, 호흡 장애, 궤양, 피부병, 관절염에 시달리고 있었다.

의류산업은 비단 인도뿐만 아니라 방글라데시 부리강가강, 캄보디아와 베트남의 메콩강, 중국의 황하와 양쯔강 등 지난 수만 년 동안 인류의 역사와 함께 흐르며 생명의 원천이 되었던 강을 지금 이 순간에도 오염시키고 있다.

어디에서부터 해결의 실마리를 찾을 수 있을까?

이렇듯 제3세계 생산 협력업체의 노동 인권, 생산 환경, 환경 오염의 문제는 심각성이 분명하고, 해결의 필요성에 대해서도 공감대가 널리 형성되어 있지만 손에 잡히는 해결의 실마리를 찾기가 쉽지 않다. 이유는 이 문제들이 개별 기업 각각의 문제가 아니라 업체가 위치한 국가의 정치, 경제, 사회 전반의 문제이자 현재 세계 경제를 장악하고 있는 신자유주의 글로벌 공급망 시스템 전체의 문제이기 때문이다.

이 책의 주제인 CSR 영역 안에서 제3세계 국가의 정치, 경제, 사회 등 전체 문제를 다루는 것은 불가능한 일이다. 다만 이 책에서는 '파타고니아'라는 실제 사례를 가지고 글로벌 기업과 제3세계 생산 협력업체 간의 파트너십 관점에서 문제 해결의 실마리를 찾아보려고 한다. 생산 협력 파트너십 관점에서 보면 제3세계 생산 협력업체의 문제는 세 부분에서 해결의 실마리를 찾을 수 있다.

첫 번째 실마리는 글로벌 공급망 피라미드의 가장 상단을 차지하고 있는 글로벌 기업에게서 찾을 수 있다. 이 기업들은 제3세계 생산 협력업체들에게 가장 강력하고 실질적인 영향력을 미칠 수 있는 장본인이다. 이 기업들이 지금까지 생산 협력업체를 선정하고 관리하는 일반적인 기준인 경제적 가치(높은 품질, 낮은 단가)에 사회와 환경 가치를 같은 수준으로 더할 수만 있다면 실질적인 변화의 시작점이 될 수 있다. 앞서 나이키의 사례에서 본 것처럼 글로벌 기업들이 나이키와 같은 수준의 현장 모니터링을 한다거나 또는 앞으로 살펴볼 파타고니아처럼 환경·사회 가이드라인을 지속적으로 높이고 이를 생산 협력업체들이 지킬 수 있도록 적극적으로 돕는다면 바로 이 부분이 해결의 시작점이 될 수 있으리라 기대한다.

두 번째 실마리는 제3세계 생산 협력업체들이다. 아무리 글로벌 기업이 환경·사회 가이드라인을 높인다고 해도 실제 현지 기업들이 따르지 않고, 기존 방식을 유지하는 다른 글로벌 기업으로 납품선을 바꾼다면 소용없는 일이다. 생산 현장에서 환경·사회 기준을 높이는 데에는 그만큼의 비용과 시간이 요구되고 기업의 소유자와 경영자에게 돌아가는 이윤이 적어진다. 더구나 현재 글로벌 대기업의 CSR 모니터링은 1차 협력업체에 그치는 경우가 태반이다. 따라서 잘못하면 1차 협력업체들이 자신들은 CSR 가이드라인을 지키면서 2차, 3차 업체들에게는 반대의 경우를 강요할 수 있다. 이것은 문제를 근본적으로 해결하지 못하고 어쩌면 더 악화시키는 결과를 가져올 수 있다. 따라서 글로벌 기업들은 1차뿐만 아니라 2차, 3차 생산 협력업체를 어떻게 문제 해결의 중심으로 끌어들일 수 있을 것인가를 고민해야 한다. 이를 위해서는 환경·사회 가이드라인을 잘 지키는 또는 잘 지키려고 노력하는 1차 협력업체에게 어느 정도 적절한 인센티브를 제공해야 한다. 따라서 제3세계 생산 협력업체의 문제 해결 참여와 이에 따른 적절한 인센티브가 또 하나의 실마리가 될 수 있다.

세 번째 실마리는 소비자이다. 소비자는 자본주의 경제 체제에서 시장에 가장 큰 변화를 일으키는 주인공이다. 대다수 소비자가 싸고 보기 좋은 제품보다는 조금 더 비싸더라도 환경·사회적 가치를 지키는 제품을 구매한다면 굳이 CSR을 들먹거리지 않더라도 모든 기업이 그 방향으로 빠르게 이동할 것이다.

하지만, 우리 모두가 알고 있듯이 세 가지 실마리는 말은 쉽지만 결코 현실화하기 어려운 이상적인 이야기이다. 글로벌 기업들은 앞에서는 지속가능 보고서를 통해 환경·사회적 가치를 높이고 다우 존스 지속가능경영 지수(DJSI)에서 높은 등급을 받기 위해 노력한다고 하지만, 화려한 보고서와 높은 등급 뒤에는 재무제표와 당기 순이익이라는 재무지표가 굳건히 자리를 지키고 있다. 글로벌 기업들에게 제3세계 협력업체들이 제시하는 낮은 납품가는 가격 경쟁력이 되고 당기 순이익을 높이는 가장 좋은 수단이다. 생산 공장이 있는 국가의 인건비나 납품가가 높아지면 수천 명이 일하던 공장의 문을 닫고 조금이라도 인건비가 낮은 나라로 공장을 옮기고 거래업체를 바꾸는 것이 글로벌 기업들의 일반적인 경영 방법이다.

글로벌 기업들의 생리를 너무나 잘 파악하고 있는 제3세계 생산 협력업체들은 글로벌 기업이 원하는 CSR 가이드라인을 최소한의 수준으로 맞출 수밖에 없다. 글로벌 기업들이 요구하는 CSR 기준을 맞추겠다고 비용을 쓰고 납품가에 반영하면, 글로벌 기업들은 납품가가 높아졌다고 낮춰 달라고 요구하거나 아니면 거래업체를 바꾸기 때문이다. 이는 근본적인 문제 해결이 아니라 거래를 유지하기 위한 일시적인 호구지책에 불과하다.

그렇다면 마지막으로 소비자들에게 희망을 걸어보는 것은 어떨까? 제3세계 노동자의 인권을 보호하고 생산 환경이 좋으며 환경 오염을 일으키지 않는 브랜드의 옷을 더 많이 구입하면 이 문제를 자연스럽게 해결할 수 있지 않을까? 현실은 정반대이다. 2013년 라나플라자 참사 이후 이 사건과 관련된 글로벌 패션 브랜드들이 제3세계 협력업체의 인건비를 높이고 노동환경을 개선하면서 그 비용을 일정 부분 옷값에 반영했다. 평균 5~10% 정도의 옷값이 인상되었다. 소비자들은 라나플라자 참사에 분개하면서도 옷값이 비싸지는 것에 대해 싸늘한 반응을 보였다. 소비자들은 제3세계 생산현장의 열악함보다 조금 비싸진 옷값에 훨씬 더 민감한 것이다.

제3세계 생산 협력업체들의 열악하다 못해 위험한 노동환경, 낮은 인건비, 환경 오염 문제 등은 파타고니아 역시 피하지 못한 문제이다. 파타고니아 또한 복잡하게 얽힌 글로벌 공급망 시스템 전체를 한번에 바꿀 수 있는 도깨비방망이와 같은 해결책을 가지고 있진 않다. 지난 40년 동안 파타고니아는 거래 관계에 있는 협력업체들과 함께 이 문제를 해결하고자 지속적으로 노력했고, 그 노력을 통해 얻은 방법들을 다른 기업들에게 확산하고자 노력하고 있다. 파타고니아가 지난 시간 동안 이 문제들을 어떻게 대응하고 풀어왔는지 살펴보는 것은 같은 문제를 겪고 있는 우리에게 여러 시사점을 준다.

파타고니아 생산 협력업체 선정과 관리

생산 협력업체 선정과 관리 기준의 변화

1960년대 후반 취나드 장비회사에서 등반 의류를 취급하기 시작한 이후 현재까지 생산 협력업체를 선정하고 관리하는 기준의 변화를 살펴보면 파타고니아가 어떻게 제3세계 생산 협력업체의 사회·환경 문제에 반응하고 해결점을 찾아왔는지 전체적인 흐름을 알 수 있다.

1. 1970년대 : 최고의 품질

1960년대 후반 취나드 장비회사에서 의류를 취급하기 시작한 이유는 이본 취나드 자신과 동료들에게 튼튼하고 기능성이 좋은 등반 의류가 필요했기 때문이었다. 당시엔 지금처럼 특수한 기능을 갖춘 등반 의류가 발달하지 않았다. 이본 취나드와 그의 동료들은 1960년대 후반 영국 피크 디스트릭트로 등반을 갔다가 노동자들이 즐겨 입던 코듀로이(corduroy, 코르덴) 천으로 등산 바지 몇 벌을 맞추어 입었다. 코듀로이 천은 섬유가 굵고 골이 있어서 쉽게 닳지 않는 특성이 있었기 때문에 거친 암벽을 등반하는 데 안성맞춤이었다. 등반을 마치고 미국으로 돌아온 이본 취나드는 코듀로이 천으로 만든 바지를 영국에서 수입해 팔기 시작했다.

이후 1970년, 이본 취나드는 스코틀랜드에 겨울등반을 갔다가 우연히 사 입은 럭비 셔츠가 튼튼하고 옷깃이 넓어 등반할 때 로프에 목이 쓸리지 않는 장점이 있다는 것을 알게 되어 럭비 셔츠도 영국에서 주문해 팔게 되었다. 1973년에는 파타고니아 로고를 단 럭비 셔츠를 론칭하면서 본격적인 의류사업을 시작했다. 론칭 초기에는 제조과정이 간단한 일부 제품을 직접 제작했지만 대부분 생산 협력업체를 이용했다. 파타고니아의 럭비 셔츠는 예상과 달리 아웃도어가 아닌 캘리포니아 일대 대학가에서 큰 히트를 쳤고, 이본 취나드는 1974년 당시 의류산업이 발달했던 홍콩을 찾아 한 봉제공장과 매월 3천 벌의 럭비 셔츠를 납품받기로 계약했다.

그러나 첫 성공 아이템 덕분에 파타고니아는 브랜드 론칭과 동시에 문을 닫을 뻔했다. 홍콩의 공장은 등반 의류를 만들어 본 경험이 없어 품질이 기대 수준보다 한참 떨어졌다. 생산공장들은 생산 원가를 낮추기 위해 가는 실과 값싼 염색약을 사용했다. 이렇게 만들어진 셔츠는 등반과정에서 거친 비바람을 맞으면 쉽게 뜯어지고 색깔이 금방 바랬다. 또한 납품이 제때 되지 않고 불량품이 많아 파타고니아는 선주문 받은 의류를 다른 업체에 비싼 돈을 주고 다시 만들 수밖에 없었다.

이 사고가 있은 후 지금까지 파타고니아는 생산 협력업체를 선정하는 가장 중요한 기준을 세우게 되는데 바로 '최고의 품질'이다. 2018년 11월 이전의 파타고니아 미션에도 '최고의 제품을 만든다'라는 문구가 가장 앞에 있었다.

2. 1980년대 : 장기 계약과 동반 성장

새로운 브랜드를 론칭하고 좌충우돌 실패와 성공을 경험한 파타고니아는 1980년대 접어들어 미국 내 경기가 좋아지고 중산층의 아웃도어 활동이 늘어나면서 호황기를 맞았다. 파타고니아는 주문량이 급속히 늘어나자 생산 효율성을 높이기 위해 직접 생산하는 것을 중단하고 협력업체 방식으로 100% 전환했다. 이때부터 파타고니아는 생산 협력업체를 선정하고 관리하는 기준으로 품질을 최우선으로 하는 것과 더불어 장기 계약과 동반 성장이라는 방법을 더하게 되었다.

이본 취나드는 『파도가 칠 때는 서핑을』에서 "우리는 다른 업체가 조금

싸게 납품해준다고 해도 협력업체를 쉽게 바꾸지 않는다. 일시적으로 싸게 납품받는 것보다 조금 비싸게 주더라도 우리가 원하는 좋은 품질의 제품을 제때 납품받는 것이 장기적으로 우리에게 도움이 되기 때문이다"라고 장기 계약의 원칙을 세우게 된 이유에 대해 설명했다.

SER팀 선임 매니저 로건 듀란(Logan Duran)도 파타고니아 본사 방문 인터뷰에서 장기 계약과 함께 동반 성장의 중요성을 강조했다.

"파타고니아는 한번 협력 관계를 맺으면 웬만해서는 잘 바꾸지 않고 오랫동안 관계를 유지하려고 합니다. 그래서 현재 대부분의 생산 협력 업체들과는 20년 넘게 거래하고 있습니다. 또한 협력업체가 좋은 품질의 제품을 생산하도록 다양한 방법으로 지원합니다. 기술 공유는 물론이고, 신제품 개발이나 품질 개선을 위해 대부분 공동 R&D를 진행합니다. 협력업체의 기술 수준이나 생산 역량이 성장할수록 파타고니아 제품도 좋아지기 때문에 지속적으로 협력업체를 성장시키는 일은 파타고니아에게 매우 중요한 일이며, 생산 협력업체와 파트너십을 유지하는 오래된 원칙입니다."

3. 1990년대 : 현장 방문 원칙, 안전하고 일하기 좋은 환경

1980년대 파타고니아는 미국의 버블 경제에 힘입어 엄청난 속도로 성장했다. 매출이 급성장하면서 더 많은 생산 협력업체들이 필요했다. 생산 협력업체의 수가 얼마되지 않을 때는 꼼꼼히 생산 현장을 살펴볼 수 있었지만 협력업체의 수가 100개를 넘으면서 그 일이 힘들어 졌다. 내부 사정을 제대로 알 수 없는 생산 업체들과 서둘러 계약했고 신중하지 못한 계약은 부메랑이 되어 참담한 결과를 가져왔다. 1990년대 초반 파타고니아는 늘어난 생산 협력업체를 제대로 관리하지 못했고, 제품의 품질 문제와 납품 지연 등으로 또 한번의 큰 위기를 겪었다. 이번에는 엎친 데 덮친 격으로 미국 내 버블 경제가 꺼지면서 불황이 함께 몰려왔다. 단순히 금전적인 손해만이 아니라

120명의 직원을 해고해야 할 정도로 회사 전체에 큰 위기가 닥쳤다.

큰 위기를 겪으면서 이본 취나드는 경영에 대해 다시 기본부터 고민했고 회사의 미션을 새롭게 세웠으며, 생산 협력업체를 선정하고 관리하는 명확한 기준이 필요하다는 것을 깨닫게 되었다. 새롭게 세운 생산 협력업체 관리 원칙 중 가장 중요한 것은 반드시 현장 방문을 통해 품질과 생산 관리 현황 그리고 생산 환경을 확인해야 한다는 것이다. 기준을 세운 후 기준을 따를 수 없는 업체들과 계약을 해지했다. 그리고 가능한 협력업체 수를 늘리지 않고 신뢰 관계를 유지할 수 있는 소수의 업체들과 지속적인 관계를 유지한다는 원칙을 추가했다.

파타고니아는 이 원칙을 세우고 생산 협력업체의 대표들을 모두 모아 생산 협력업체 관리 원칙과 평가 방식을 설명했다. 평가 항목은 제조업체 특성별로 달랐지만 공통 항목 두 가지가 있었다. 하나는 높은 수준의 품질 관리이고, 또 하나는 안전하고 일하기 좋은 환경이었다. 평가는 파타고니아 직원들이 직접 현장을 방문해 이루어졌다.

안전하고 일하기 좋은 생산 환경에 관한 평가 조항을 넣은 이유는 1990년대 초반부터 제3세계 생산 공장들의 열악한 노동환경과 노동자 인권 문제가 이슈화되면서 파타고니아도 이에 대응하게 된 것이다. 또한 1991년 파타고니아 자체적으로 주요 섬유에 대한 환경 평가를 진행했고, 그 결과 섬유가 인체에 미치는 악영향과 환경 오염을 일으키는 문제를 알게 된 것도 기준을 세우는 데에 큰 영향을 미쳤다. 이본 취나드는 『파도가 칠 때는 서핑을』에서 "안전한 생산 환경과 직장에 만족하는 직원들이 더 좋은 제품을 만드는 것은 상식적인 일이다"라고 당시 생산 환경 기준을 세운 이유를 설명했다.

파타고니아 주요 경영진과 생산 협력업체 대표들의 전체 회의는 지금도 이어진다. 파타고니아는 전체 회의에서 생산 협력업체 선정과 관리 기준의 변화를 설명하고 각 협력업체의 평가 결과를 공개한다. 협력업체 대표들은 자신의 회사가 어떤 부분에서 부족한지 파악할 수 있고, 파타고니아는 각 회사별로 부족한 부분을 보완하기 위해 구체적으로 어떤 개선 활동을 해야 하는지 설명과 자료를 제공한다. 전체 회의 마지막 순서로 파타고니아와 협력업체 대표들은 지속적인 개선 활동과 현장 평가를 진행하는 데 상호 협력한다는 서명을 교환한다.

4. 2000년대 : FLA 기준 도입 및 생산 과정 공개

2001년 파타고니아는 FLA(Fair Labor Association, 공정노동협회)에 회원으로 가입했다. FLA는 나이키 사건 이후 제3세계 생산 협력업체의 노동 인권과 노동환경을 개선할 목적으로 1999년 설립된 국제 NGO로, 당시 미국 대통령이었던 클린턴 대통령이 큰 관심을 쏟아 설립한 단체이다. 파타고니아는 FLA 설립 과정에 깊게 관여했다. FLA의 회원이 되면 공정노동과 관련된 9가지 행동 규범을 준수해야 하며, 10가지 평가 기준에 따라 150여 개 항목에 대한 자가진단 및 제3자 검증을 받아야만 한다. 파타고니아도 이때부터 본사 및 생산 협력업체에 FLA 기준을 도입했다.

제품 제조뿐만 아니라 모든 일에서 참여한 주체들의 책임성을 높이는 가장 강력한 방법은 과정을 투명하게 공개하는 일이다. 2007년 파타고니아는 홈페이지 내에 발자국 찾기(The Footprint Chronicles) 페이지를 오픈했다. 발자국 찾기는 생산 과정을 투명하게 공개한다는 FLA의 원칙에 따라 제품별로 원재료를 생산하는 농장, 섬유를 생산하는 협력업체, 최종 제품을 생산하는 협력업체로 구분하여 세계지도 위에 위치 아이콘으로 표시하고 있다. 각각의 아이콘을 클릭하면 농장과 협력업체의 명칭, 위치, 생산 제품, 규모, 노동자 현황, 공정무역 인증 여부 등의 정보를 알 수 있다. 현재 1차 생산 협력업체의 정보는 대부분 공개되어 있으며, 농장과 2차, 3차 협력업체의 정보는 계속 추가되고 있다. 2014년에 완성된 100% 책임 추적 다운 사용 또한 발자국 찾기 프로세스를 구축하고 있었기 때문에 가능한 일이었다.

발자국 찾기 사이트를 개설해 제품의 생산과정을 투명하게 공개함으로써 파타고니아는 2008년 FLA의 완전 공인 회원(fully accredited member)이 되었다. 파타고니아의 FLA 활동은 2009년 월마트와 함께 SAC(Sustainable Apparel Coalition, 지속가능한 의류연합)를 설립하는 데 밑바탕이 되었다. 생산과정의 투명한 공개는 파타고니아가 생산과정과 협력업체들을 잘 관리하고 있다는 책임성, 또는 자신감의 표현이자 동시에 생산 협력업체들에게 함께 잘 해야만 한다는 메시지를 전달하는 역할을 하고 있다.

5. 2010년~ : 사회, 환경 기준의 체계화

2008년 CFO로 파타고니아에 합류한 로즈 마카리오가 2013년 CEO로 취임하면서 비즈니스 가치사슬 전체의 환경과 사회문제를 더욱 적극적으로 개선하고자 하는 경영진의 의지가 한층 더 확고해졌다. CSR 영역에서 앞서가는 글로벌 기업들은 2000년대 후반부터 기업의 경영 전략과 가치사슬 전체에 CSR을 통합하는 일을 시도했다. 이런 배경에서 CSR 컨설턴트였던 카라 체콘(Cara Chacon)이 파타고니아에 입사해 SER팀을 새롭게 조직하고 체계화했다. 그동안 환경·사회적 이슈를 비즈니스 부서에서 영역별로 나누어 담당하다가 드디어 한 조직에서 통합 관리하게 된 것이다. 카라 체콘은 SER 조직 결성 이후 생산 협력업체를 선정하는 기준을 현재의 4가지 영역으로 체계화했다. 현재 파타고니아의 협력업체 선정 기준은 <표3>과 같다.

품질(Quality)	사회(Social)	환경(Environment)	경영(Business)
• 제조 역량 • 품질 수준 • 표준 준수	• 인권, 법 • 임금, 근로시간 • 투명성 • 인사관리	• 환경 관리 시스템 • 화학물 관리 • 탄소 배출 • 에너지, 쓰레기	• 가격 • 역량 • 납기 준수, 운송

[표3] 파타고니아의 협력업체 선정 기준

파타고니아의 협력업체 선정 기준의 첫째는 품질이다. 취나드 장비 회사에서부터 이어져 온 파타고니아의 가장 중요한 경영철학으로 변함없이 가장 중요한 위치를 차지하고 있다. 이 기준을 통해 생산 협력업체가 파타고니아가 원하는 품질의 제품을 생산할 수 있는 제조 역량이 있는지, 의류 제조 기술과 관련된 국제 기술 표준과 가이드라인을 잘 지킬 능력이 있는지를 파악한다.

둘째는 사회다. FLA가 제시하는 10가지 노동 기준을 준수하고 있는지 또는 준수할 수 있을지를 판단한다. 파타고니아는 노동 인권, 노동환경에 문제가 없고, 투명하게 생산 현장을 공개하며, 관련 기록과 자료를 제대로 잘 보관하고 있는 곳을 선정한다.

셋째는 환경이다. 파타고니아의 환경 경영철학을 함께 실천할 수 있는 협력업체 경영자의 경영철학과 실천 역량이 있는 곳을 선정한다. 환경 관리 시스템을 갖추고 있는지, 화학물질을 안전하게 잘 관리하고 있는지, 온실가스 배출을 절감하기 위해 노력하고 있는지, 에너지 사용을 줄이고 폐기물 관리도 잘하고 있는지 등을 확인한다.

넷째는 경영이다. 로건 듀란 선임 매니저는 앞에서 말한 세 가지 조건을 제대로 갖춘 업체라면 경영적 측면도 수준 이상으로 볼 수 있다고 했다. 경영적 측면은 납품 가격이 적정한지, 경영을 안정적으로 해왔는지, 납기를 제때에 할 수 있는지 등을 확인한다.

파타고니아는 1990년대 초반 큰 위기를 넘기고 현재까지 매해 평균 10% 이상의 성장을 거듭하고 있다. 또한 시즌마다 신제품을 출시하고 있으며 한국을 비롯한 신시장 진출도 늘어날 전망이라 현재 거래하는 생산 협력업체만 가지고는 감당이 되지 않는 상황이다. 게다가 파타고니아가 목표하는 환경친화적 의류 제조를 실현하기 위해서는 새로운 기술을 수용할 수 있는 생산 협력업체들을 더 많이 찾아야 한다. 이 때문에 파타고니아에게 새로운 생산 협력업체를 찾는 일은 회사 전체에 매우 중요하고 긴급한 과제이다.

협력업체 관련 부서들은 매주 월요일 정례 회의에서 새롭게 후보에 오른 업체에 대해 심사를 진행한다. 최종 의사 결정은 전체 투표로 결정하며 한 부서만 반대해도 선정되지 못한다. 파타고니아 SER팀에서는 후보에 오른 업체가 파타고니아의 환경·사회 기준을 실행하기 위한 준비와 역량이 있는지를 조사하여 자료와 의견을 제시한다. 만일 다른 기준을 충분히 만족하는 업체가 환경·사회 부분에서 부족하다면 짧게는 6개월, 길게는 2년 정도의 준비 기간을 주고 관련 역량이 개선되거나 높아지도록 지원한다. 이후 재심사 과정을 통해 합격하면 공급 계약을 체결한다.

파타고니아가 생산 협력업체를 선정하는 네 가지 기준은 결코 쉽지 않다. 생산 협력업체 입장에서도 파타고니아에 납품하기 위해 당장 비용과 시간이 더 드는 기준을 실행하는 것은 단지 경제적 측면만을 생각한다면 선택할 수 없다. 즉, 파타고니아의 협력업체가 되기 위해서는 환경·사회적 가치도 중요하게 생각한다는 점을 실제 행동으로 보여주는 결단력이 필요하다.

파타고니아 SER팀에서 협력업체의 환경·사회 기준을 관리하는 매니저 폴 핸드릭스(Paul Hendricks)는 2018년 5월 한국 방문 강연에서 관리 기준 평가에 대해 이렇게 설명했다.

"우리 팀에서 협력업체를 평가했는데 기준에 못 미치는 결과가 나왔다고 해서 당장 거래를 중단하거나 거래 가능성을 닫지는 않습니다. 부족한 점을 우리 팀과 해당 업체가 머리를 맞대고 어떻게 해결할 수 있을지 고민해서 개선하기 위한 계획을 수립합니다. 그리고 계획을 일정에 맞게 실행합니다. 만일 이런 개선과 지원의 과정이 없다면 그 업체는 계속 문제가 있는 채로 남게 됩니다. 이것은 파타고니아가 원하는 방향이 아닙니다. 환경·사회 영역에서 문제가 있는 기업을 문제가 없는 기업으로 만드는 일이 파타고니아의 방식이고, 그것이 비즈니스를 이용하여 세상을 변화시키는 방법이라고 생각하고 있습니다."

SER팀 웬디 새비지(Wendy Savage) 이사도 본사 방문 인터뷰에서 "우리가 제시하는 네 가지 기준을 처음부터 100% 만족하는 기업은 없습니다. 다만 중요한 것은 가능성입니다"라고 설명했다.

파타고니아는 환경·사회 문제를 개선하고자 노력하는 후보 협력업체들에 대해 구체적인 가이드라인과 실행 방법을 제시하고, 필요한 경우 물리적 지원을 아끼지 않고 있다. 파타고니아 입장에서도 단지 환경·사회적 기준을 탈락 기준으로만 사용할 경우 협력업체의 나쁜 관행을 개선하고 좋은 협력업체를 발굴하는 것은 힘들어진다. 최근 많은 대기업이 우수한 기술력을 가진 벤처들과 협업하면서 벤처들을 적극적으로 육성하는 동시에 대기업 자신의 경쟁력 또한 높이는 사례를 많이 본다. 경제적 가치를 높이기 위해 협력업체를 육성하는 사례가 점점 많아지고 있는 상황에서 파타고니아는 환경·사회적 가치를 높이기 위해 가능성 있는 협력업체를 발굴하고 지원하고 있는 것이다.

사회영역 기준 : FLA, 공정무역 인증, 생활임금

파타고니아의 생산 협력업체 선정과 관리 기준 중 '품질'과 '경영' 기준은 글로벌 톱 레벨에 있는 다른 기업들과 크게 다르지 않다. 이 책의 주제인 CSR 영역에서 우리가 보다 자세히 살펴봐야 할 부분은 '사회'와 '환경' 기준이다.

파타고니아 SER팀 로건 선임 매니저는 본사 방문 인터뷰에서 생산 협력업체를 선정하고 관리하는 모든 세밀한 기준을 파타고니아가 직접 만드는 것은 어렵다고 말했다. 그 이유는 파타고니아 SER팀의 소수 인원으로 만든 기준의 객관성을 담보하기 어렵고, 또 그 기준을 측정하고 관리하는 도구와 프로세스를 만드는 일도 쉽지 않으며, 무엇보다 그 기준을 향후 다른 기업들이 사용할 수 있도록 확산하려면 우선 국제적으로 공인된 기준을 사용하고 그것을 보완하는 방식이 더 효과적이기 때문이다. 이런 이유로 파타고니아는 환경·사회 영역에서 사용되는 검증된 국제 기준을 기본적으로 활용하고 부족한 부분을 보완하거나 추가하는 방식으로 적용하고 있다.

1. 기본 기준 : FLA(공정노동협회) 기준

파타고니아는 2001년 FLA 가입 이후 생산 협력업체에 대한 사회적 영역의 기본 기준으로 <표4>와 같이 FLA의 9가지 행동 원칙과 10개 평가 영역을 제시하고 있다. 이에 따라 파타고니아 본사와 생산 협력업체는 매년 자가진단을 실시하고, 그 결과를 FLA에 제출한다. FLA는 제출된 보고서를 서면 평가하고 3년마다 공인된 제3자 검증기관을 통해 현장 평가를 진행한다. 2015년 파타고니아의 FLA 자가진단 결과를 보면, 총 10개 항목 중 7개 항목을 100% 준수한 것으로 평가했으며 '8. 책임 있는 구매 실행'을 98%, '3. 공급자 교육 훈련'을 96%, '2. 실무자 교육 훈련'을 94% 달성한 것으로 진단했다.

구분	9개 행동 원칙	10개 평가 영역
내용	1. 근로자 권리 보호 2. 차별 금지 3. 괴롭힘 또는 학대 금지 4. 강제노동 금지 5. 아동노동 금지 6. 결사 및 단체교섭의 자유 인정 7. 보건, 안전 기준 준수 8. 근로시간 준수 9. 최저 임금 또는 적정 임금 지불	1. 생산 현장 관리 2. 실무자 교육 훈련 3. 공급자 교육 훈련 4. 고충 처리 방식과 과정 5. 현장 모니터링 6. 자료 수집과 관리 방식 7. 예방과 대처 8. 책임 있는 구매 실행 9. 시민사회와 협의 10. 추가적인 확인 요구사항

[표4] FLA의 9개 행동 원칙과 10개 영역의 평가 기준(개요)
출처 : www.fairlabor.org

2. 공정무역 인증

파타고니아는 FLA 기준에 더해 2012년부터 생산 협력업체에게 '공정무역 인증(Fair Trade Certified)'을 받도록 장려하고 있다. 공정무역 인증은 제품 단위별로 원재료 생산자, 무역업자, 제조 및 판매 기업 모두가 제3의 인증기관에게 실사를 받아 인증을 획득한 후 정기적으로 감사를 받아야 한다. 공정무역 인증을 위한 기본 요건은 사회, 경제, 환경 세 영역의 15개 인증 요건으로 내용은 <표5>와 같다. 기존 FLA 기준이 각 개별업체의 노동환경과 노동 인권에 관한 내용이었다면, 공정무역 인증은 개별업체의 범위를 넘어 원재료 생산자, 무역(유통)업자, 제조 및 판매 기업까지 그 범위를 확대함으로써 제품과 관련된 가치사슬 전체의 사회, 환경 문제를 진단하고 개선하는 효과를 얻는다. 이는 현재 파타고니아가 가고자 하는 방향과 일치한다.

공정무역 인증에 소요되는 기간이 최소 2~3년이기 때문에 파타고니아 제품들이 공정무역 인증 마크를 처음 획득한 것은 2014년이다. 첫해인 2014년에는 1개 생산 협력업체에서 생산한 10개 제품이 공정무역 인증 마크를 달았다. 2016년에는 16개 생산 협력업체에서 생산한 192개 제품이 공정무역 인증을 통과했으며, 2017년에는 13개 공장 480개 제품으로 확대되었다. 이는 파타고니아의 전체 생산 제품 중 약 38%에 해당하는 양이다.

파타고니아는 공정무역 인증 원칙에 따라 인증 받은 생산 협력업체들에게 공정무역 인증 프리미엄(장려금)을 지급하고 있다. 2016년 한 해 동안 파타고니아는 16개 협력업체에게 35,000달러의 장려금을 지원했다. 장려금은 생산 협력업체의 경영자에게 주는 것이 아니라 해당 업체의 '공정무역 노동자 협의체'[9]에 지급한다.

[그림 6] 공정무역 인증 마크

영역	인증 요건	
사회	1. 교육의 기회 제공	2. 비차별적인 고용 조건
	3. 아동노동 금지	4. 강요된 노동 금지
	5. 단체 결사의 자유와 민주적 협상 과정	6. 고용 계약 관련 법적인 최소 요건 준수
	7. 작업 안전과 위생 기준 준수, 충분한 작업 시설	
경제	8. 공정무역 최저가격 준수	
	9. 공정무역 프리미엄(장려금) 기준 준수 및 지급 여부	
	10. 공정무역 프리미엄(장려금)의 사용 방법 결정 및 실제 사용 여부	
환경	11. 농약의 최소 사용 기준 준수	12. 폐기물의 안전한 처리 기준 준수
	13. 토양과 수질 관리 기준 준수	14. 유전자 변형 농작물(GMO) 사용 금지 준수

[표5] 공정무역 인증 기본 요건(개요)
참고: 국제공정무역기구 한국사무소 https://blog.naver.com/fairtradekr

생산 협력업체의 공정무역 노동자 협의체는 파타고니아로부터 지원받은 공정무역 장려금을 어디에 사용할지 정하기 위해 노동자들의 의견을 모으고 노동자 전원이 참여하는 투표를 진행한다. 이런 과정을 거친 공정무역 장려금은 노동자들에게 현금 보너스 형태로 지급되기도 하고, 노동자 자녀를 위한 사내 보육시설을 만들어 운영하기도 하며, 여성 노동자들의 편의 증진을 위한 위생 시설과 용품을 구매하기도 한다.

인도의 한 생산 협력업체의 경우 공정무역 장려금으로 가스 버너를 구매하여 노동자들에게 지급하였다. 지급 후 놀라운 변화가 일어났는데 여성 노동자들의 지각율이 상당 부분 개선된 것이다. 이유는 대부분 가정주부인 여성 노동자들이 그동안 가정에서 아침식사를 나무나 숯으로 조리했는데 가스 버너 지급 후 아침식사 준비 시간이 상당히 줄어들어 지각율이 획기적으로 개선된 것이다.

---

9. 제3세계 의류 생산업체의 경우 공식적인 노동조합이 없는 경우가 대부분이다. 때문에 공정무역 인증을 받기 위해서는 노동자 전원이 참여하는 공정무역 노동자 협의체를 구성해야 한다.

3. 생활임금

파타고니아의 임직원들은 생활임금(living wages)을 설명하는 데에 많은 시간을 할애했다. 2018년 6월 웬디 이사를 다시 만났을 때에도 생활임금 프로젝트는 어렵지만 지속적으로 진행한다고 강조했다. 그만큼 생활임금은 파타고니아가 중요하게 추진하고 있는 생산 협력업체 관리 기준이다.

생활임금은 법으로 정한 최저 임금보다 평균 10~15% 높은 금액을 말한다. 국가와 지역마다 정하는 방식에 조금 차이가 있지만 기본적인 생계를 유지하는 정도의 임금이 법정 최저 임금이라면, 생활임금은 약간의 여유를 생활에 더한다는 개념이다. 최소한의 문화생활을 누리거나 일을 하지 못하거나 아플 때를 대비해서 소액이라도 저축이 가능한 임금을 주자는 개념에서 생겨난 것이 바로 생활임금이다.

우리나라도 서울과 경기도에서 매년 생활임금을 발표하고 있으며, 지역 내 기업들에게 생활임금 지급을 권유하고 있다. 참고로 2019년 서울시 생활임금 위원회가 정한 서울시 생활임금은 시간당 10,148원이며 이는 2019년 법정 최저임금 8,350원보다 13.7% 많고, 이를 근로자의 법정 최대 월 근로시간인 209시간에 적용하면 1인 기준 212만원이 된다.

앞의 <표2>에서 살펴보았듯이 아시아의 주요 의류 생산국가인 미얀마(83달러), 라오스(109달러), 캄보디아(140달러), 베트남(107~156달러)의 최저 임금은 의류 생산노동자들이 자신의 손으로 만든 셔츠 몇 벌을 살 수도 없는 적은 돈이다. 이마저 정부의 관리 감독이 제대로 이루어지지 않고 있기 때문에 법정 최저 임금을 지키는 기업이 드문 상황이다. 특히 전통적으로 의류 생산은 저학력 여성 노동자들이 많고 제3세계 국가에서는 노동조합을 결성하지 못한 경우가 대부분이어서 최저 임금뿐만 아니라 노동자의 권익이 제대로 보장되지 않고 있다.

파타고니아는 2012년 공정무역 인증 장려 정책을 도입한 이후 2015년부터 제3세계 생산 협력업체의 적절한 생활임금 수준을 결정하고, 생산 협력업체와 함께 부담할 방안을 마련하기 위해 MIT 경영대학 지속가능 비즈니스 연구소와 공동 조사 연구 프로젝트를 진행하고 있다.

파타고니아의 다양하고 지속적인 노력에도 불구하고 생활임금 지급 실천은 쉽지 않은 상황이다. 이유는 크게 세 가지이다.

첫째, 의류산업의 특성상 눈에 보이지 않는 소규모 생산업체들이 공급 사슬망 뒤에 숨어 있기 때문이다. 파타고니아와 공식 계약관계에 있는 곳은 2017년 기준 300여 개의 농장과 목장, 원재료 생산업체 150개, 의류 제조업체 81개에 이른다. 하지만 이 업체들과 연결된 다른 소규모 업체들의 수는 정확하게 파악할 수 없을 정도로 많다. 파타고니아의 목표는 단순히 직접 계약 관계에 있는 기업뿐만 아니라 파타고니아 공급사슬 안에 있는 모든 기업의 노동자에게 생활임금을 지급하는 것이다.

둘째, 생활임금 지급은 생산 협력업체뿐만 아니라 파타고니아에게도 재정적 부담이 된다. 현재 파타고니아와 직접 계약관계인 1차 협력업체들도 100% 공정무역 인증을 받지 못하고 있다. 여러 가지 면에서 공정무역 인증은 생산 협력업체에게 부담이 된다. 따라서 공정무역 인증 기준보다 높은 생활임금을 지급하는 기업은 훨씬 더 적다. 이 상황에서 파타고니아 공급 사슬망에 포함된 모든 노동자에게 생활임금을 지급하겠다는 목표는 원대하다 못해 실현 불가능한 이상적인 목표처럼 느껴진다.

셋째, 파타고니아의 생산 협력업체들은 파타고니아의 제품만 만드는 곳이 아니기 때문이다. 다른 브랜드의 제품도 생산한다. 즉 생활임금을 지급하기 위해선 파타고니아뿐만 아니라 다른 브랜드도 이 목표에 공감하고 동참해야 한다. 다른 브랜드들, 특히 동종업계 경쟁 브랜드의 동참을 이끌어내는 일은 결코 쉬운 일이 아니다.

본사 방문 인터뷰에서 SER팀 카라 체콘 부사장에게 생활임금을 지급하겠다는 어려운 목표를 어떻게 달성할 것인가에 대해 묻자 이렇게 답했다.

"파타고니아의 모든 생산 협력업체 노동자에게 생활임금을 지급하겠다는 목표는 결코 단시간에 이루어지지 않을 것입니다. 아주 길고 어려운 여정이될 것이라 예상합니다. 먼저 생산 협력업체들의 오너들을 설득해야 하고,드러나지 않은 소규모 생산업체들도 찾아야 하며, 우리와 뜻을 같이 하지않는 다른 브랜드, 특히 경쟁 브랜드들도 설득해야 합니다. 결코 쉽지 않은일이지만 파타고니아가 생산하는 제품이 제3세계 노동자를 착취해서만들었다면 파타고니아의 고객들은 우리의 제품을 사지 않을 것이며, 우리가그동안 애써 쌓아온 브랜드 가치와 평판이 한순간에 무너지게 될 것입니다.따라서 이 일은 시간이 걸리더라도 반드시 해야 할 일입니다."

카라 체콘 부사장은 생활임금 지급이 중요한 또 하나의 이유로 노동자들의생활수준이 지금보다 더 나아지기 때문이라고 말했다. 법정 최저 임금보다더 많은 생활임금을 지급받은 노동자는 일을 잘 그만두지 않을 것이며 일에더욱 정성을 기울이기 때문에 숙련된 노동자로 성장할 것이라고 했다. 이렇게숙련된 노동자는 분명 더 좋은 제품을 만들 것이고 파타고니아 제품의 신뢰를높여 줄 것이기 때문에 생활임금을 지급하는 것은 파타고니아와 협력업체모두에게 장기적인 이익을 가져올 것이라고 확신했다. 그녀는 파타고니아가지난 5년 동안 생활임금 프로젝트를 통해 제3세계 의류산업 노동자들의 실제생활 환경에 대해 많은 것을 배웠으며 노동자들의 힘든 형편을 알면 알수록생활임금 지급의 중요성을 깨닫고 있다고 답했다.

환경영역 기준 : 블루사인, CEIP, ROC

파타고니아는 생산 협력업체 선정과 관리 기준 중 환경 기준에서는글로벌 친환경 섬유 규격인 블루사인(Bluesign)과 파타고니아가 자체적으로만든 CEIP(Chemical Environment Impact Program, 화학 환경 영향프로그램)를 기본 기준으로 사용하고 있으며, 현재 되살림 유기농 ROC(Regenerative Organic Certification)를 도입하고 탄소 중립 선순환 비즈니스모델을 실현하고자 노력하고 있다.

1. 블루사인

블루사인은 1977년 STAG[10]의 주도로 혁신적이며 친환경적인 섬유 제품을 개발하는 과정에서 탄생하였다. 이후 STAG는 2000년 친환경 섬유 생산을 위한 국제 규격을 만들기 위해 독립한 연구 및 인증기관 블루사인 테크놀로지스 AG(Bluesign Technologies AG)를 설립했다. 이후 이 연구소의 명칭을 사용하여 블루사인(Bluesign)이라고 부른다.

블루사인은 현재 환경, 안전, 보건과 관련해 가장 엄격한 섬유 규격으로 인정받고 있으며, 원재료의 화학 물질 및 염료, 생산 환경, 폐기물 처리 및 배출 등 생산자와 소비자 모두에게 안전하고 믿을 수 있는 섬유 제품의 기준을 제시하고 있다. 블루사인은 섬유의 모든 생산 단계마다 화학 물질 및 생산 공정에 대한 다수의 제한 및 금지 규정을 포괄적으로 적용하고 있으며, 섬유에 포함된 600여 종이 넘는 화학 물질을 검사하기 때문에 생산 공정과 제품에 유해 화학물이 포함되는 것을 원천적으로 막고 있다. 2014년 한국섬유패션 R&D센터 자료에 따르면 국내에서 블루사인 인증을 받은 섬유 생산업체로는 영풍필렉스, 신한산업, 실론, 코오롱 FM 등이 있다.

2. CEIP

국제규격인 블루사인이 섬유 자체의 유해 화학물을 집중해서 관리하는 기준이라면, 파타고니아의 CEIP는 생산 협력업체의 전체 공정상의 환경문제를 점검하고 관리하는 기준이다. <표6>은 CEIP의 5가지 기준이다.

12년 동안 파타고니아에서 생산 협력업체의 환경 영향 평가를 담당하고 있는 토드 코플랜드(Todd Copeland) 연구원은 본사 방문 인터뷰에서 "CEIP를 간단하게 요약하면, 제일 먼저 생산 협력업체의 환경 영향을 측정 후 이를 출발선으로 해서 점차 단계별로 환경 영향을 줄여 나가도록 노력하는

10. Scholler Texil AG, 1868년에 설립된 스위스 섬유회사

것입니다"라고 설명했다.

CEIP는 금, 은, 동 3등급제로 운영되며 원칙적으로 파타고니아의 생산 협력업체들은 '동' 등급 이상을 항상 유지해야 한다. 생산 협력업체들은 매월 CEIP 보고서를 작성하여 파타고니아 SER팀에 제출해야 하며, SER팀은 어떤 기업이 '동' 등급에 미달인지 CEO에게 보고한다. 현장 실사를 포함한 CEIP 종합 평가는 매 3~4년마다 진행된다. 토드 코플랜드 연구원에 따르면 2018년 상반기 기준 최종 제품을 생산하는 81개 생산 협력업체 중 4개 기업이 '동' 등급에 미달하고 있다고 했다. 이 4개 업체는 빠른 시간 내에 '동' 등급에 이를 수 있도록 SER팀에서 지원하는 중이다.

현재 파타고니아는 환경 영향 평가를 1차 생산 협력업체뿐만 아니라 원재료를 생산하는 농장과 목장 단위까지 확대하고 있다. 1990년대 살충제를 많이 사용하는 면화에 대한 이슈가 있었고, 이후 유기농 면화로 100% 대체한 것이 계기가 되어 면화를 비롯한 울(양털), 다운(오리털, 거위털) 등을 공급하는 농장과 목장에도 유해한 화학 물질 사용 여부와 폐기물 관리에 대한 환경 영향 평가 기준을 만들어 제시하고 있다.

영역	주요 관리 내용
환경 관리 체계(정책)	생산 협력업체의 총체적인 환경 영향 관리 체계를 질적으로 향상시킴
화학물	화학 약품의 구입, 저장, 사용, 폐기 등 화학 물질의 라이프사이클 관리
물	물의 취수, 사용, 재사용, 정화, 배출 관리
에너지	에너지 절감, 신재생 에너지 사용 권장, 온실가스 배출 감소, 온수의 재사용
폐기물	생산과정에서 발생하는 폐기물 감소, 재단과정에서 발생하는 자투리 천의 재활용, 재사용 등

[표6] 파타고니아의 CEIP(화학 환경영향 프로그램)

3. 되살림 유기농 인증과 탄소 중립 선순환 비즈니스 모델

파타고니아는 블루사인과 CEIP에서 더 나아간 다음 단계로 되살림 유기농 인증 ROC를 준비하고 있다. ROC는 농장이나 목장에서 단순히 화학 살충제를 사용하지 않는 정도를 넘어 건강한 토양을 회복하는 데 목표를 두고 있으며, 이를 통해 홍수, 가뭄에 대한 대응력을 키우고 토양의 이산화탄소 흡수율과 보유 능력을 키워 기후변화 문제를 토양 단계에서 해결하겠다는 개념을 포함한다. 파타고니아는 산업용 헴프, 유칼립투스, 천연 펄프를 비롯해 ROC를 실현할 수 있는 천연 섬유 소재 개발을 진행 중이다. 이를 통해 현재 석유화학 소재 중심 의류 비즈니스에서 되살림 유기농 기반 의류 비즈니스로 혁신을 꾀하고 있다.

또한 파타고니아는 ROC와 더불어 '탄소 중립 선순환 비즈니스 모델'을 구축하고 있다. 1단계는 파타고니아 가치사슬에서 소모되는 모든 에너지를 태양광을 비롯한 신재생 에너지로 전환하는 것이다. 2단계에는 신재생 에너지 사업을 확대하여 여기서 발생하는 초과 탄소 배출권을 팔아 다시 신재생 에너지 사업에 재투자하는 방식의 선순환 구조를 만들겠다는 계획이다.

벤투라에 위치한 파타고니아 본사는 주차장에 설치된 태양광 발전 패널과 파타고니아 임팩트 투자 펀드인 틴쉐드벤처(Tin Shed Ventures)에서 투자한 신재생 에너지 기업들이 생산한 태양광 전기로 에너지 영역에서 100% 탄소 배출 중립을 달성했다. 그러나 제품 생산과정에서 소모되는 에너지에 비하면 매우 적은 양에 불과하다. 따라서 파타고니아 SER 부서는 2017년부터 생산 협력업체들에게 파타고니아의 탄소 중립 선순환 비즈니스 모델을 설명하고 이에 동참할 수 있는 방법을 마련하고 있다. 또한 매장에서 사용하는 에너지도 신재생 에너지로 전환하는 방법을 찾고 있다.

순수 판매 법인인 파타고니아 코리아도 직영점과 대리점에서 사용하는 전기 에너지의 총량을 측정하고 그에 상응하는 태양광 발전을 실행하기 위한 여러 방법을 고려 중이다. 현재 검토 중인 가장 유력한 방법은 파타고니아 코리아와 국내 생산 협력업체가 공동투자하여 국내 생산 협력업체 공장 지붕이나 주차장 등에 태양광 발전 패널을 설치하는 것이다. 이를 통해 생산 협력업체의 신재생 에너지 사용비율을 높이고, 남는 에너지로 매장에서 사용하는 에너지를 상쇄하는 방식으로 처리하겠다는 계획이다.

되살림 유기농 인증 원재료 사용과 탄소 중립 선순환 비즈니스 모델 추진을 통해 알 수 있는 것은 파타고니아의 환경경영이 새로운 국면을 맞이하고 있다는 점이다. 이제까지의 방향은 비즈니스 가치사슬 상의 환경 오염 문제를 줄이겠다는 것, 즉 2018년 11월 이전의 파타고니아 미션에 담겨 있었듯이 '환경에 불필요한 해'를 끼치지 않겠다는 것이었지만, 해를 끼치지 않는 것을 넘어서 비즈니스를 통해 환경을 되살려보겠다는 의지를 천명한 것이다. 환경 영향을 마이너스(-)에서 제로(0)로 맞추는 것을 넘어서 플러스(+)로 가겠다는 파타고니아의 당찬 목표가 과연 어떻게 실현될 것인지 앞으로의 행보가 주목된다.

파타고니아 생산 협력업체의 입장

파타고니아와 생산 협력업체의 파트너십을 살펴보면서 궁금했던 점이 있었다. 파타고니아가 제시하는 네 가지 기준은 쉽게 실천할 수 있는 것이 결코 아니다. 생산 협력업체 입장에서는 시간과 비용이 더 많이 소요될뿐 아니라 자신들의 속살인 생산 현장도 공개해야 하고, 매년 높아지는 기준을 맞추기 위해 지속적인 노력도 해야 한다. 그렇다고 파타고니아가 월등하게 높은 납품가를 지불하는 것도 아니다. 또한 파타고니아는 전 세계적으로 볼 때 그렇게 큰 업체가 아니기 때문에 납품량도 많지 않다. 그럼에도 불구하고 대부분의 생산 협력업체들이 20년 이상 파타고니아와 지속적인 거래 관계를 유지하는 이유가 궁금했다. 그래서 실제 파타고니아에 납품 중인 한국 기업의 실무자와 전화 인터뷰를 했다. 파타고니아와 장기 거래관계를 유지하는 이유에 대해 질문했다.

"가장 큰 이유는 파타고니아가 신뢰할 수 있는 글로벌 브랜드이기 때문입니다. 한번 거래관계를 맺으면 별 문제가 없는 이상 계약관계를 꾸준히 유지하는 기업이기 때문입니다. 그리고 지난 10년 동안 글로벌 아웃도어 시장이 침체기를 겪고 있는데 파타고니아는 오히려 꾸준히 성장하고 있기 때문에 앞으로 거래량이 많아질 것이라 기대하고 있습니다. 또 한 가지는 아웃도어 1차 생산업계에서 파타고니아에 제품을 납품하는 것 자체가 업체의 실력과 신뢰성이 높다는 것을 증명합니다. 우리 회사는 파타고니아를 비롯해 열 개가 넘는 글로벌 의류, 스포츠 브랜드의 제품을 생산하고 있습니다. 지난 몇 년 동안 다른 브랜드와의 신규 계약들 중에 파타고니아와의 거래관계 때문에 납품 계약이 성사된 경우가 여러 번 있었습니다. 특히 최근 급성장하고 있는 유럽이나 미국의 신생 브랜드들이 파타고니아를 많이 벤치마킹하고 있기 때문에 우리 회사가 파타고니아 협력업체라는 사실이 신규 거래를 트는 데 큰 이점으로 작용합니다."

파타고니아 SER팀 웬디 새비지 이사도 파타고니아의 생산 협력업체가 되는 것의 가장 큰 장점으로 무엇보다 파타고니아는 믿을 수 있는 안정적인 거래처라는 점을 강조했다. 2008년 미국 금융위기 이후 현재까지 미국을 비롯한 전 세계 아웃도어 의류시장은 저성장 정체기에 있다. 한국도 2014년 이후 아웃도어 시장은 급격한 감소 추세에 있다. 아웃도어 의류는 경기가 좋으면 잘 팔리지만 불황기에는 잘 팔리지 않는다. 파타고니아를 제외한 대부분의 글로벌 아웃도어 브랜드들이 지난 10년간 평균 3% 미만으로 성장했다. 그러나 파타고니아는 매해 평균 10% 이상 성장하고 있다. 이런 상황을 1차 생산 협력업체들이 잘 파악하고 있기 때문에 지속적인 성장과 안정성 측면에서 파타고니아와 협력관계를 유지하는 것이다.

파타고니아의 생산 협력업체를 유지하는 기준이 굉장히 까다로움에도 불구하고 거래관계를 유지하는 이유가 무엇인지에 대해서도 질문했다.

"실제 파타고니아에 납품하는 물량이 우리 회사 전체 생산량으로 따지면

약 10% 정도입니다. 그런데 무엇보다 파타고니아에 납품하는 것 때문에 우리 회사의 전체적인 수준이 상승하는 효과가 있습니다. 파타고니아의 품질 관리나 환경 관리 또는 다른 관리 포인트들이 굉장히 꼼꼼하고 기준이 높기 때문에 파타고니아의 기준을 통과하면 다른 업체들의 관리 기준을 충족하는 데는 별 어려움이 없습니다. 최근에 N사나 D사 등 다른 기업들도 파타고니아의 기준을 많이 따라하고 있습니다. 그런 점에서 우리 회사는 이미 많이 준비되어 있기 때문에 장점이 있습니다."

파타고니아의 생산 협력업체가 얻을 수 있는 또 하나의 장점은 바로 생산 협력업체의 역량이 성장하는 것이다. 제조 기술이나 품질 수준뿐만 아니라, 특히 환경·사회적 측면에서 생산 협력업체의 역량이 꾸준히 성장한다. 2013년 라나플라자 사건 이후 의류 생산업체에 대한 환경·사회적 요구 기준이 전체적으로 상승하고 있는 가운데 파타고니아의 생산 협력업체들은 몇 발짝 앞서가고 있는 상황이다.

파타고니아의 갑을 관계

파타고니아의 사례를 보면 이 장을 시작하면서 제기했던 제3세계 생산 협력업체들의 환경, 사회문제 해결의 첫 번째 실마리가 제품을 주문하는 글로벌 브랜드에게 있음을 확실히 알 수 있다. 그리고 글로벌 브랜드들이 진정성을 가지고 생산 협력업체의 문제를 개선하기 위해 꾸준히 노력한다면 생산 협력업체들도 쉬운 결정은 아니지만 함께 노력하는 모습을 보인다는 것을 알 수 있었다. 결국 두 번째 실마리도 첫 번째 실마리와 연결된다. 마지막으로 세 번째 실마리인 소비자들은 어떨까? 소비자가 제품의 가격보다 제3세계 생산 업체들의 열악한 노동환경과 노동 인권에 대해 더 민감하게 반응하도록 할 수는 없을까? 이 부분에 대해서는 이후 6장과 7장에서 조금 더 구체적인 이야기를 하고자 한다.

어떤 사람이 정말 좋은 사람인지 판단할 수 있는 방법은 여러 가지가 있지만, 비교적 정확한 방법은 그 사람과 평소 금전적 거래관계에 있는 사람에게 물어보는 것이다. 파타고니아가 언론 기사나 책에 나온 것처럼 진정성을 가지고 사회와 환경 책임을 다하기 위해 노력하는 회사라는 것을 확인하기 위해서는 파타고니아와 거래관계에 있는 생산업체에게 물어보는 것이 정확하다고 생각했다.

필자들이 국내 생산 협력업체의 실무자와 인터뷰하면서 알 수 있었던 것은 파타고니아는 생산 협력업체와 좋은 관계를 유지하기 위해 끊임없이 노력하는 회사라는 것이다. 생산 협력업체의 실무자는 전화 인터뷰 끝에 이런 말을 더했다.

"제가 오늘 드린 말씀은 파타고니아에게 잘 보이려고 하는 말은 절대 아닙니다. 파타고니아는 협력업체에게 잘해주면 그만큼 파타고니아 제품을 잘 만들기 위해 노력한다는 것을 잘 알고 있습니다. 다른 기업들도 그런 노력을 하기는 하지만 근본적으로 신뢰를 쌓지 않은 상태에서 일시적으로 하는 행동은 바로 알 수 있습니다. 우리 회사는 파타고니아 제품을 생산하는 것을 적극 자랑하고 있습니다. 파타고니아는 우리 회사의 대표 브랜드이기도 합니다."

안타까운 일이지만 우리 사회는 거래관계에서 갑의 위치에 있는 기업이 자신의 이익과 편의를 위해 을의 위치에 있는 기업에게 손해와 불편을 감수하게 하는 일을 어쩔 수 없는 관행이라고 여긴다. 그러나 이런 '갑질'은 을이 갑을 속이는 구실을 만들게 하고, 을은 병에게, 병은 정에게 이 손해와 불편을 전가시키는 악순환의 고리를 만든다. 결국 '갑질'은 거래의 모든 단계에서 불신의 원인과 문제의 싹이 된다.

'갑질'을 없애기 위해 공정거래에 대한 글로벌 가이드라인이 만들어지고 나라마다 법이 제정되고 있지만 가이드라인과 법은 최소한의 안정 유지를 위한 수단이다. 대부분의 우리나라 기업들은 협력업체와의 거래에서 아직 글로벌 가이드라인이나 관련 법을 준수하는 정도에도 못 미치고 있다.

파타고니아와 파타고니아의 생산 협력업체의 갑을 관계는 글로벌 가이드라인이나 법을 준수하는 정도를 넘어서고 있다. '내가 상대방에게 원하는 것을 상대방에게 먼저 해준다'는 파타고니아의 파트너십 원칙은 놀랍고 새로운 것이기보다는 인류의 오랜 지혜에 뿌리를 둔 지극히 상식적인 황금률이다.

대만 노동부 장관을 만난 파타고니아 부사장

한국과 마찬가지로 대만에도 동남아시아에서 온 이주 노동자들이 많이 일하고 있다. 대만에는 17개의 파타고니아 생산 협력업체가 있으며, 필리핀, 베트남, 캄보디아, 스리랑카 등에서 온 이주 노동자 천 명 이상이 일하고 있다. 파타고니아는 대만 생산 협력업체와 함께 이주 노동자들에게 생활임금을 지급하는 과정에서 이주 노동자들이 안고 있는 큰 문제 하나를 발견했다. 바로 취업 알선 브로커에게 지급하는 소개비였다. 이주 노동자들은 대만으로 올 때 거의 100% 본국의 취업 알선 회사를 통한다.

본국의 취업 알선 회사는 대만의 취업 알선 회사와 연결되어 있다. 이 회사들은 취업 비자 발급과 취업 알선 수수료 명목으로 1인당 3천 달러에서 1만 달러 가까운 돈을 미리 받는다. 당장 이렇게 큰 돈이 없는 이주 노동자들은 우선 본국에서 친지들에게 빚을 얻거나 알선 업체에서 소개하는 연 20~30%에 달하는 고금리 사채 빚을 얻어 이 비용을 지불한다.

이렇게 지불한 수수료는 이자까지 합하면 1년에 5천~1만 3천 달러까지 불어난다. 이 돈은 이주 노동자들이 빠듯하게 생활하며 2~3년을 꼬박 모아야 하는 돈이다. 그뿐만 아니라 취업 알선 업체들은 수수료 이자를 제때 받기 위해 노동자들의 여권을 빼앗아 보관하기까지 했다. 파타고니아가 아무리 이주 노동자들에게 생활임금을 지급한다고 해도 이 문제를 해결하지 않으면 이주 노동자들의 생활 수준은 결코 나아지지 않는 상황이었다. 이주 노동자 입장에서는 생활임금을 받는 것도 좋은 일이지만 과도한 수수료와 이자 문제, 여권 문제를 해결하는 것이 훨씬 더 긴급하고 중요한 일이었다.

파타고니아는 생산 협력업체들과 문제를 해결하기 위해 머리를 맞댔다. 대만에서 이주 노동자들의 인권과 노동 문제를 다루고 있는 NGO '베리테'와도 협력하여 이주 노동자들의 전반적인 실태를 조사하였고, 생산 협력업체들의 현지 실정에 맞게 이주 노동자의 고용, 고용 전 생산 협력업체와의 소통, 노동 계약, 급여와 수수료, 여권·비자의 관리와 유지, 생활과 노동조건, 불만사항 처리, 본국으로의 송금 방식 등에 대한 새로운 이주 노동자 고용 기준을 마련했다.

이런 기준을 생산 협력업체에 효과적으로 적용하기 위해서는 대만 노동부의 협조가 필요했다. 생산 협력업체의 관리 감독 기관인 노동부가 이 기준을 받아들이지 않으면 소용없는 일이기 때문이다. 파타고니아 SER부서의 책임자 카라 채콘 부사장과 생산 협력업체들의 대표들은 2017년 대만의 노동부 장관과 이주 노동자 담당 고위 공무원들을 찾아갔다.

이 만남에서 이주 노동자를 위한 새로운 노동 기준을 제시했고, 이 기준이 실현되면 대만에 온 이주 노동자의 인권과 노동권이 한층 더 개선될 것이며 대만 생산 협력업체의 생산성이 훨씬 더 높아질 것이라고 설명했다. 노동부 장관은 새로운 이주 노동자 고용 기준이 실현될 수 있도록 협력을 약속했다. 이후 이주 노동 인력이 필요한 생산 협력업체는 취업 알선 업체를 거치지 않고 노동부의 이주 노동자 담당부서를 통해 바로 이주 노동자를 고용할 수 있게 되었다.

대만의 노동부 공무원들은 생산 협력업체와 이주 노동자들에게 바뀐 고용 기준을 직접 설명하는 교육과정을 만들었다. 이제 대만에 온 동남아시아 출신 이주 노동자들은 비싼 수수료를 내지 않아도 되고 여권과 비자를 빼앗길 필요도 없게 되었다.

⋮

5장

제품에 대한 책임

파타고니아 제품 개발 다섯 가지 원칙

"우리는 최고의 제품을 만든다"

"Build the best product"

파타고니아 본사 건물 1층 직원 식당 입구 위에 걸린 나무판에는 파타고니아의 미션이 새겨져 있다. 그 미션(2018년 11월 이전)의 첫 구절은 "우리는 최고의 제품을 만든다"이다. 파타고니아는 환경경영의 선두를 달리는 회사이기도 하지만, 아웃도어 의류회사로서 가장 좋은 제품을 만드는 회사임을 스스로 자부하고 있다.

이본 쉬나드는 『파도가 칠 때는 서핑을』을 비롯해 여러 강연과 인터뷰에서 "가장 좋은 제품을 만드는 것은 파타고니아의 존재 이유이자 비즈니스 철학의 주춧돌이며 우리가 비즈니스에 뛰어든 가장 중요한 명분"이라고 했다. 또한 그것이 지켜지지 않으면 다른 모든 것은 쓸모없는 것이라고 여러 차례 강조했다. 이번 장에서는 파타고니아가 품질 관리 최우선의 가치를 지키면서도 어떻게 환경·사회적 가치를 높이고 있는지 알아보기로 한다.

제품 개발 원칙 1. 기능성

아웃도어 의류는 고객의 생명, 안전과 직결되는 제품이다. 가벼운 산책이 아닌 배낭을 메고 본격적인 산행을 해본 사람이라면 누구나 기능성 의류의 중요성을 알 것이다. 변화무쌍한 산속 날씨에서 우리를 지켜줄 유일한 보호막은 등산복이기 때문이다.

1973년 파타고니아를 론칭하기 이전 이본 취나드를 비롯한 등반 동료들은 당시 면 소재가 대부분이었던 등반 의류가 거친 야외 활동에는 적합하지 않음을 누구보다 잘 알고 있었다. 면 소재는 방수도 되지 않고 땀에 젖으면 빨리 마르지 않기 때문에 등반가의 체온을 유지시켜주지 못했다. 또한 최소한의 짐을 꾸려야 하는 장거리 등반 여행에서 면 소재 의류는 여러 벌을 챙겨야 하는 문제도 있었다. 하지만 1970년대까지는 면 이외에 제품으로 등반 의류를 만들 수 있는 기술이 아직 개발되지 않아 파타고니아도 대부분의 의류를 면 소재로 만들 수밖에 없었다.

그러던 중 파타고니아 상품 개발팀이 섬유박람회에 참여했다가 폴리프로필렌(PP : Polypropylene)이 기능성 의류소재로 괜찮을 수 있겠다는 아이디어를 냈다. 1954년 이탈리아 나따(Natta)사가 개발한 폴리프로필렌은 당시 이미 상용화된 나일론에 비해 신축성, 방수성이 뛰어나 등반의류에 적합한 소재였다. 하지만 상용화 초기에는 의류보다는 선박용 로프, 인조모피, 기저귀, 카펫 등의 소재로 사용되다가 1980년 파타고니아가 처음으로 기능성 폴리프로필렌 내의를 출시하면서 복합 폴리프로필렌으로 만든 기능성 아웃도어의 시대가 열렸다.

파타고니아는 폴리프로필렌 소재의 기능성 내의를 출시하면서 아웃도어 의류 제조회사로는 최초로 아웃도어 라이프를 즐기는 사람들에게 기능에 따라 옷을 제대로 입는 방법을 카탈로그로 안내하기 시작했다. 지금은 상식이 되었지만, 아웃도어 활동을 할 때 두꺼운 옷 한 벌보다는 얇은 옷 여러 벌을 겹쳐 입는 것이 더 좋은 방법이라고 알렸다. 피부에 직접 닿는 내의는 땀을 빨리 빨아들여 빨리 밖으로 배출하는 기능성 소재로, 중간 의류는 신축성이 좋고 단열 성능이 좋은 소재로, 가장 바깥에 입는 의류는 바람과 습기를 차단하는 기능이 뛰어난 소재를 입어야 한다는 아웃도어 3웨어(wear)원칙을 파타고니아가 처음 만들고 전파한 것이다. 지금도 파타고니아 홈페이지에 가면 이 원칙을 토대로 각종 아웃도어 활동에 따라 옷을 입는 방법과 함께 관련 제품을 소개하고 있다.

이후 다른 아웃도어 브랜드들도 앞다투어 기능성 소재나 의류를 개발하기 시작했고, 그 결과 우리는 쾌적하고 안전하며 간편한 기능성 아웃도어 의류의 혜택을 톡톡히 누리고 있다. 기능성 아웃도어 의류는 일반인이 자연에 한 발 더 가까이 다가가는 길을 열어주었으며, 그 덕분에 우리는 자연의 아름다움과 삶의 풍요로움을 더욱 느낄 수 있게 되었다.

또 하나의 기능성 원칙은 다기능(multifunction) 제품을 만드는 것이다. 파타고니아의 등산 재킷은 때론 스키복으로 입을 수 있고, 비가 많은 우기에 출근복으로 입을 수도 있다. 암벽 등반에 최적화된 신축성 등반 바지는 요가를 할 때도 가장 좋은 요가복으로 쓰인다. 이본 취나드는 『파도가 칠 때는 서핑을』에서 다기능 옷을 개발하는 이유에 대해 일상과 아웃도어에서 여러 기능을 할 수 있는 옷을 만들면 그만큼 옷을 덜 소비하게 되고 자원을 아끼게 되어 불필요한 쓰레기를 줄일 수 있다고 언급했다. 아웃도어 라이프를 즐기는 사람들에게 가장 중요하고 필요한 기능을 중심으로 옷을 만들되 여러 상황에서 다양하게 사용할 수 있는 다기능 제품을 디자인하고 생산하는 것이 파타고니아 제품의 제1원칙이다.

제품 개발 원칙 2. 내구성

파타고니아의 페이스북이나 인스타그램을 보면 손자나 손녀가 할아버지, 할머니의 파타고니아 옷을 물려받아 입고 자랑하는 사진을 심심찮게 볼 수 있다. 부모나 형제의 파타고니아 옷을 물려받아 입는 사진은 흔하다. 이처럼 파타고니아는 3대가 물려 입을 수 있을 만큼 튼튼한 옷을 만들겠다는 원칙을 세우고 실천한다.

파타고니아의 품질 보증 마크인 철갑 품질 보증서(ironclad guarantee)에는 "파타고니아는 모든 제품의 품질을 보증합니다. 사용 도중 불만족스럽거나 기능상 문제가 있을 경우 구입한 곳이나 본사로 보내주시면 수선, 대체, 환불해드립니다. 오래 사용하여 마모된 것은 실비로 고쳐드립니다"란 글귀가 써 있다. 철갑 품질 보증 마크에는 대장간이 그려져 있는데, 파타고니아가 대장간에서 시작한 것을 암시하기도 하지만 대장간에서 만든 강철 제품처럼 내구성이 좋다는 것을 의미한다. 파나고니아 '2018 환경 사회 보고서'를 보면 파타고니아의 통합 물류 수선센터인 미국 르노센터에는 1970년대 만들어진 옷이 심심찮게 수리를 위해 입고된다고 나와 있다.

[그림7] 파타고니아 철갑 품질 보증 마크
출처 : www.patagonia.com

파타고니아 제품 디자인팀은 제품의 내구성을 높이기 위해 의류별로 가장 취약한 부분에 대한 연구를 지속하고 있다. 가장 약한 부분을 가장 강하게 만들 수 있다면 최고의 제품이 될 수 있다는 사실에 집중한다. 수영복으로 예를 들면 수영복에 사용되는 고무 소재 부분은 실내 수영장에 사용되는 소독약 때문에 쉽게 해어지고 늘어나기 쉽다. 이 문제를 해결하기 위해 소독약에 강한 신소재를 개발하거나 고무 부분을 쉽게 수선할 수 있도록 만드는 것이다. 또는 단추가 자주 떨어지는 부분은 단추를 사용하지 않는 방법을 고안하거나, 지퍼가 자주 고장나는 제품은 지퍼의 내구성도 높이지만 망가지더라도 쉽게 고칠 수 있는 지퍼를 만드는 것이 파타고니아 방식이다.

파타고니아의 내구성은 이베이에서도 증명되고 있다. 개인들이 중고 제품을 주로 거래하는 이베이 사이트에 가면 파타고니아 빈티지 제품들이 다른 아웃도어 브랜드 제품보다 고가에 거래되는 모습을 쉽게 찾아 볼 수 있다. 그 이유는 오랜 시간이 지나도 제품의 원래 기능과 형태, 색상이 잘 유지되고 있기 때문이다. 내구성이 좋아 오래 물려 입을 수 있는 제품을 만들게 되면 당연히 제품의 소비는 줄고 자원의 소모도 적어지며 폐기물도 줄어들게 된다. 제품의 내구성과 파타고니아의 환경경영의 원칙은 이렇게 직접 연결되고 있다.

제품 개발 원칙3. 관리 용이성

파타고니아의 모든 제품은 가정에서 손쉽게 세탁하고 관리할 수 있도록 만든다. 파타고니아의 제품은 아무리 고가제품이라도 드라이크리닝이 필요 없다. 왜냐하면 아웃도어에는 전용 세탁소가 없을뿐만 아니라 드라이크리닝 자체가 화학물질을 많이 사용하므로 친환경적이지 않기 때문이다. 아웃도어 라이프를 즐기면서 비누나 화학세제를 사용하지 않고 흐르는 냇물에 그냥 몇 번 헹구는 것만으로 세탁이 가능한 제품을 만드는 것이 파타고니아 제품 디자인 원칙이다. 또한 야외활동 중 옷이 망가지거나 찢어졌을 때 쉽고 빠르게 수선할 수 있는 옷을 만드는 것도 파타고니아의 제품 원칙이다. 파타고니아 홈페이지에는 고객들이 환경을 오염시키지 않고 의류를 관리하는 방법과 손수 쉽게 수선하는 방법을 설명하고 있다.

제품 개발 원칙4. 미적 완결성

파타고니아는 유행이나 트렌드에 민감하지 않은 단순한 디자인의 제품을 만드는 것을 원칙으로 한다. 그 이유는 첫째, 파타고니아의 신제품 출시 주기가 다른 브랜드에 비해 길기 때문이다. 제품 종류에 따라 다르지만 제품 기획에서 출시까지 평균 18개월 정도 걸린다고 한다. 이본 취나드를 비롯한 파타고니아 경영진은 많은 연구 인력과 오랜 시간을 들여 파타고니아의 제품 원칙인 기능성, 다기능성, 내구성, 관리 및 수선 용이성, 그리고 환경성까지 갖춘 까다로운 제품을 만들어야 하기 때문에 시즌마다 바뀌는 패션 트렌드를 쫓는 일이 파타고니아에게는 적합하지 않다고 판단했다.

둘째, 아무리 기능성과 내구성이 좋아도 유행에 민감하거나 패션 트렌드를 쫓아가는 제품을 만든다면 그 유행과 트렌드가 바뀔 때 그 제품은 팔리지도 않고 입지도 않게 된다. 유행에 민감한 제품을 만들면 재고 부담도 늘어나며, 덩달아 폐기물도 늘어난다.

셋째, 애초에 제품 자체의 미적 완성도를 높이면 트렌드를 넘어설 수 있다는 것이 파타고니아의 디자인 철학이다. 이본 취나드는 『파도가 칠 때는 서핑을』에서 파타고니아가 아웃도어 의류에 끼친 영향에 대해 "우리가 아웃도어 의류 디자인에 기능성 중심의 단순함이라는 현대적 산업 패션 감각을 처음으로 도입했다는 점을 기억해주었으면 하는 바람을 갖고 있다"고 말하며, "완벽함이란 실오라기 하나 걸치지 않은 인간의 육신처럼 더 벗을 것 혹은 더 들어낼 것이 없는 단순함"이라는 생텍쥐페리의 글귀에서 파타고니아의 디자인 철학을 가지고 왔다고 밝혔다.

넷째, 생산 관리 측면에서도 트렌드에 민감하지 않은 단순한 디자인의 옷은 제조 공정을 줄여주고 원가를 낮추는 중요한 역할을 한다. 트렌드에 민감한 신제품의 종류가 많다면 제품 생산 원가를 높일 뿐 아니라, 생산 협력업체에게 부담이 되며, 품질 관리도 어렵게 만들고, 판매나 AS, 수선, 재고 관리도 복잡하게 만든다. 단기 매출을 늘리기 위해 일시적 유행에 따르는 것은 파타고니아가 추구하는 제품 가치가 아니다.

제품 개발 원칙5. 환경보호

아웃도어 의류를 포함하여 현재 판매 중인 수많은 의류제품에서 친환경성을 찾아보기는 쉽지 않다. 친환경을 내세우는 대부분의 의류제품이 유기농 면을 사용했다는 정도이다. 식품, 가전, 가구, 장난감, 유아용품, 화장품에 비해 의류는 아직 친환경성에 대한 깊은 고민도 부족하고 관련 제도도 빈약한 상태이다.

파타고니아의 마지막 제품 원칙은 앞의 네 가지 원칙을 모두 지키되 자연에 불필요한 해를 끼치지 않는 것이다. 이미 앞에서 설명한 유기농 면화 사용과 100% 책임 추적 다운 사용이 대표적인 예이며, 이 외에도 환경에 악영향을 끼치지 않는 신소재를 개발하고 생산 과정에서 환경 영향을 줄이기 위해 끊임없이 노력하고 있다.

기업이 제품을 제조하거나 고객이 제품을 구입할 때 일반적으로 2차 방정식을 푼다. 이 2차 방정식을 보통 '가성비'라고 부른다. "싼 게 비지떡", "가격 대비 성능 최고"라는 말에는 품질과 가격이 서로 반비례 관계에 있다는 의미를 포함한다. 그런데 파타고니아는 여기에 하나의 변수를 더하고 있다. X(가격)축과 Y(품질)축만 존재하던 기존 시장에 새로운 Z(환경)축을 그렸다. 파타고니아에선 품질과 가격을 만족시켰다 하더라도 환경 점수가 0이면 제품을 출시하지 않는다.

파타고니아의 5가지 제품 원칙에는 모두 환경이라는 제3차 변수가 포함되어 있다. '기능성' 측면에서 다기능 제품을 만들거나 '내구성' 측면에서 오래 입을 수 있는 옷을 만들면 제품을 덜 소비하고 덜 버리게 된다.

마찬가지로 쉽게 관리하고 수리할 수 있는 옷이나 유행에 민감하지 않은 옷이라는 점도 환경적으로 긍정적인 결과를 가져온다.

모든 것이 시작되는 곳, 제품 개발실

2018년 6월, 두 번째 파타고니아 방문 첫날 리셉션 데스크와 본사 투어 업무를 담당하는 치퍼 브로(Chipper Bro)는 우리 일행을 제품 개발실로 데리고 갔다. 그는 제품 개발실에 대해 이렇게 설명했다.

"이곳은 제품 개발실입니다. 파타고니아에서 가장 중요한 공간입니다. 가장 뛰어난 인재들이 일하는 곳이기도 합니다. 이곳에서는 어떤 상품을 새로 만들 것인가, 또 어떻게 상품을 디자인하고 어떤 원재료를 사용할 것인가, 그리고 어떤 방식으로 제조할 것인가에 대해 연구하고 결정합니다. 파타고니아의 경영 원칙, 제품 원칙이 제대로 실천되기 위해선 이곳의 연구와 결정이 가장 중요합니다. 파타고니아의 모든 것이 시작되는 곳입니다."

치퍼 브로의 설명을 들으며 파타고니아가 미션과 경영철학을 실천하는 방식을 확실히 알 수 있었다. 파타고니아가 추구하는 환경 경영의 핵심이자 결과물은 바로 제품이다. 화려한 광고나 구구절절한 홍보문구보다는 제품 자체를 통해 모든 것을 나타내 보이고자 하는 것이다. 기업의 미션과 경영철학이 시작되는 곳이 바로 제품 개발실이라는 것, '넥스트 CSR'이 의미하는 것도 마찬가지다. CSR은 사회공헌팀이나 CSR팀이 아니라 제품 개발실에서 시작되어야 한다.

파타고니아의 다섯 가지 제품 개발 원칙은 파타고니아 경영철학과 미션을 오롯이 담고 있다. 기업은 비즈니스를 통해 자신을 드러내는 조직이다. 비즈니스의 결과물인 상품과 서비스 자체가 기업의 참 모습이며 CSR의 전부이다.

환경에 해를 끼치지 않는 원재료

환경에 해를 끼치지 않는 원재료를 얻는 두 가지 방법

파타고니아가 원재료를 통해 환경경영을 실천하는 방법은 크게 두 가지다. 하나는 1996년부터 100% 사용을 시작한 유기농 면을 필두로 가능하면 동물을 포함한 자연 환경에 악영향을 끼치지 않는 친환경 천연재료를 사용하는 것이다. 또 다른 하나는 이보다 3년 앞선 1993년, 버려진 페트(PET)병을 재활용한 원사(原絲)를 사용하여 파타고니아의 스테디셀러인 신칠라 재킷을 만들기 시작한 것처럼, 가능한 한 많은 재활용 재료를 사용하여 새로운 자원 채취와 낭비를 최소화하고 이를 통해서 폐기물도 줄이겠다는 것이다.

2018년 파타고니아는 2025년이 되면 모든 제품을 리사이클 원재료와 친환경 천연재료로만 생산하겠다는 당찬 목표를 세웠다. 이 목표는 리사이클

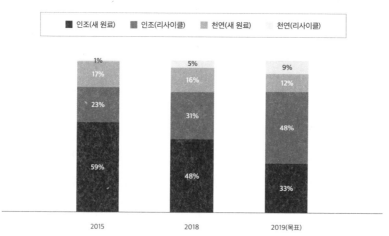

[그림8] 2015~2019년 파타고니아 원재료 사용비율 변화
출처 : 파타고니아

폴리에스터 사용과 유기농 면화를 사용하기로 결정한 이후 2008년 리사이클 나일론, 2010년 리사이클 울, 2014년 리사이클 면, 2016년 리사이클 다운, 2017년 리사이클 캐시미어 제품화 성공에 기반한 것이다. 파타고니아는 2025년의 목표를 달성하기 위해 <그림8>과 같이 원재료 영역을 새 원료 인조섬유, 리사이클 인조섬유, 새 원료 천연섬유, 리사이클 천연섬유 등 크게 4개 영역으로 나누어 관리하고 있다.

그래프의 변화를 살펴보면 아웃도어 의류의 일반적인 주재료인 새 원료 인조섬유는 2015년에 59%에서 2018년 48%로 11% 감소한 것으로 나타났고, 리사이클 인조섬유는 2015년 23%에서 31%로 8% 증가한 것으로 나타났다. 천연섬유의 경우는 2015년 1%정도 밖에 안되던 리사이클 천연섬유가 2018년에는 5%로 증가하고 반면 새 원료 천연섬유는 17%에서 16%로 1% 감소한 것으로 나타나고 있다. 인조섬유와 천연섬유 전체로 보면 2015년 인조섬유가 전체 제품의 82%를 차지했는데 2018년에는 79%로 3% 감소한 것으로 나타나고 있다.

리사이클 원재료 사용 확대

파타고니아가 1993년 버려진 페트(PET)병에서 원사를 뽑아 신칠라 재킷을 만든 것과 1996년 100% 유기농 면화를 사용한 두 가지 일은 모두 아웃도어 의류업계에서 세계 최초로 시작한 일이어서 큰 의미가 있지만, 전체 섬유시장을 놓고 보면 페트병을 재활용한 일이 유기농 면을 사용한 것보다 환경적으로 실질적인 효과가 더 크다. 왜냐하면 현재 전 세계 섬유와 의류시장에서 천연재료로 만든 천이나 옷보다 석유화학 기반의 인조섬유로 만든 천과 옷이 차지하는 비중이 더 크기 때문이다.

1. 1993년 : 리사이클 폴리에스터 사용

폴리에스터(PET, Polyester)는 가장 대표적인 석유화학 섬유로 현재 전 세계에서 생산되는 모든 섬유의 50%를 차지하고 있다. 폴리에스터는 100% 면 제품이나 가죽 제품을 제외한 우리가 입고 있는 대부분의 옷에 사용된다. 폴리에스터의 재활용 과정은 '폐기물 수거→세척→분쇄→열용해(녹임)→원사 생산'으로 비교적 단순하고 적은 비용으로 가능하다. 이 때문에 처음부터 재활용을 염두에 두고 제품을 만든다면 재활용률을 크게 높일 수 있다. 파타고니아는 2025년까지 모든 폴리에스터 제품을 재활용 폴리에스터로 사용한다는 목표를 세우고 있다.

2. 2008년 : 버려진 나일론 재활용 시작

나일론은 1935년 미국 듀폰사가 개발한 대표적인 석유 기반의 인조 합성섬유다. 나일론은 합성섬유 중에 강도가 가장 강한 섬유로 아웃도어 의류에서 재킷, 방풍의, 비옷, 모자, 배낭 등의 재료로 사용된다. 나일론은 얇고 가벼우며 오염에 강하고 내구성이 뛰어나지만 열과 자외선에 약하고 방수처리를 하지 않으면 물을 잘 흡수하는 특징이 있다. 따라서 아웃도어 의류에 사용하기 위해서는 화학약품을 이용한 방수코팅을 해야 하는데 이 때문에 완제품으로 생산된 나일론 아웃도어 의류나 제품을 PET와 같은 방식으로 재활용하는 것이 쉽지 않다.

나일론의 일종으로 의료용품, 공업용품, 어망, 양탄자 등에 사용되는 나일론 6의 경우 화학 용해제로 방수코팅을 제거한 후 원재료로 환원하는 방법이 개발되어 있다. 파타고니아는 현재 버려진 나일론 어망을 활용하여 나일론 원사로 리사이클링 하는 방안을 연구 중이다. 2008년부터 파타고니아가 사용하는 재활용 나일론은 기존 나일론 의류나 완제품에 사용한 나일론을 재가공하는 것이 아니고 생산단계에서 버려진 나일론 실과 자투리 섬유들을 재사용하는 것이다.

3. 2010년 : 리사이클 울 사용

양털을 이용해서 생산하는 울은 인류가 사용한 섬유 중 가장 오래된 섬유 중 하나이다. 그러나 오래되었다고 해서 양털이 친환경적이라고 할 순 없다. 우선 양을 방목하고 사육하기 위해서는 방대한 토지가 필요하고 많은 에너지와 물, 화학약품이 소모된다. 또한 자연상태의 지저분한 양털을 깨끗한 상태의 양모로 세탁하고 염색하기 위해서도 역시 많은 물과 화학용품이 필요하다. 그런데 양모 생산으로 발생하는 의외의 환경 오염 문제는 온실가스로 인한 지구온난화 문제이다.

양모의 주 생산지인 호주나 뉴질랜드는 인구 수보다 훨씬 많은 양을 사육하고 있다. 2017년 기준 호주는 6,750만 마리, 뉴질랜드는 2,700만 마리의 양을 사육하고 있는데, 양들이 풀을 뜯어 먹고 방귀로 배출하는 메탄(CH_4)가스로 인한 온실효과는 꽤 심각한 수준이다. 왜냐하면 메탄가스의 온실효과는 이산화탄소(CO_2)의 25배나 되기 때문이다. 유엔 기후변화에 관한 정부 간 협의체(IPCC)와 식량농업기구(FAO)의 보고서에 따르면 세계 온실가스 배출량의 10%를 농업이 차지하고 있는데, 이중 40%가 가축이 내뿜는 메탄가스이다. 환경 과학자들은 양들이 배출하는 메탄가스를 절대 무시하면 안된다고 경고하고 있다.

이러한 양모 생산의 환경 영향을 줄이는 한 가지 방법은 사용한 양모를 재활용하는 것이다. 파타고니아는 이탈리아를 비롯해 유럽의 재생 양모를 생산하는 기업들과 협력을 통해 재생 양모를 공급받아 사용하고 있다. 파타고니아에서 사용하는 재생 양모는 버려진 양모 스웨터를 잘게 조각내 만든 제품이며, 나일론이나 폴리에스터를 섞어 기능성을 높이기도 한다.

4. 2014년 : 리사이클 면 사용

화학 인조섬유를 제외하면 의류에 가장 많이 사용되는 원재료는 면이다. 면은 사람들에게 가장 친근하고 안전한 섬유소재로 인식됐으나,

재배과정에서 심각한 환경 오염이 발생하고 우즈베키스탄, 카자흐스탄을 비롯하여 면화가 많이 생산되는 중앙아시아 국가에서는 목화 농장의 아동노동 문제가 끊이지 않고 있다. 면화의 환경·사회 문제를 해결하는 방법은 화학 재배에서 유기농 재배로 재배방식을 전환하는 것과 공정무역 인증이나 아동노동 모니터링을 통해 아동노동을 근절하는 것, 또 하나는 기존에 사용된 면을 리사이클하는 것이다.

파타고니아는 1996년 면 제품에 100% 유기농 면을 사용한 이래 지속적으로 리사이클 면 사용을 위해 노력해왔으나 리사이클 면을 수집하는 과정에서 유기농 재배 면 제품과 화학 재배 면 제품의 구별이 어려울뿐만 아니라 유기농 면 제품이 차지하는 비중이 워낙 작아서 리사이클 면을 제품화하는데 어려움을 겪었다. 그래서 2014년이 되어서야 유기농 면 제품 수거량이 리사이클을 할 수 있을 정도가 되었고, 파타고니아는 리사이클 면을 생산하는 업체와 협력하여 리사이클 면 제품을 출시할 수 있게 되었다.

리사이클 면은 크게 제품생산 과정 중에 발생하는 유기농 면의 남는 실과 자투리 천을 활용하는 방법과 의류 폐기물 중에 유기농 100% 면 제품을 선별하여 재생하는 방법이 있다. 두 방법 모두 먼저 종류와 색상별로 분류한 다음 작은 조각으로 분쇄한 후 면 또는 다른 섬유와 섞어 새로운 직물을 생산하는 방식으로 이루어진다. 리사이클 면은 강도와 촉감에서 새 면 제품에 비해 성능이 떨어지기 때문에 대부분 리사이클 인조섬유나 펄프와 같은 다른 천연섬유 원료와 섞어 혼합 섬유로 사용하고 있다.

5. 2016년 : 리사이클 다운 사용

사람이 다운을 사용한 역사는 생각보다 오래되었다. 우리나라에서는 1980년대 이후부터 다운을 사용한 의류와 침구가 유행하기 시작했지만 유럽은 이미 로마시대부터 상류층의 고급 침구에 다운을 사용해왔다. 하지만 다운이 워낙 귀하고 고가의 소재였기 때문에 유럽에서도 다운을 서민이 사용한 것은 대규모 공장식 농장이 생겨난 20세기 중반 이후부터다. 20세기 후반 들어 전 세계적으로 다운의 수요가 늘어나자 공장식 농장이 급속히 증가하였고 다운 생산과정에서 동물 학대와 화학약품 사용, 수질오염 문제가 나타났다.

파타고니아는 2014년부터 동물 학대 문제가 없는 100% 책임 추적 다운을 사용하고 있다. 이후 2016년부터는 100% 재활용한 다운 제품을 내놓기 시작했다. 리사이클 다운은 주로 침구와 쿠션으로 사용된 다운을 수거하여 세탁과 재가공 과정을 거쳐 생산한다. 파타고니아 자료에 따르면 리사이클 다운은 새 다운에 비해 온실가스(CO_2) 발생을 35% 이상, 물 사용을 40% 이상 절감할 수 있다고 한다. 대규모 공장식 농장이 많은 미국에서는 리사이클 다운보다 새로 생산한 다운의 원가가 20% 이상 저렴하지만, 파타고니아는 향후 리사이클 다운의 사용량을 지속적으로 늘려 2025년에는 모든 다운 제품을 리사이클 다운으로 만들겠다고 한다.

천연섬유 사용확대

방수, 투습, 내구, 보온, 탄력성 등 고기능성을 갖춰야하는 아웃도어 의류의 특성상 파타고니아 제품들도 80% 가까이 기능성 화학섬유로 만들고 있다. 그러나 면을 비롯한 천연섬유 제품들도 여전히 생산하고 있기 때문에 환경오염을 최소화할 수 있는 천연재료를 찾아내고 섬유를 개발하기 위한 노력을 지속하고 있다.

1. 천연고무 : 율렉스

이본 쉬나드는 유명한 등반가이기도 하지만 동시에 서퍼이기도 하다. 이본 쉬나드의 아들인 플레처 쉬나드(Fletcher Chouinard)는 파타고니아에서 서핑보드를 디자인하고 만든다. 파타고니아가 등반용 아웃도어가 아닌 서핑 슈트를 만들기 시작한 것은 2005년부터. 파타고니아는 서핑 슈트를 만들면서 당연히 파타고니아의 제품 철학인 기능성, 내구성, 수선 용이성,

친환경성을 만족하길 바랐다. 그러나 당시 서핑 슈트의 주원료였던 합성 고무 네오프렌(Neoprene)[11]은 친환경적이지도 않고 재생 불가능한 재료라는 것을 알게 되었다.

네오프렌은 1931년 미국 듀폰사가 개발한 합성고무로 고온, 기름, 물 등에 대한 내구성이 뛰어나고 보온력도 있어 방수복, 방한복, 장갑, 신발, 자동차 내장재 등에 널리 사용되고 있다. 파타고니아는 네오프렌이 환경 오염을 유발할 수 있다는 사실을 알고 있었지만 당시 이것을 대체하는 다른 재료가 없었기 때문에 초기 서핑 슈트는 네오프렌을 사용하였다.

파타고니아는 네오플렌을 대체할 수 있는 친환경 소재를 찾던 중 양털과 아세틸렌(Acetylene, C2H2)을 결합한 신소재를 개발했다. 그러나 천연 아세틸렌은 석회암에서 추출해야 하는데 그것 역시 재생 불가능하고, 석회암을 캐기 위해 광산 개발과 암석 운송, 원료 추출에 필요한 에너지와 자원을 고려하면 석유 화합물인 네오플렌과 환경적 측면에서 별반 차이가 없었다.

물론 천연고무를 사용하는 방법도 있다. 자동차 타이어와 신발 밑창의 주재료인 천연고무는 고무나무의 일종인 헤베아(Hevea)에서 채취하는데, 아쉽게도 헤베아는 앞서 네슬레 사례에서 언급했던 야자수와 함께 동남아시아와 중남미 일대의 열대 원시림을 파괴하는 주범이다. 또한 천연고무는 특유의 알레르기를 유발하기도 해서 물속에서 장시간 착용해야 하는 서핑 슈트에 적합하지 않았다.

그러던 중 파타고니아는 2008년 천연고무 소재를 개발하는 전문 업체인 율렉스(Yulex)와 기술합작으로 천연고무 원료를 기반으로 한 대체품 개발에 성공하였다. 우선 열대 원시림을 무작위로 파괴하지 않고 기존 삼림을 보호하면서도 헤베아를 식목하는 고무나무 농장을 과테말라에서 찾아냈고, 천연고무의 알레르기 원인 물질인 고무 단백질을 포함한 불순물을 제거하는 특수 기술 개발에 성공했다.

율렉스는 이 재료의 성능을 지속적으로 개선하고 제조 공정 전 과정에 대해 주기적인 환경 영향 평가를 꾸준히 추진한 결과, 기존의 네오프렌 제조 공정에 비해 온실가스(CO_2) 배출량을 최대 80%까지 줄일 수 있게 되었다. 또한 율렉스에서 개발한 천연고무 직물은 합성고무에 비해 유연성, 강도, 탄력성, 회복성이 좋아 서핑 슈트를 비롯한 다양한 의류 제품에 적합한 것으로 판명되었다. 파타고니아는 2013년부터 네오프렌을 사용하지 않고 율렉스 천연고무 직물을 100% 사용하여 서핑 슈트를 생산하고 있다.

파타고니아는 환경 파괴를 최소화하는 천연고무 생산 농장을 찾고 이를 확산시키기 위해 열대 원시림을 보호하는 국제기구인 열대우림연맹(Rainforest Alliance)과 협력하고 있으며, 율렉스사와 함께 천연고무 가공 특허 기술을 무상으로 공개하여 많은 기업들이 합성고무가 아닌 천연고무를 사용할 수 있도록 하고 있다.

2. 무환 순환 가능한 혁신적 혼합 섬유 : 리피브라

파타고니아는 오스트리아의 섬유 생산 전문기업인 렌징(Lenzing)과 함께 목재 펄프와 재활용 면 조각으로 만든 복합직물인 리피브라 리오셀(Refibra lyocell, 이하 리피브라)을 이용한 제품을 생산하고 있다. 리피브라 섬유는 목재 펄프와 면화 두 가지 원재료를 동시에 재활용할 수 있는 혁신적인 섬유이다. 리피브라에 사용되는 목재 펄프는 지속가능하게 관리되는 숲에서 생산되는 100% 재생 가능한 원료이며, 여기에 사용되는 면화는 버려진 면 소재 의류나 생산 과정에서 버려지는 자투리 천에서 다시 추출한 것이다.

리피브라는 <그림9>와 같이 외부로 환경 오염을 일으키지 않는 폐쇄된 순환 구조에서 생산된다. 펄프와 면 섬유를 처리하는데 사용되는 화학약품 중 99.7%가 다시 재활용되어 반복 사용이 가능하며 생산을 통해 나오는 것은 리피브라 원단과 정화된 물뿐이다. 이 과정은 일반 면직물 제조에 비해

---

11. 섬유상품명으로, 원재료는 폴리클로로프렌(Polycloroprene)이다.

물 사용을 95% 줄이고 화학섬유에 비해서는 공기, 토양, 물 오염을 거의 발생시키지 않는다.

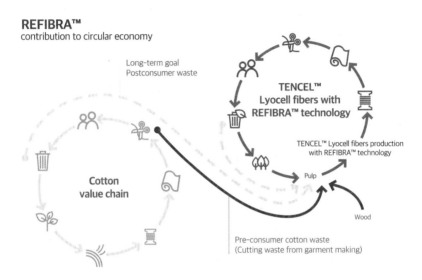

REFIBRA™
contribution to circular economy

Long-term goal
Postconsumer waste

TENCEL™ Lyocell fibers with REFIBRA™ technology

TENCEL™ Lyocell fibers production with REFIBRA™ technology

Cotton value chain

Pulp

Wood

Pre-consumer cotton waste
(Cutting waste from garment making)

[그림9] 로셀 리피브라 섬유 생산의 순환 구조
출처 : www.tencel.com

3. 재생 유기농을 실현할 주인공 : 헴프

삼베 또는 마(麻)로 불리는 헴프(Hemp)는 구석기시대 이래로 동물 가죽과 함께 인류의 가장 오래된 의류 소재이다. 삼국지위서동이전(三國志魏書東夷傳)에 삼한시대 변한(弁韓, 기원 전후~4세기)의 삼베 품질이 좋았다는 기록이 남아 있으니 우리나라 삼베의 역사도 2천 년이 넘는다.

헴프는 통기성이 좋고 수분 흡수와 배출 속도가 빠르며, 자외선을 차단하고 곰팡이를 억제하는 항균성과 항독성 있는 섬유로 여름옷이나 수의(壽衣)를 만드는 소재로만 이용되어 왔는데, 최근 환경에 미치는 영향이 면화나 다른 소재에 비해 매우 적다는 연구결과가 다수 발표되면서 친환경 소재로 재조명되고 있다. 헴프는 야생 환경에 오랫동안 적응한 자생력이 강한 식물이기 때문에 재배과정에 살충제, 합성 비료가 거의 사용되지 않고 유전자 변형(GMO)도 필요 없다. 또한 헴프는 뿌리가 길고 단단해 공기 중 이산화탄소를 흡수하여 뿌리에 탄소를 붙잡아 두는 탄소 포집 성질이 강해 표토 침식을 방지하고 토양 건강을 증진시킬 뿐만 아니라 지구온난화를 막을 수 있는 작물이기도 하다. 즉, 헴프는 파나고니아의 되살림 유기농업 ROC 기준에 가장 적합한 작물 중에 하나이다.

무엇보다 헴프로 만든 직물은 지구상에서 가장 내구성이 강한 천연직물이다. 헴프는 헴프 자체로만 사용하면 유연성이 떨어지고 구김이 많이 가며 거칠거칠한 성질이 있지만, 폴리에스터, 면, 스판텍스와 적절하게 조합하면 매우 고급 재질의 소재로 변한다. 파타고니아는 1997년부터 제품에 헴프를 사용하고 있다. 이렇게 좋은 헴프를 대량생산하면 좋겠지만 어려운 문제가 남아있다. 바로 헴프의 마른 잎이 마약인 대마초의 원료이기 때문이다. 우리나라도 삼을 재배하기 위해서는 반드시 기초자치단체장에게 허가를 받아야 하며 수확 시 식품의약품안전처 직원의 감시 하에 옷감에 사용되는 줄기를 제외한 나머지 부분은 모두 불태워야 한다. 이와 같이 헴프는 세계 대부분의 지역에서 재배하는 것이 불법이거나 심한 제약을 받는다.

2016년 파타고니아는 산업용 헴프의 유용성과 되살림 유기농업의 중요성을 알리기 위해 '자유의 수확(Harvesting Liberty)'이라는 다큐멘터리를 제작하였다. 이 다큐멘터리 영화는 몰락해가고 있는 미국 중남부 농업 지역에서 자연과 농업, 그리고 지역 공동체가 상생할 수 있는 방법을 찾아가며 산업용 헴프의 재배 합법화 운동을 벌이고 있는 농부 마이클 루이스(Michael Lewis)와 천연섬유의 유익을 알리는 환경단체 파이버쉐드(Fibershed)의 디렉터 레베카 버지스(Rebecca Burges)의 이야기를 소개하고 있다.

2016년 한 해 동안 7만 명이 이 다큐멘터리를 시청했으며 11,500명이 미국 연방 정부에 헴프 합법화를 요청하는 서명운동에 참여했다. 파타고니아는 본사를 비롯한 미국 내 매장에서 이 다큐멘터리 시사회를 열고 고객을 대상으로 산업용 헴프 재배 합법화 서명 캠페인을 벌이기도 했다. 현재 파타고니아는 사용하는 헴프의 대부분을 중국에서 수입하고 있다.

4. 천연펄프섬유 : 텐셀

파타고니아 티셔츠의 원료로 사용되는 섬유인 텐셀 리오셀(Tencel lyocell, 이하 텐셀)은 리피브라와 마찬가지로 렌징사의 제품이다. 텐셀은 산림 관리 협의회(FSC, Forest Stewardship Council)의 인증을 받은 숲에서 자란 유칼립투스 나무 펄프에서 뽑아낸 섬유로 만든다. 텐셀은 인조견과 같이 강도가 높은 섬유로, 셀룰로오스 섬유와 같은 특성을 지니고 있으며 재생 사용이 가능하다. 유칼립투스 나무 펄프는 독성이 없는 유기농 용매로 용해시키며, 미세한 구멍을 통해 섬유를 뽑아낸다. 사용된 용매는 99% 재사용된다. 일반적으로 펄프 섬유 생산 과정에 사용하는 포름알데히드 같은 환경에 유해한 물질을 사용하지 않는다. 텐셀은 재생 면제품과 혼합하여 앞서 소개한 리피브라 섬유로 생산할 수 있다.

쓰레기 가득한 지구를 떠나지 않기 위해서

2008년 개봉한 디즈니-픽사의 애니메이션 영화 '월-E'는 재미도 있었지만 환경을 생각하지 않고 편안하고 값싼 소비만 탐닉하는 인류에게 강력한 경고의 메시지를 전한다. 가까운 미래의 어느 날 지구가 온통 쓰레기로 뒤덮히자 인류는 새로운 정착지를 찾아 우주선을 타고 지구를 떠난다. 지구에 홀로 남은 청소 로봇 월-E는 끊임없이 쓰레기를 모아 거대한 쓰레기 탑을 쌓고 있다. 우주를 떠돌던 지구인들은 몇 세대가 지난 후 다시 지구로 돌아와 쓰레기가 가득 찬 땅 한 귀퉁이에 씨앗을 심는다. 영화는 이렇게 끝난다. 이 일은 비단 애니메이션의 상상이 아니라 점점 현실로 다가오고 있다.

파타고니아의 다섯 가지 제품 개발 원칙은 파타고니아의 2018년 11월까지의 미션인 '환경에 불필요한 해를 끼치지 않는다'를 실현하기 위한 구체적인 노력의 결과물이다. 기능성, 관리 및 수선 용이성, 유행을 타지 않는 디자인, 친환경성을 추구한다는 제품 원칙은 아웃도어 라이프를 안전하고 쾌적하게 즐기면서 동시에 자연과 환경을 보호하여 미래 세대 또한 지금과 같이 자연의 아름다움과 풍요로움을 느낄 수 있도록 하자는 지속가능경영의 철학을 담고 있다. 이본 취나드가 바위를 망가뜨리는 강철 피톤을 포기하고 알루미늄 초크를 만들며 시작한 1972년 클린 클라이밍의 정신이 그대로 이어지고 있는 것이다.

2018년 11월 이본 취나드는 "우리는 우리의 터전, 지구를 되살리기 위해 사업을 한다(We're in business to save our home planet)"라는 새로운 미션을 발표했다. 파타고니아는 이 새로운 미션을 실현할 가장 중요한 방법으로 제품의 원재료 100%를 리사이클 재료와 되살림 유기농으로 재배한 천연재료를 사용하는 것이라고 밝혔다.

의류산업은 원재료를 생산하는 과정에서부터 폐기까지 지구 환경을 망가뜨리는 모든 나쁜 일과 연결되어 있다. 의류 폐기물은 전 세계에서 매년 수백억 톤이 쏟아져 나오고 쓰레기들은 불에 태워져 온실가스를 배출하거나 땅에 매립되어 토양을 오염시킨다. 의류 폐기물을 되살려 새로운 옷을 만들 수만 있다면, 그리고 지하 수천 미터까지 땅을 파헤쳐 석유를 뽑아 올린 다음 화학 섬유를 만드는 것이 아니라 땅을 보호하고 공기를 맑게 하며 온실가스를 흡수하여 지구를 시원하게 만드는 천연섬유로 옷을 만든다면, 의류산업으로 점점 더러워지고 점점 뜨거워지는 지구를 다시 살려낼 수 있다.

하지만 파타고니아는 전 세계 의류 생산량의 0.01%도 차지하지 못하는 작은 회사이다. 파타고니아 혼자서 이 일을 한다면 결코 지구를 구할 수 없다. 그뿐만 아니라 의류 외에도 지구를 더럽히고 뜨겁게 하는 산업은 너무나 많다. 넥스트 CSR, 지구를 살리는 비즈니스가 필요한 이유는 단지 기업의 이익과 평판을 높이자는 데 그 목적이 있지 않다. 가까운 미래에 우리의 자손들이 청소 로봇만 남겨 둔 채 우주선을 타고 지구를 떠나는 일을 막기 위해서는 비즈니스가 일으키는 사회·환경문제를 최소화하기 위해 끊임없이 분투해야 하고, 파타고니아와 같이 비즈니스를 통해 지구를 구하겠다는 강력하고 결연한 결단이 필요하다.

:

6장

가치를 판매한다

'이 재킷을 사지 마세요'의 진정한 의미

2011년, 블랙프라이데이에 경고하는 광고

흔히 파타고니아의 사회적 책임(CSR)하면 2011년 뉴욕타임즈에 낸 '이 재킷을 사지 마세요(Don't buy this jacket)' 광고를 먼저 떠올린다. 일 년 중 가장 대목이자 상품 소비의 광풍이 부는 블랙프라이데이 행사 시, 오히려 소비를 축소하라는 광고를 낸 것이니 눈에 띌 것이다.

일반적으로 사람들은 이를 혁신적인 아이디어의 광고 캠페인 정도로 기억한다. 또는 고객에게 강한 인식을 심어주는 마케팅 캠페인으로 생각하는 사람도 있다. 물론 단순히 광고 차원이 아니라 파타고니아의 기업철학과 연계해서 생각하는 사람도 많다. 설사 기업의 사회적 책임과 연계해서 생각할지라도, 이 광고에 담긴 진정한 의미에 대해서는 깊게 생각해보지 않는 듯하다. 광고 캠페인으로 보이는 것은 단지 거대한 빙산 중 윗부분의 조각에 불과하다. 우리는 광고 카피 저 밑에 함축된 의미를 읽을 필요가 있다. 그것은 불편할 수도 있는 심오한 진실을 담고 있기 때문이다.

　먼저, 광고를 제대로 볼 필요가 있다. 우리는 광고 카피만 기억하고 광고 내용이 무엇인지 보려 하지 않는다. 파타고니아의 광고 하단에는 왜 재킷 사는 것을 신중히 해야 하는지 그 내용이 담겨 있다. 블랙프라이데이는 이날 증가한 소비로 인해 장부상의 적자가 흑자(블랙)로 전환된다 해서 붙여진 이름이다. 블랙프라이데이로 많은 회사가 흑자로 돌아설 수 있겠지만, 지구 생태계는 반대로 그만큼 적자로 돌아서고 있다는 것을 경고하는 문구로 시작한다. 블랙프라이데이로 들뜬 소비자들에게 당신의 소비가 지구 생태계를 망가뜨린다고 경고하는 것이다.

"모든 제품은 환경에 피해를 끼치고 있다"

　그리고 베스트셀러인 한 재킷(광고 속 재킷)을 소개한다. 이 재킷이 폴리에스터를 60% 재활용했음에도 불구하고, 물 소비, 탄소 발생, 쓰레기 배출 측면에서 환경에 얼마나 많은 피해를 끼치며 만들어졌는지를 설명하며, 이 가격보다 훨씬 많은 환경적 비용을 발생시키고 있다는 것을 자각하도록 한다. 나름대로 친환경적으로 만들어진 제품조차도 결코 환경친화적일 수

[그림10] '이 재킷을 사지 마세요' 캠페인 광고

없다는 것을 고백한 것이다. 그러면서 마지막으로 당부한다. 어떤 물건을 사기 전에 이 물건이 필요한 것이지 두 번 생각해보라는 것이다. 그리고 앞으로 지구를 생각하며 공동자원을 활용하는 행동 수칙에 참여할 것을 요청한다.

사실 파타고니아가 회사를 설명할 때 2011년의 이 광고를 앞세워 홍보하는 경우는 거의 없다. 『리스판서블 컴퍼니 파타고니아(Responsible Company Patagonia)』는 2012년에 발행되었지만, 책에는 이 광고에 대해서 단 한 줄의 언급도 없다. 『파도가 칠 때는 서핑을』의 경우 2016년에 개정판이 나왔지만(국내 미출간), 여기에서도 본문에는 내용이 없고 단지 광고 사진 한 장만 실어 놓았을 뿐이다.

이 광고는 파타고니아 외부에서 많이 회자될 뿐, 정작 파타고니아 내부에서는 그리 주목할 만한 내용은 아니다. 광고 수면 아래 있는 내용이 더 중요하기 때문이다. 광고는 그저 하나의 작은 이벤트에 불과하다. 그렇기에 수면 아래를 봐야만 한다. 먼저, 파타고니아의 광고가 나오기까지의 과정을 볼 필요가 있다. 다소 주관적일 수 있지만 크게 세 단계로 구분 지어 봤다.

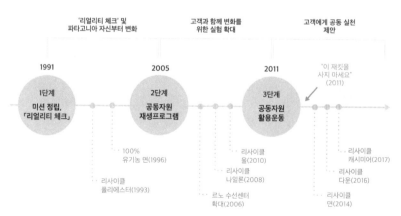

[그림11] 공동자원 활용운동 단계 구분

[1단계] 1991년 이후 친환경 소재 사용 및 재활용 추진

파타고니아가 기업이 지구를 오염시키고 자원을 낭비하는 주체임을 자각한 것은 1980년대 후반이었다. 파타고니아는 공장을 소유하지 않았기에 공급회사를 통해 물품을 공급 받아 왔고, 공급회사에서 얼마나 환경·사회적인 문제를 발생시키고 있는지 제대로 몰랐다. 또한 일부 알고 있는 내용이 있을지라도 공급회사까지 변화시키기는 것은 어려운 문제라고 인식했다. 의류를 책임 있게 만드는 방법을 몰랐던 것이다.

1988년 보스턴 매장 직원이 겪는 두통의 원인이 포름알데히드라는 것을 처음 알았고, 이것을 계기로 1991년에 의류제품에 사용되는 가장 일반적인 4가지 섬유(면, 폴리에스터, 나일론, 울)가 환경에 어떤 영향을 미치는지 평가하게 되었다. 그 결과 면이 나일론보다 환경 피해를 많이 유발한다는 사실과, 다량의 인조 양모 재킷 생산으로 환경을 해치고 있다는 것을 깨달았다. 파타고니아가 자신의 비즈니스에 대해 제대로 몰랐고, 자신 역시 환경에 피해를 입히는 기업임을 자각했다.

1991년, 파타고니아는 '불필요한 환경 피해를 유발하지 않는다'는 내용을 담은 미션을 내부적으로 정립하는 한편, 카탈로그에 「리얼리티 체크(Reality Check)」라는 글을 실어 외부적으로 이를 천명하고 이해관계자와 소통했다. 파타고니아는 이 글을 통해 파타고니아가 생산하는 모든 제품들이 하나같이 환경을 해치기 때문에 어떻게든 좋은 물건을 사고, 또 적게 사야 한다는 사실을 고객들에게 상기시켰다.

파타고니아는 자신들이 만드는 모든 것이 자연을 훼손하고 있음을 깨달았다. 그 자각 위에 두 가지의 큰 전환을 만들어냈다. 하나는 1994년부터 시작하여 1996년 봄에 파타고니아 면 제품을 유기농 면으로 100% 대체한 것이며, 다른 하나는 폴리에스터를 재활용한 것이다. 그 동안 파타고니아는 폴리에스터 원료에서 인조 양모를 추출해서 옷을 만들었다. 다른 대안을 찾고자 웰만(Wellman)이라는 회사에 의뢰한 결과, 버려진 플라스틱 페트병을 리사이클해서 재킷용 섬유를 생산하는 기술을 개발했다. 인조 양모 재킷 한 벌을 만드는데 페트병 25개가 소요됐다. 재생 폴리에스터 값이 석유에서 바로 뽑은 폴리에스터보다 비쌌지만, 지속적으로 페트병을 재활용했다.

[2단계] 2005년, 공동자원 재생 프로그램 추진

2005년, 파타고니아는 공동자원 재생 프로그램(Common Threads Recycling Program)을 론칭했다. 고객과 함께 '요람에서 무덤으로(Cradle to Grave)'[12]가 아니라 '요람에서 요람으로(Cradle to Cradle, 이하 C2C)'[13]를 실현해보고자 한 것이다. 그러나 당시 파타고니아가 할 수 있는 것은 폴리에스터 소재에 제한될 수밖에 없었다. 다른 소재의 경우는 원래 소재의 품질을 그대로 유지하면서 재활용하는 방법을 몰랐기 때문이다. 고객이 더 이상 입을 수 없는 파타고니아의 폴리에스터 제품을 보내오면 이를 재활용해서 다른 폴리에스터 옷으로 완벽하게 재활용하는 활동을 펼쳤다.

고객과 함께 C2C를 처음 실험해본 것인데, C2C의 한계 또한 자각하게 된 프로그램이기도 했다. 파타고니아는 C2C를 확대하기 위한 노력을 계속했고, 그 결과 2008년에 나일론 6에 대한 재활용을 이루어냈다. 폴리에스터와 나일론 6 소재에 대해서는 동일한 품질로 완벽하게 재생시킬 수 있었다. 그러나 C2C를 이루어내는 것은 거기까지였다.

파타고니아는 후에 양모와 면까지 재활용했지만, 그것은 엄밀한 의미의 업사이클링(up-cycling)이 아니라 다운사이클링(down-cycling)이었다. 잘라내는 방식으로 재활용하는 것이어서 이전의 제품과 동일한 가치를 만들어낼 수 없었던 것이다. 파타고니아는 '공동자원 재생 프로그램'을 전개하면서 오히려 한계를 깨달았다. 업사이클이 완전하게 이루어질 수 없는 한, 재생은 가장 마지막 단계에서 할 수 있는 활동일 뿐 해결책이 될 수 없다는 것이다.

결국 재활용(recycle) 이전에 재사용(reuse), 재사용 이전에 수선(repair), 수선 이전에 생산과 소비의 축소(reduce)가 필요함을 절실히 느꼈다. 생산자는 애초에 오래 입을 수 있고, 다기능 제품으로 다양하게 입을 수 있고, 심플한 최고의 품질의 옷을 환경에 최대한 피해를 주지 않는 방법으로 생산해야 하며, 소비자 또한 꼭 필요한 옷만 구매하도록 하는 것이 중요함을 더욱 절실하게 느꼈다.

[3단계] 2011년, 공동자원 활용 운동 시작

파타고니아는 이러한 문제의식 아래 그동안의 경험을 바탕으로 2011년부터 공동자원 활용 운동(Common Threads Initiative)을 펼쳤다. 2005년부터 실시한 공동자원 재생 프로그램의 결과 내부적으로 많은 실천적 경험을 얻었고, 또 무엇보다 완벽한 C2C가 힘들기에, 생산자만이 아니라 고객과 함께 실천하는 것이 필요했다.

공동자원 활용 운동은 5R 차원에서 파타고니아와 고객이 함께 참여해 변화를 같이 만들어내자는 것이다. 4R(Reduce, Repair, Reuse, Recycle) 차원에서 파타고니아가 약속을 하고, 고객의 참여를 부탁하는 내용을 공동자원 활동 운동에 반영했다. 그리고 파타고니아와 고객이 함께 생각의 전환(Reimagine)을 만들어내자는 것까지 5R로 담아냈다.

2011년 11월, '이 재킷을 사지 마세요'라는 블랙프라이데이 광고는 이러한 공동자원 활용 운동 중 '생산과 소비의 축소(Reduce)'에 관한 캠페인이자, 1980년대 후반부터 추진해 온 자성의 결과이며, 파타고니아 역시 환경에 폐해를 만들고 있고 혼자 해결할 수 없다는 고백이기도 하다.

12. 만들어진 제품이 순환되지 않고 쓰레기장으로 가는 다운사이클링
13. 원래 품질을 유지한 채 무한 재생할 수 있는 업사이클링

5R	축소(Reduce)	수선(Repair)	재사용(Reuse)	재활용(Recycle)	전환(Reimagine)
파타고니아의 약속	쓸모 있고 오래 가는 제품을 만 듦	수선부 직원을 늘려 보다 신속 하게 수선 서비 스 제공	고객이 웹사이 트를 통해 중고 의류를 쉽게 팔 수 있도록 제공	용도를 다한 제 품을 모두 받아 들여 재활용	고객과 함께 생 각의 전환을 통 해 대체 가능한 것만을 자연으 로부터 취함
고객의 약속	필요하지 않은 제품이나 오래 입지 못할 제품 (유행 타는 제 품, 부실한 제 품)사지 말 것	해진 옷을 버리 고 새로 사기 전에 수선해서 입을 것	더 이상 입을 수 없거나 필요 없는 옷을 팔거 나 보내줄 것	용도를 다한 옷 이 소각로나 매 립지로 가지 않 도록 함	

[표7] 파타고니아의 공동자원 활용 운동

캠페인의 의미를 이야기하기 전에 C2C에 대해 좀 더 깊이 알아볼 필요가 있다. 윌리엄 맥도너(William McDough) 등은 『요람에서 요람으로』에서 업사이클이란 "산업 물질의 순환에 있어 원래의 특징을 계속 유지하며 재활용되는 것"이며, 다운사이클은 "원래 특징이나 장점의 상당 부분을 손실하는 방식으로 재활용되는 것(예를 들어 플라스틱을 공원 벤치로 재활용하는 것 등)"이라고 정의한다.

업사이클링의 경우 이론상으로는 무한 재생이 가능하기 때문에 '요람에서 요람으로(Cradle to Cradle)'라고 하며, 다운사이클링의 경우 결국은 쓰레기장이나 소각장으로 가는 선형적·일방향적인 모델이기에 '요람에서 무덤으로(Cradle to Grave)'라고 부르기도 한다. 예를 들어 대부분의 플라스틱은 재생과정에서 여러 종류의 플라스틱이 혼합되어 질 낮은 합성물질이 되고, 결국은 쓰레기장으로 가고 만다.

우리 주변에 많은 '아나바다(아껴 쓰고, 나눠 쓰고, 바꿔 쓰고, 다시 쓰기)' 운동이 펼쳐진다. 일단 구매한 의류 제품의 탄소 발자국을 줄이는 가장 좋은 방법은 오래 입는 것이다. 현재 사람들은 옷을 평균 3년밖에 입지 않는다고 한다. 9개월만 더 입는다면 그 옷으로 인해 발생하는 탄소배출을 27%, 물

사용을 33%, 쓰레기를 22% 줄일 수 있다는 연구가 있다.

그러나 아나바다 운동만으로는 한계가 있다. 기본적으로 소비자 중심의 실천 운동이며, 다운사이클과 '요람에서 무덤으로' 모델을 벗어날 수 없기 때문이다. 결국 제품이 쓰레기장으로 가는 시간을 최대한 연장시키고자 하는 활동이다. 폴리에스터 등 제한된 재료를 제외하고는 진정한 '재생(recycle)'이 아니라 종국에는 '퇴생(decycle)'으로 갈 수밖에 없다.

결국 환경에 미치는 피해를 최대한 줄이기 위해서는 수선, 재사용, 재활용만으로 부족하다. 궁극적으로 상당 부분이 선형 모델에 의해 매립지나 소각장으로 갈 수밖에 없다고 한다면, 생산자는 가급적 소비를 줄일 수 있는 방식으로 생산(다기능, 튼튼한 제품, 유행을 타지 않는 제품 등)하고, 소비자는 꼭 필요한 물품만 구매해야 한다. 이것이 파타고니아가 '이 재킷을 사지 마세요' 캠페인을 벌인 이유다. 이를 표현한 것이 <그림12>이다. 사회문제는 복잡하고 다양하고 다변화하기 때문에 지속적으로 더 포괄적이고 근본적인 해결책을 찾기 위해 노력해야만 한다는 것을 캠페인은 보여주고 있다.

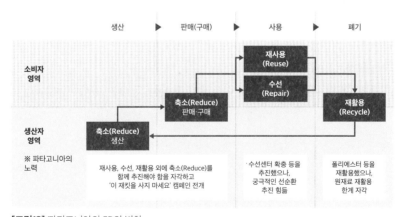

[그림12] 파타고니아의 5R의 변화

더 근원적인 해결을 고민해야 한다

'이 재킷을 사지 마세요' 캠페인 이후 파타고니아는 5R을 실천하기 위한 노력을 다각도로 추진하고 있다. 리사이클(recycle) 관련해서 양모(2010년), 면(2014년), 다운(2016년), 캐시미어(2017년)의 리사이클을 순차적으로 추진했으며, 한 걸음 더 나아가 2025년까지 재활용 원재료 및 생분해성 원재료를 100% 사용하겠다는 야심찬 목표를 세우고 있다.

재사용(reuse) 측면에서 파타고니아 매장 등을 통해 중고의류를 판매할 수 있도록 했다. 수선(repair) 측면에서는 르노 수선센터를 확대 운영했다. 현재 45명의 풀타임 수선 기술자들이 매년 5만 벌 이상을 수선하고 있다. 그뿐만 아니라 고객이 쉽게 수선할 수 있도록 40개 항목의 수선 가이드를 만들어 고객과 커뮤니케이션하고, 유통 직원들이 간단한 수선은 직접 할 수 있도록 수천 명을 교육했다.

몇 가지 점에서 많은 진전을 보이고 있으나, 아직 고민과 한계는 여전히 존재한다. 재활용(recycle) 측면에서는 완전한 업사이클링이 가능한 원재료가 아직 제한적이고, 생산 축소(reduce) 측면에서는 광고 등 소비를 조장하는 인위적인 마케팅을 하지 않으면서 기업의 지속적인 성장과 어떻게 조화시킬 것인가라는 딜레마를 푼 것은 아니다.

그런 점에서 기업과 고객이 함께 변화해야 한다는 '이 재킷을 사지 마세요'의 문제의식은 몇 년이 흐른 지금도 여전히 유효한 명제다. 특히 몇 가지 점에서 시사하는 바가 크다.

첫째, 가장 중요한 이해관계자인 고객과 관계를 맺는 방식에 대한 문제 제기다. '이 재킷을 사지 마세요' 캠페인을 '독특한 역발상의 마케팅'과 같이 평가 내리는 것은 아직 우리가 매출, 수익 중심의 싱글바텀라인(single bottom line) 관점에 익숙하기 때문이다. 이 캠페인은 환경·사회적 가치 중심의 트리플바텀라인(triple bottom line) 차원의 고객 관계, 또는 마케팅 접근의 전형을 보여주는 사례다. 기존 경영학이 아닌 사회적 가치 관점의 경영학

차원에서 새롭게 접근해야 한다는 것을 보여주고 있다.

둘째, 모든 제품이 환경·사회적으로 완전하지 않다는 전제 위에 출발해야 하며, 그렇기에 궁극적인 문제 해결을 목표로 부단히 새로운 방법을 찾아야 한다는 것을 보여준다. 파타고니아의 5R(공동자원 활용 운동)은 궁극적으로 업사이클링을 지향하지만, 파타고니아 역시 폴리에스터와 나일론 6을 제외한 면, 양모 등으로 인해 이러한 선형적 모델에서 아직 탈출하지 못하고 있다. 현재는 완전할 수 없다. 다만 현재의 솔루션이 불충분하므로 더욱 혁신적이고 실천적 과제가 나와야 함을 인지해야 한다. 그래야 판매·마케팅 및 고객과의 관계를 지속적으로 혁신할 수 있다.

셋째, 자신 역시 환경피해를 유발하고 있다고 자각한다면 자신의 문제부터 개선하기 위해 노력해야 한다. 파타고니아는 1980년대말 자신도 환경피해 유발자라는 자각을 하면서 1990년대에 혁신적인 노력을 추구했다. 그 결과 유기농 면화 100% 제품, 폴리에스터 재활용이라는 성과를 만들어낼 수 있었다. 1차적으로 화살을 기업 내부로 돌려 환경 피해를 만들고 있는 근원적인 부분을 하나씩 해결해 나가고자 했다. 폴리에스터 재활용 방법을 터득하고 이를 생산에 적용했기에 2005년에 고객의 참여를 촉구할 수 있었다.

파타고니아는 지속적인 혁신 노력에 기반하여 2011년에는 보다 많은 고객이 보다 다양한 방법으로 지구의 공동자원 활용 운동에 참여할 수 있도록 했다. 이를 나타낸 것이 <그림13>이다. 이렇듯 혁신은 기업 내부에서

[그림13] 혁신 참여의 변화

외부로 향해야 한다. 그러할 때 더욱 커다란 성과와 반향을 만들어낼 수 있다.

우리에게 더욱 필요한 것은 '답'이 아니라 '고백'이다

알버트 아인슈타인(Albert Einstein)은 "우리를 괴롭히는 문제를 해결하려면 우선 문제가 처음 발생했을 때 사용하던 해결책을 뛰어넘는 수준까지 사고를 발전시켜야 한다"고 말했다. 우리는 아직도 '이 재킷을 사지 마세요'의 문제를 풀지 못하고 있다. 파타고니아의 광고 문구는 마케팅이나 홍보 문구도, 소비자 행동 수칙도 아니며, 인류가 풀어야 할 숙제에 대한 불완전한 임시 답변을 제시한 것이다. 파타고니아가 광고 캠페인을 전개한 지 20년 가까이 흐른 현재에도 우리는 여전히 문제에 대한 답을 제대로 못하고 있다.

이본 취나드는 "파타고니아가 사회적 책임을 완벽하게 다 한다는 것은 불가능하다. 전혀 무해한 지속가능성 제품을 무슨 수로 만들어 내겠는가. 다만 전력을 다해 시도할 따름이다"라고 고백하고 있다. 어쩌면 우리 사회는 제대로 된 답을 내놓을 수 있는 시점에 이르지 못했다. 오히려 아직 더 많은 고백이 필요한 시점으로 보인다. 자신이 내놓은 답을 자랑할 때 우리는 아인슈타인이 이야기한 '사용하던 해결책' 수준에 만족하며 지구 생태계를 여전히 뒷걸음질 치게 만들 수도 있다.

고객 소통의 거점, 파타고니아 매장

미국 10대 도시 중 단 2개 도시에만 매장 개설

미국 LA에 도착하여 파타고니아 매장을 방문하고 싶었으나, LA에는 파타고니아 매장이 없었다. LA 인근 산타모니카까지 가야만 했다. 캘리포니아주에서 가장 큰 도시이자, 인구가 400만 명으로 뉴욕 다음으로 인구가 많은 LA에는 단 한 곳의 매장도 없고, 인구 9만의 작은 도시 산타모니카에 매장이 있다는 것이 의아했다.

파타고니아는 미국 내 매장이 19개 주에 걸쳐 총 33곳 있다. 인구 기준 10대 도시에는 뉴욕과 시카고, 단 두 곳의 도시에만 매장이 있다. 반면 4분의 1의 매장은 인구 순위로 300위가 넘는, 10만 명도 되지 않은 작은 도시에 위치하고 있다. 만약 우리나라의 의류업체가 33곳의 매장을 가지고 있다면 매장의 90% 이상을 광역시 이상의 7개 도시에 냈을 것이다.

매장은 매출 발생의 접점이다. 여러 고객 접점을 관리하는 규모 있는 회사들은 상권 분석 등을 통해 매장을 개설하는 전문 부서를 두고 있다. 매장 개설을 관통하는 가장 핵심적인 단어 하나를 꼽으라면 단연 '매출'이다. 파타고니아 역시 매출만 보았다면 단연코 산타모니카 대신 LA에 매장을 개설했을 것이다. 그런데 그렇게 하지 않았다.

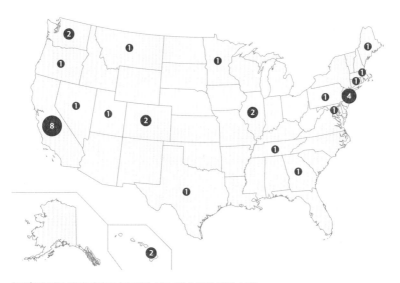

[그림14] 미국 주별 파타고니아 매장 분포 (괄호 안은 매장 숫자)

이는 글로벌 차원에서도 마찬가지다. 파타고니아는 전 세계 17개국에 106개의 직영점을 운영 중이다. 그 분포를 보면 일반 기업의 현황과는 다르다. 직영점 숫자 순위를 보면 미국(33곳), 일본(23곳)이 53%로 대다수를 차지하며, 뒤이어 칠레(9곳), 중국(9곳), 홍콩(6곳), 오스트레일리아(5곳), 대만(5곳) 순이다. 우리나라도 4곳(직영점 기준)이나 되는데, 영국, 독일, 프랑스는 겨우 1곳이며, 인도, 러시아, 브라질, 인도네시아 등 인구 대국에는 단 한 곳도 없다.

파타고니아 매장 개설 현황을 보면 매출 외에 다른 가치가 중요하게 작동하고 있음을 느낄 수 있다. 그것은 무엇일까? 이를 알아보기 위해서 미국 캘리포니아의 산타모니카 매장을 먼저 찾았다.

산타모니카 매장이 고객과 소통하는 방법

산타모니카는 LA 인근 휴양지라서, 산타모니카 매장이 파타고니아 매장의 특성을 가장 잘 대표한다고 보기는 어렵다. 그럼에도 파타고니아가 매장을 통해 어떻게 고객과 소통하고자 하는지 어느 정도 느낄 수 있었다.

매장은 겉에서 보면 매우 허름하다. 그럴 만한 게 1926년 지어진 건물을 그대로 사용하고 있기 때문이다. 매장을 요란하게 재설계하거나 인테리어 하지 않는다는 것이 파타고니아의 원칙이다. 벤투라 외의 지역에 처음 매장을 낸 곳은 당시 야외 활동의 중심지로 자리잡아가고 있는 샌프란시스코의 노스비치인데, 1986년 매장을 개설할 당시에 1924년에 지어진 건물을 그대로 썼다. 이 전통은 계속 내려져오고 있다.

산타모니카 매장 입구에는 삼각대 모양의 작은 입간판 하나가 놓여 있었다. 세일이나 상품 판매를 안내하는 것이 아니었다. 한 면에는 매주 일요일에 요가 수업을 한다는 내용이 적혀 있고, 다른 면에는 유럽에서 강을 지키기 위한 싸움을 기록한 환경 영상물을 상영하면서 음식, 음료까지 무료로 제공한다는 안내가 있었다. 요가 수업은 매주 일요일 오전 9시에 진행하고 있었다. 2층 매장의 상품 전체를 한쪽으로 모두 치우고, 요가 매트를 깔고

요가 강사를 불러 무료로 수업을 제공한다. 매장을 '상품을 파는 곳'으로만 인식하는 우리에게는 매우 생소한 접근이다. 무엇이 이를 가능케 하는지 궁금할 수밖에 없다.

유럽 최초 직영매장 프랑스 샤모니점은 지난 2017년 개점 30주년을 맞아 매장의 역할이 무엇인지 전 파타고니아 CEO에게 물었다. 파타고니아에서 약 30년간 근무하고 그중 13년은 CEO로 재직했던 크리스 맥디비티(Kris McDivitt)에게 파타고니아 매장의 철학이 무엇인지 질문한 것이다. 이에 크리스는 "이본 취나드와 멜린다의 비전은 명확하다. 매장은 지역사회에 기여해야 하며, 고객과 같이 행동하고 정보를 교류하는 핵심적인 공간이 되어야만 한다는 것이다. 누구나 매장에 들어와서 파타고니아의 이미지, 의도, 그리고 진정성을 느낄 수 있어야 한다. 이 원칙은 변하지 않았다고 생각한다"고 말했다.

매장이 매출을 발생시키는 대표적인 공간이라는 것은 분명하다. 파타고니아 역시 마찬가지다. 그러나 파타고니아는 여기에 지역사회에 기여하고 고객과 함께 행동하는 공간이라는 정의를 추가하고 강조하고 있다. 파타고니아 스스로 중요하다고 생각하는 가치를 환경·사회적 가치에 두고, 이를 지속적으로 강화하는 공간으로 매장을 자리매김한 것이다. 파타고니아 매장이 강조하는 두 가지 역할을 자세히 살펴볼 필요가 있다.

첫 번째 역할, 지역사회 기여하기

첫 번째로, 이본 취나드는 지역사회에 기여하는 것을 강조했다. 가급적 매장 건물을 새로 짓지 않고 기존 건물을 약간 고쳐 쓰고자 하는 것도 같은 차원에서 볼 수 있다. 특히 오래된 건물이나 역사적인 건물을 허물지 않음으로써 역사성을 보존하려 한다. 매장 자체를 통해서 환경적·역사적으로 지역사회에 기여하고자 한다.

또한 지역 커뮤니티에도 기여하고자 한다. 산타모니카 매장에서 정기적으로 진행하는 무료 요가 수업이 단지 고객을 늘리려는 행위로만 볼 수는 없다. 파타고니아는 매장이 지역사회와 소통하는 공간이기를 원하며, 산타모니카 매장은 이 차원에서 요가 수업을 매개로 한 것이다. 지역 커뮤니티가 나날이 줄어들고 있는 상황에서 기업의 한 매장이 지역 커뮤니티를 만들기 위해 노력하고 있는 것이다.

파타고니아가 가장 핵심적으로 지역사회에 기여하고자 하는 것은 당연히 환경보호다. 산타모니카 매장 안에서 눈에 띄는 것 중 하나는 해당 매장이 지난 1년간 환경단체에 기부한 내역을 공개하는 입간판이었다. 파타고니아는 매출의 1%를 지구세로 내고 있다. 현 자본주의 경제에서는 가격에 반영되지 않는 '외부 효과'가 많다. 대표적인 것이 바로 환경 파괴다. 궁극적으로는 가격에 반영되어야 하겠지만 그렇지 못한 현실에서, 파타고니아는 스스로 '지구세'라는 것을 만들어 매출의 1%를 환경단체에 기부하고 있다.

산타모니카 매장에서는 2017년에 총 63,845달러를 7개의 환경단체에 기부했다는 것을 공개하고 있었다. 대략 매장의 매출을 공개하는 것이나 마찬가지다. 각 환경단체에 기부한 정확한 금액과 해당 환경단체의 인터넷 주소를 입간판을 통해 자신감 있고 투명하게 공개하고 있었다.

만약 기부할 단체 선정과 기부를 본사에서 주도한다면 매장은 수동적이 될 것이다. 그러나 이를 매장에서 주도한다면, 우선 지역 문제 발굴을 더욱 잘 할 수 있을 것이다. 미국의 경우 지역이 너무 넓어 어떤 환경단체가 훌륭한 일을 하는지 알기 어렵다. 그러나 포틀랜드 매장이라면 '컬럼비아강 지킴이'나 '야생연어센터'와 같은 단체가 벌목과 석탄 개발을 막고, 자연환경 보호를 위해 노력하는 것을 더 자세히 알 수 있다.

또한 매장이 단체 발굴과 기부를 주도한다면 지역 환경단체와 긴밀한 관계를 맺어 매장이 환경운동의 거점으로 발전할 수 있다. 예를 들어 지원한 단체에서 환경보호 활동을 할 때 매장에 관련 전단을 비치하고 싶다거나, 환경보호 캠페인에 참여해달라는 요청을 한다면 매장 직원들은 기꺼이 협조하고 참여할 것이기 때문이다.

파타고니아는 이러한 방식으로 2017년까지 북미 34개 매장에서 미국 및 캐나다 지역 354개 환경단체에 2백만 달러 이상의 환경 지원금과 9만 달러 상당의 제품 및 기타 물품·서비스, 그리고 7천 시간의 자원봉사활동을 제공했다.

두 번째 역할, 고객과 정보 나누고 같이 행동하기

두 번째로, 파타고니아는 고객과 같이 행동하고 정보를 교류하는 핵심공간 역할을 강조하고 있다. 매장 공간을 '심장(the heart of activism and information)'에 비유하기도 했다. 이 점이 파타고니아 매장이 타 기업의 매장과 가장 다른 점이다.

우선 파타고니아 매장 중에는 'Sale'이라는 요란한 안내판을 붙인 곳이 없다. 인위적인 소비를 조장하지 않는다. 대신 파타고니아가 추구하는 가치를 벽면 한쪽을 할애하여 상세히 전달하고 있다. 그 외에 해당 지역의 주요 환경 이슈를 알리는 전단을 매장 주요 곳곳에 비치하고, 때로는 항의나 지지 의사를 표명하는 서명을 받는다.

산타모니카 매장 한 곳에는 다른 매장과 마찬가지로 옷 수선센터가 자리잡고 있었다. 파타고니아 매장 중 약 3분의 2인 72개 매장은 수선센터를 마련해 놓았다. 만약 많이 판매하는 것만이 목적이라면 굳이 비싼 운영비가 드는 매장에 수선센터를 마련하지 않을 것이다. 그러나 옷을 오래 입음으로써 환경을 보호하자는 가치를 전파하고자 한다면, 당연히 판매하는 상품 전시 공간을 조금 줄이더라도 수선센터를 만들어 고객이 보다 많이 동참하도록 할 것이다.

그 외에도 책과 옷을 서로 나눌 수 있도록 한 책장과 옷 수거함, 쓰다 만 크레용을 기부할 수 있는 수집함 등이 눈에 띄었다. 꼭 필요한 소비만 하고, 한번 구입한 상품은 최대한 오래 사용하는 것이 중요하다는 것을 고객에게 알리고, 나아가 관련 활동에 고객을 참여시키고자 하는 노력이 곳곳에서 느껴졌다.

'지구를 위한 투표' 캠페인 사례

파타고니아 매장이 강조하는 두 번째 역할을 가장 잘 드러내는 것은 고객이 파타고니아가 추진하는 캠페인에 적극적으로 참여하도록 독려하는 활동이다. 대표적인 사례가 2016년에 대통령 및 상원·하원 선거를 앞두고 전개했던 '지구를 위한 투표(Vote our planet)' 캠페인이다. 파타고니아는 이전에도 '환경을 지키기 위한 투표'를 권장하는 캠페인을 전개했는데, 2016년에는 더욱 확대하여 추진한 것이다.

파타고니아의 미션은 지구를 되살리기 위해 사업을 한다는 것이다. 선거는 이 미션과 중요한 연결고리를 가질 수밖에 없다. 이본 취나드는 몇 가지 문제점을 느꼈다. 첫째, 2012년 선거의 투표율은 60%였지만 많은 사람들이 대통령 투표만 했을 뿐, 대통령 투표와 함께 진행하는 지역 대표 및 지역 이슈 찬반 투표 등 나머지 투표에 대해서는 공란으로 남겨 두었다. 정작 해당 지역의 이슈에 참여하고, 해당 지역의 환경 문제를 누가 고민하고 누가 끝까지 지켜낼 것인가에 대해서는 관심이 없다는 것이다. 둘째, 청소년 투표율이 25%에 불과한데, 화석연료와 독점기업을 막고 복지사회를 만드는 등 미래 사회를 위한다면 청소년이 투표에 더욱 참여해야 한다는 것이다. 셋째, 낙태, 세금 등 단일 이슈에 의해 후보를 판단하고 투표하는 경향이 있는데 이럴 경우 제대로 미국 사회를 이끌 후보를 뽑을 수 없다는 것이다.

그래서 파타고니아는 대기, 수자원, 토양을 보호하기 위한 투표에 적극 참여하도록 2016년 9월부터 투표 참여 캠페인을 전국적으로 펼쳤다. 사전에 투표자로 등록하도록 하고, 지역 및 국가 차원의 주요 이슈를 알리고, 환경 관점에서 올바른 후보자나 정책에 투표를 할 수 있도록 관련 사이트를 열고, 해당 캠페인에 1백만 달러를 기부했다.

캠페인 전개 방식이 신선하다. 캠페인에 전국 29개 매장이 참여하여 고객에게 해당 캠페인을 알리고 고객의 참여를 이끌어내도록 했다. 캠페인 기간 동안 대부분의 매장들은 두 번의 행사를 열었다. 9월에는 유권자 등록 캠페인 행사를 전개하고, 10월에는 유권자에게 도움을 주는 교육 자료를 제공하고, 관련 단체를 소개하는 행사를 개최했다. 이 행사들을 통해 유권자들은 파타고니아 매장에 모여 투표 참여 방안과 지역의 주요 환경 현안에 대해 강연을 듣고 토의했다.

특히 각 매장들은 주요 지역 환경 현안을 선정하여 해당 이슈를 알리며 이와 연계하여 투표 참여 캠페인을 전개했다. 예를 들면 태양 에너지 확대, 원자력 발전소 폐쇄, 화석 연료 반대, 비닐봉지 사용 금지 찬성, 콜로라도강 보호 등 각 지역에서 가장 핵심으로 떠오르고 있는 환경 이슈를 매장별로 선정하여, 지역 환경 캠페인을 동시에 벌인 것이다.

캠페인 과정에서 매장 밖에 현수막을 내걸고, 매장 내에 캠페인을 알리고 참여토록 하는 전단을 비치하고, 고객들이 투표 참여자로 사전 등록하는 것을 도왔다. 특히 행사 개최를 위해 매장들은 매장 한 층을 강연 장소로 만들었다.

참고로, 매장을 강연 장소로 활용하는 것은 파타고니아에게 특별한 일이 아니다. 환경 전문가 초청 강연회를 열거나 환경보호 캠페인을 전개할 때 파타고니아 매장들은 종종 상품을 한쪽으로 치우고 매장을 행사 장소로 활용한다. 우리나라 직영매장도 예외는 아니다. 파타고니아 코리아는 파타고니아 사례를 포함, CSR 관련 강연을 개최할 때 매장 한 층 전체를 비워 수차례 행사를 진행했다.

매장을 통해 고객과 함께 행동하고자 하는 파타고니아 정신은 베어스 이어스(Bears Ears) 국립자연보호구역 보존운동을 펼칠 때도 그대로 드러났다. 예를 들어 유타주 솔트레이크시티 매장은 여러 NGO와 연대하며 매장을 환경운동의 중심으로 만들었다. 매장에 관련 내용을 전시하고, 매장에서 고객들과 함께 국립자연보호구역 해제 반대 엽서 쓰기 운동을 펼쳤다. 또 매장에서 행진에 사용할 피켓을 만들기도 하고, 매장 직원들은 지역 주민들과 함께 집회에 참석하기도 했다. 아울러 매장의 옷을 한쪽으로 치우고 환경운동가를 불러 매장을 교육장으로 활용하기도 했다.

기업가치 전파의 거점

매장은 세 가지를 통해 고객과 소통한다. 상품, 공간, 그리고 직원이다. 상품, 공간에 담긴 가치는 직원을 통해 완성되고 전달되기 때문에, 매장을 통해 기업가치를 전파할 때 직원의 변화 및 참여는 매우 중요하다. 파타고니아의 '2017 환경 사회 보고서'는 이에 대해 이렇게 이야기하고 있다.

"파타고니아 매장에는 현명하고 열정적인 직원들이 근무하고 있다. 그들은 자신이 있는 지역에서 옳은 일을 해야만 한다고 생각한다. 파타고니아 매장의 사회참여 활동 프로그램은 매장 직원들이 자원봉사, 의견 표현 및 시위, 그리고 지역 환경단체 활동에 참여하도록 고무하고 있다. 모든 활동은 업무로 인정받는다. 이를 통해 우리는 세 가지를 희망한다. 직원들이 그들이 살고 있는 곳과 자신의 변화를 위해 적극적으로 참여하고, 지역사회를 변화시키고, 매장이 사회 참여의 구심점으로 더욱 확고히 자리잡기를 원하고 있다."

파타고니아는 이를 위해 그린피스가 하는 시민 불복종 교육, 자원봉사 참여, 환경단체 2개월 인턴십, 공청회 및 시민운동 참여 등의 프로그램을 제공하기도 한다. 이는 단지 매장 직원의 변화만이 아니라 지역사회와 매장의 변화를 위한 것이다.

산타모니카 매장에서도 직원이 다른 기업 매장 직원과는 다르다는 것을 느낄 수 있었다. 고객이 매장에 들어섰을 때 직원들은 보통 찾고 있는 상품이 무엇인지 질문한다. 그러나 파타고니아 산타모니카 매장 직원은 "커피 한 잔 하시겠어요?"라는 말을 가장 먼저 했다.

이들은 왜 친절할까? 서비스 정신이 더 투철해서일까? 그러나 단지 서비스 정신만으로 여겨지지는 않았다. 만약 저 고객이 나와 같은 생각을 갖고 있다거나 나와 같은 생각을 갖도록 하고 싶은 마음이라면, 그리고 단지 저 사람과 내가 상품을 팔고 사는 관계가 아니라 잠재적 동류의식을 가질 수 있는 관계라고 한다면 아마 누구라도 친절할 수밖에 없을 것이다. 더 많은 상품을 파는 것이 아니라 더 많은 사람들이 환경을 생각하고 이러한 제품을 소비하는 활동에 동참하기를 바라는 마음이라면, 그들이 물건만 사고 금방 매장을 떠나기보다는 커피를 마시며 오랫동안 매장에 머물기를 원할 것이다.

매장은 해당 기업이 추구하는 가치를 전파하는 핵심공간이 되어야 할 것이다. 파타고니아는 추구하는 가치가 지구를 지키는 것이기에, 매장을 환경운동의 거점으로 만들고자 했다. 이런 관점에서 매장을 개설하기에, LA에는 직영매장이 없어도 로키산맥국립공원 밑에 있는 인구가 10만 명도 안되는 볼더(Boulder)에는 매장을 열 수 있는 것이다. 또한 매장 공간을 상품 판매에만 활용하는 것이 아니라 지역참여 활동의 거점으로도 활용하고, 직원의 변화까지도 함께 추구하는 것이다.

우리에게 매장은 상품 판매 공간이라는 인식이 아주 뚜렷하게 박혀 있다. 왜냐하면 우리가 아는 기업의 목표는 수익 창출이기 때문이다. 파타고니아 사례는 기업 미션에 사회적 가치를 넣어 정의하고 이를 실천한다면, 매장의 모습과 활동 또한 바뀔 수 있고 또 바뀌어야 한다는 것을 보여주고 있다.

고객의 참여와 변화 이끌기

『마켓 4.0』을 따라갈 때 지구 문제는 심각해진다

필립 코틀러(Philip Kotler)의 『마켓 4.0(Marketing 4.0)』 같은 책을 읽다 보면 거대한 벽이 느껴지면서 숨이 막힐 때가 있다. 야구 경기가 끝나고 경기장을 밀물처럼 빠져나오는 군중(사회 트렌드) 한가운데 있는 사람(기업)이 가만히 있거나 거슬러 가려 하면 군중 사이에 치어 허덕일 것이다. 반면, 군중들과 호흡하며 지하철역으로 간다면 힘들지 않게 방향을 잡아나갈 것이다. 그러나 『마켓 4.0』 같은 책을 읽을 때 "만약 목적지가 지하철역이 아니라면 어떻게 해야 하나?" 하는 질문을 던지면 거대한 벽이 느껴지고 숨이 막히게 된다.

『마켓 4.0』의 몇몇 내용을 보자. 경기장을 빠져나가는 물결의 흐름이 어떻게 형성되고 있는지 지언스럽게 느껴진다. "수평적·포용적·사회적 힘이 수직적·배타적·개별적 힘을 누르는 세상에서 고객 커뮤니티는 이전 어느 때보다 강력한 힘을 갖게 됐다. 그들은 이제 더 크게 목소리를 내고 있으며, 대기업이나 대형 브랜드를 두려워하지 않는다.", "고객은 기업의 세분화, 타기팅, 포지셔닝 활동의 수동적 수용자가 아니다. 기업이 성공하기 위해서는 외부 당사자들과 협력함은 물론, 고객 참여까지도 적극적으로 유도해야 하는 현실에 직면했다."

『마켓 4.0』의 핵심적인 두 단어를 꼽으라면 '참여(engagement)'와 '옹호(advocate)'를 들 수 있다. "마켓 4.0의 핵심은 고객의 참여와 옹호를 끌어내는 데 전통적 마케팅과 디지털 마케팅의 변화된 역할을 인식하는 것이다"라고 말하고 있다. 디지털 경제를 맞아 '참여'를 통해 '옹호'를 만들어낸다는 것은 아주 자연스러운 흐름처럼 보인다. 고객의 말을 경청하고 고객을 동등한 존재로 간주해야 한다는 것에는 십분 공감하는데, 한편으로는 여러 질문이 동시에 든다. 고객은 항상 옳은가? 참여와 옹호를 만들어내면 우리 사회는 수평적·포용적·사회적으로 변화하는가?

필립 코틀러는 『마켓 4.0』의 첫 페이지에 "인류 복지와 지구를 위해, 마케팅의 경제적·사회적·환경적 기여도를 높여줄 다음 세대의 마케터와 행동경제학자들에게 이 책을 바칩니다"라고 썼는데, 책 내용과 그리 어울리지 않는 표현이다. 『마켓 4.0』은 경제적 기여도는 높여줄 수 있는 책일지언정, 사회적·환경적 기여도를 높여줄 수 있는 책은 아니기 때문이다. 분명한 것은 모든 마케터들이 『마켓 4.0』을 따라갈 때 우리 환경·사회 문제는 더욱 심각해질 수 있다는 것이다.

고객은 항상 옳은가?

고객은 항상 옳은가? 우리는 보통 옳다고 본다. 그것은 그동안 우리가 경제적 가치 시야에 갇혀 있었기 때문이다. 경제적 가치 측면에서 보자면 고객은 항상 진리다. 그러나 사회적 가치 측면에서 보면 그렇지 않을 수 있다. 로버트 라이시(Robert Reich)의 『슈퍼 자본주의(Supercapitalism)』는 그 점에서 많은 생각거리를 던져준다.

『슈퍼 자본주의』는 대략 1945년부터 1975년까지 미국의 자본주의와 민주주의는 균형이 잘 잡혀 있었다고 본다. 그 시기가 지나자 신자유주의를 표방하는 '슈퍼 자본주의' 시대가 열렸다.

"'황금기에 가까운 시대'에 민주주의적인 자본주의의 중심적인 기관들은 해체되기 시작했다. 이른바 업계의 정치인들도 공동체와 직원들의 이익을 조정하던 자신들의 능력을 잃게 되었다. 권력은 소비자와 투자자 쪽으로 이동했다."

신자유주의 시대의 핵심 키워드를 꼽자면 그것은 효율화, 혁신, 그리고 욕구의 다양화이다. 이를 통해 나타나는 현상은 기회의 확대, 경쟁의 강화와 이를 뒷받침하는 규제 완화다. 훌륭한 키워드로 보이는데, 문제는 신자유주의가 자본주의의 많은 문제점을 야기했다는 것이다.

『슈퍼 자본주의』는 자본주의 문제가 전 세계의 소비자와 투자자에 의해 야기되었다고 접근하는 시각을 가지고 있다. 소비자와 투자자는 최상의 거래를 얻으려고 애쓴다. 기업은 왼쪽에서는 투자자로부터, 오른쪽에서는 소비자로부터 압박받고 있는 셈이다. 그 결과 효율화와 혁신을 얻었지만, 다른 한편으로 많은 문제점도 얻은 것이다.

대부분의 마케팅 서적들은 고객에 대한 신화 위에 서 있다. 『마켓 4.0』도 결코 예외가 아니다. 이러한 서적들은 "경쟁이 너무 치열해서 대부분 기업들은 사회적 목표를 달성하려면 소비자나 투자자에게 비용을 부담시켜야 하는데, 그러면 이들은 즉시 다른 곳에 가서 더 좋은 거래를 찾으려 한다"(『슈퍼 자본주의』)와 같은 상황을 고민하지 않는다. 사회적 목표가 아니라 경제적 목표를 쫓기에 소비자의 변화방향으로 빠르게 따라가면 되기 때문이다. 이러한 방향을 빠르게 쫓기만 한다면 우리 사회는 효율의 이름 아래 공익적 가치, 미래 가치가 지속적으로 위축될 것이다. 이제 경영·경제 서적들도 사회적 가치를 함께 고려해서 써야 한다. 그럴 때 우리는 "고객은 옳다"라는 생각 너머의 이야기를 할 수 있다.

사회적 가치 측면에서 '고객'에 대한 접근

대부분의 마케팅 서적은 고객이 변하고 있으므로 기업 또한 변화해야 한다고 본다. 그러나 기업의 변화가 반대로 고객의 변화를 만들어낼 수 있다. 우리는 그동안 경제적 가치를 유일한 가치이자 전제로 놓고 고객을 대했는데, 사회적 가치 측면에서 보면 고객에게 달리 접근할 수 있다.

파타고니아의 '공동자원 활용 운동'이나 매장의 역할은 기존 경제적 가치 관점에서 설명할 수 없다. 고객의 변화를 읽어내 트렌드를 쫓으려는 것도 아니고, 매출의 감소를 기꺼이 감수하려는 것이기 때문이다. 두 사례는 고객의 참여에 대한 새로운 접근이 가능하고, 또 필요하다는 것을 제시해주고 있다. 『마켓 4.0』 또한 고객의 참여를 이야기하고 있는데, 이와는 전혀 다른 접근이다.

먼저 고객의 참여 유형을 분류할 필요가 있다. 크게 두 축으로 나누어 보았다. X축은 고객의 참여를 이끌어내는 방식이 지속적이냐, 일시적이냐 하는 측면을 나타낸다. X축을 구분 짓는 중요 요소는 핵심 비즈니스를 이용하는지의 여부다. 핵심 비즈니스를 이용할 경우 비즈니스의 철학, 경영방향과 일치시켜 고객의 참여를 폭넓고 지속적으로 만들어낼 수 있다. 반면 해당 기업이 가지고 있는 역량 일부를 '활용'한다는 측면에서 접근하면 지속적인 변화를 만들어내는 데는 한계가 있다. 왜냐하면 고객의 참여를 지속적으로 만들기 위해서는 기업 자체의 책임성, 진정성, 솔선수범이 중요한데 이를 위해서는 핵심 비즈니스와의 결합이 매우 중요하기 때문이다.

Y축은 고객의 참여도 측면이다. 『마켓 4.0』에서 가장 궁극적 형태로 이야기하는 '옹호'의 뜻은 무엇인가. 두둔하고 편들어 지키는 것이다. 즉, 누구의 편이 되는 것이다. 이는 타인(자신이 지지하는 기업)의 언어를 쓰는 것이지 자신의 언어를 만드는 것이 아니다. 지지하는 기업의 제품을 '구매'한다는 것은 훌륭한 참여 행위이다. 그렇지만 사회적 가치 창출의 주체는 기업이고 그 기업의 행동에 동참해 간접적으로 사회적 가치를 만드는 것일 뿐, 스스로 사회적 가치를 만드는 것은 아니다. Y축은 참여가 적극적이냐, 소극적이냐의 구분인데, 이는 구매 행위를 넘어 고객의 인식 변화나 삶의 변화로 확대되느냐 그렇지 않느냐의 구분이기도 하다.

이러한 관점에서 고객의 참여 유형을 나누면 <그림15>와 같이 사회변화 참여형, 공익 캠페인형, 공익 마케팅형, 의식적 옹호자형으로 나눌 수 있고, 이 중 파타고니아 사례는 사회변화 참여형으로 분류할 수 있다.

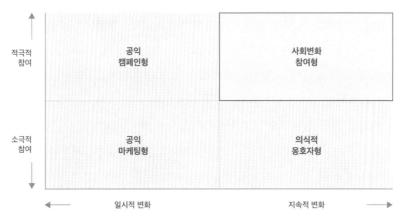

[그림15] 고객 참여 4가지 유형

'고객의 참여' 네 가지 유형

먼저, 고객의 소극적 참여 유형인 3사분면과 4사분면을 먼저 보자. 이 유형들은 모두 구매 중심의 소극적 참여 형태라는 점에서는 유사하다. 그러나 기업이 사회적 가치를 밸류체인 자체에 포함시키느냐, 아니면 마케팅 등 제품·서비스 외적인 측면에 포함시키느냐에 따라 구분된다.

'공익 마케팅형'(3사분면)은 일시적으로 고객 변화를 만들어내는 것으로, 대표적으로 아멕스카드의 '자유의 여신상 복원 캠페인'이 있다. 카드 고객이 카드를 쓸 때마다 1센트씩 해당 기금에 적립하는 한시적인 캠페인이었다. 할인 체인점 타깃이 고객이 구매한 금액의 1%를 고객이 지정한 학교의 교육기금으로 지원하는 프로그램('교육을 책임지겠습니다') 등 수많은 공익 마케팅형 프로그램이 이 영역에 속한다. 공익 마케팅은 사회적으로 의미 있는 일이지만 사회적 가치 창출의 주요 주체는 기업이고 고객은 이에 동참하는 수준이어서, 참여를 통해 고객의 삶의 가치가 변화할 것이라고 보기는 어렵다.

'의식적 옹호자형'(4사분면)은 기업의 제품·서비스에 깊게 공감하며 제품·서비스를 이용하는 것으로 자신의 정체성을 표현하고 나아가 해당 기업이나 제품·서비스의 옹호자가 되는 유형이다. 대표적으로 중고 트럭 방수포로 가방을 만드는 회사 프라이탁(Freitag)을 들 수 있다. 프라이탁은 재활용의 가치를 제품에 담고 있지만, 고객과는 주로 '개성'이라는 콘셉트로 소통하지 고객이 친환경적인 마인드를 가지기를 바라며 캠페인을 벌이지 않는다. 고객의 참여는 '구매'로 제한되는 경향이 높으며, 고객은 '재활용'을 소비하지 '친환경'까지 인식을 확대하지 않는다.

다음은 고객의 적극적 참여를 이끌어내는 유형인 1사분면과 2사분면이다. 적극적 참여는 다음의 뜻이 있다. 첫째, 고객의 행동을 구매로 제한하지 않고 확장하며, 둘째, 고객의 삶에서 작은 변화나 실천을 만들기를 원하며, 셋째, 해당 기업이 추구하는 가치가 명확하며 그 가치가 추구하는 방향으로 함께 동참해나가기를 원한다는 의미가 담겨 있다.

'공익 캠페인형'(2사분면)은 해당 기업이 비즈니스를 떠나 실현하고자 하는 사회적 가치가 명확하며, 이를 공익 캠페인 형태로 전개하면서 고객의 참여를 이끌어내는 것이다. 화장품회사 에스티로더의 '핑크리본 유방암 캠페인'이 대표적인 사례다. 1992년 에스티로더의 에블린 H. 로더(Evelyn H. Lauder)는 핑크리본을 공동 제작하면서 유방암 연구와 교육, 의료 서비스를 위한 기금을 마련했으며, 이 캠페인을 세계적으로 확산하는 데 크게 이바지했다. 그러나 공익 마케팅형과 유사하게 비즈니스와 연계되어 있지 않으니 지속적으로 고객을 참여시키기 어렵고, 따라서 다른 주체와 파트너십을 맺거나 플랫폼 중간지원 조직을 함께 구성하지 않는 한 장기적으로 끌고 가기 어려운 점이 있다.

마지막으로 '사회변화 참여형'(1사분면)은 기업이 추구하는 가치에 고객을 적극적으로 동참시키고 고객과 함께 사회변화를 만들어가는 유형으로, 파타고니아, 더바디샵, 세븐스제너레이션 등 환경·사회적 책임을 앞장서서 실천해나가는 기업들이 이 유형에 속한다.

사회변화 참여형 사례로 더바디샵의 '동물실험 반대 캠페인'을 들 수 있다. 더바디샵은 '성공적인 행동주의의 역사를 가진 기업'으로 스스로를 표명한다. 전 세계의 의사결정권자들이 장기적으로 긍정적인 변화를 만들어낼 수 있는 조치를 실행하도록 설득하는데, 수백만 고객의 우려를 담아내고 전달하는 방법을 통해 고객과 함께 변화를 만들고 있다. 이 차원에서 1989년부터 화장품 업계 최초로, 잔인한 방법으로 이루어지는 동물실험 문제를 자각하고 맞서 싸우기 시작했다. 지속적으로 캠페인을 벌인 결과 영국 정부(1998년)와 EU(2003년, 2009년)가 화장품 제품 및 재료에 대한 동물실험을 금지했다. 그리고 2013년에는 동물실험 제품 및 재료에 대한 판매 및 수입이 EU 금지조항에 포함되었다. 이러한 성과가 나타날 수 있었던 데에는 더바디샵이 2018년까지 CFI(Cruelty Fee International)라는 단체와 함께 더바디샵 고객을 포함해 8백만 명의 서명을 받는 활동을 전개한 노력이 매우 큰 역할을 했다.

'사회변화 참여형' 대표적 기업 파타고니아

파타고니아는 '사회변화 참여형'의 대표적인 기업이다. 파타고니아의 '공동자원 활용 운동'이나 '지구를 위한 투표' 캠페인은 파타고니아가 고객의 참여를 어떤 관점에서 접근하고 있는지 여실히 보여준다. 파타고니아는 그 외에도 베어스 이어스 보호(Defend Bears Ears) 캠페인, GMO 반대 캠페인, 댐 건설 반대 및 철거 캠페인 등 다양한 주제로 고객 참여 캠페인을 전개하고 있다.

'사회변화 참여형'에 속하는 기업들의 특징은 몇 가지 있다. 첫째, 추구하는 사회적 가치를 기업 미션에 담고 자신의 비즈니스에서 이를 먼저 실천하고 있다. 둘째, 자신의 회사 혼자 실천하지 않고 끊임없이 고객을 참여시켜 임팩트를 최대화하려 한다. 셋째, 기업 미션과 연관된 특정 분야에 집중하되, 하나의 대표적인 고객 참여 캠페인만을 전개하는 것이 아니라 관련 분야의 사회 이슈를 쫓아가며 다양한 캠페인을 지속적으로 벌인다. 파타고니아는 이러한 특징을 그대로 보여주고 있다.

따라서 고객을 단순히 구매자의 위치에 남도록 하는 것이 아니라, 파타고니아가 추구하는 사회적 가치 실현의 동반자로 이끌고, 고객의 인식 및 실천의 범위를 확대하도록 끊임없이 문제 제기를 하고 있다.

'사회변화 참여형'을 추진하는 기업의 시작은 자각이다. 비즈니스를 하면서 비즈니스 환경을 둘러싼 사회문제의 심각성을 자각한 후, 자신의 비즈니스를 먼저 돌아보고 반성한다. 그리고 자신의 부족함과 한계를 고객에게 투명하게 공개하고 이를 개선하고 해결하기 위해 먼저 노력한다. 그러나 곧 자신의 노력만으로는 해결하는 데 한계가 있음을 깨닫고 자신의 비즈니스를 플랫폼 삼아 고객의 참여를 이끌어낸다.

왜 고객의 참여를 이끌어내려 하는가

고객을 이해하고 그 흐름을 따라가기만 하면 매출과 이익을 높일 수 있는데, 왜 이를 거스르면서 고객의 참여를 이끌고자 하는가. 그 이유로는 두 가지가 있다. 첫째는 고객과 함께 해야 광범위하면서도 크게 임팩트를 만들 수 있기 때문이다. 둘째는 고객의 인식이나 행동의 변화 없이는 해당 기업의 활동조차도 고립되고 한 걸음도 진전시킬 수 없기 때문이다.

존 매키(John Mackey)의 『돈 착하게 벌 수는 없는가(Conscious Capitalism)』도 기업과 고객의 관계와 관련하여 의미 있는 문제 제기를 하고 있다. "기업을 신뢰하는 고객은 기업이 미치는 영향을 암묵적으로 승인하고 받아들인다. 신뢰를 얻지 못한 기업은 구매를 독려하거나 고객을 유인할 수 있지만 고객을 리드하며, 일깨우고, 고객에게 영향을 미치지는 못한다." 이어 고객을 일깨우는 것을 이렇게 설명한다. "고객을 일깨우는 것은 설교와 다르다. (중략) 기업은 고객이 모르는 잠재 가치를 알려주어야 할 책임이 있다."

고객에 대한 책임을 이야기할 때, 고객을 넘어 환경·사회적 책임까지 고려하는 것이다. 만약 일반적인 고객이 환경·사회적 책임을 함께 고려하고 있으면 두 가지는 충돌하지 않을 것이다. 그 예로 고객이 사회적 가치에 대한 관심이 높아지고 있다는 사례를 들곤 한다. 사회적 가치에 대한 고객의 관심이 최근 높아지고 있느냐는 질문을 하면 "맞다"고 답할 수 있다.

그러나 놓치는 것이 있다. 품질에 대한 요구, 낮은 가격에 대한 요구, 효율성에 대한 요구, 혁신에 대한 요구는 훨씬 크고 빠른 속도로 증가하고 있다는 것이다. 또한 두 가치, 즉 고객 편익 가치와 사회적 가치가 충돌될 경우 고객들은 무엇을 선택할 것인지도 유심히 봐야 한다. 그렇지 않고 사회적 가치에 대한 고객의 관심이 높아지고 있다라는 증거만 줍는 것은 보고 싶은 것만 보는 행위에 지나지 않는다. 주류 경영학에서 고객의 참여는 고객이 경험토록 하라는 것의 연장선이지만, 사회혁신 분야에서 고객의 참여는 고객보다 한 발 나아가 일깨우고 이끌고 영향을 미쳐 함께 동참하도록 하라는 의미도 동시에 포함한다.

우리는 소비자(consumer)인가, 주인(owner)인가

마지막으로 소비자(consumer)라는 단어에 대해서 한번 생각해보자. 이본 취나드는 『파도가 칠 때는 서핑을』에서 이렇게 말했다. "선승(禪僧)이라면 이렇게 말할 것 같다. 여러분이 정부를 바꾸고 싶다면 기업부터 바꾸어야 할 것이고, 기업을 바꾸려면 소비자부터 바꾸어야 할 것이라고." 그러면서 이어서 이렇게 말한다. "소비자라는 말의 원래 정의는 '파괴하거나 써버리는 사람, 게걸스레 써 재끼는 사람'이다. (중략) 우리를 더 이상 시민(citizens)이라 하지 않고 소비자(consumers)라고 부르는 건 그 점에서 일리가 있다."

형식이 내용을 규정할 수 있듯, 우리가 소비자라 부르는 순간 소비자는 '소비하는 사람'으로서 행동할 것이다. 『파도가 칠 때는 서핑을』(2016년 개정판, 국내 미출간)에는 소비자(consumer)에 대별되는 개념으로 주인(owner)이라는 말도 쓰고 있다. 소비자는 구입하고 처분하는 것을 반복하면서 생태 파산으로 이끌지만, 주인은 지구 생태계의 공동자원에 대한 소유자로서 구매에 대한 책임을 스스로에게 부여한다는 것이다.

우리는 자문해봐야 한다. 현재의 고객은 소비자(consumer)인지, 아니면 시민(citizen) 또는 우리 행성의 주인(owner)인지를 물어보자. 그러면 『마켓 4.0』을 따르는 데 그칠 것인지, 아니면 고객 참여형과 같이 사회변화를 이끌기 위한 노력을 많이 만드는 것이 필요한지를 알 수 있을 것이다.

·

7장

패스트패션 vs 파타고니아

패스트패션, 더 빠르고 더 싸게

세계 정복 패스트패션

서울은 물론이고 지방의 웬만한 도시의 번화가를 가보면 어김없이 H&M, 자라, 유니클로를 비롯한 글로벌 패스트패션 매장들이 가장 좋은 자리를 차지하고 있다. 이런 풍경은 비단 우리나라뿐만 아니라 세계 어느 도시를 가도 마찬가지다. 1980년대 후반 패스트패션 브랜드의 등장 이후 2000년을 기점으로 세계 패션 산업의 흐름은 '더 빠르고 더 싸게'로 바뀌고 있다.

전 세계 의류시장은 꾸준히 성장하고 있다. 미국의 비즈니스 정보 회사 마켓라인의 자료에 따르면 2000년부터 2010년까지 패션산업은 매년 5% 이상 성장했으며, 2011년 이후에도 그 성장세는 멈추지 않고 있다. 2018년 전 세계 의류산업 규모는 약 1조 4,700억 달러, 원화로 환산하면 대략 1,740조 원에 달한다. 마켓라인은 멈추지 않는 의류산업 성장세에 대해 세계 인구 증가와 전반적인 소득 증가가 의류 소비 전체를 촉진하고 있다고 했으며,

GDP 1만 달러 이상의 국가에서는 글로벌 패스트패션 브랜드의 빠른 성장이 중요한 역할을 했다고 분석했다. 글로벌 시장에서 패스트패션 브랜드가 차지하는 비율은 2000년 약 2.5%에서 2017년 기준 약 37%로 15배 가까이 성장했으며 이들의 매출은 2017년 기준 약 515억 달러에 달한다. 우리나라도 2007년 3천억 원이었던 패스트패션 시장규모는 2017년 3조 2천억 원으로 10년 동안 10배 이상 성장했다.

빠르게 전 세계 의류시장을 점령하고 있는 패스트패션의 가장 큰 특징은 비싸지 않은 가격을 유지하면서도 젊은 층이 좋아할 만한 다양한 디자인과 개성을 지닌 의류를 굉장히 빠른 속도로 시장에 출시한다는 점이다. 2017년 미국의류신발협회[14]의 보고서에 따르면 전 세계 패스트패션 시장 점유율 1~3위인 H&M, 자라, 유니클로의 경우 브랜드당 매주 평균 40~60벌, 연간 3천 종 이상의 신제품을 출시한다. 이는 1990년대까지 패션산업이 계절에 따라 연간 4시즌으로 신상품을 출시하던 것에 비해 10배 이상 빨라진 것으로 이제 패션업계에는 1년에 50번의 시즌이 존재하게 된 것이다.

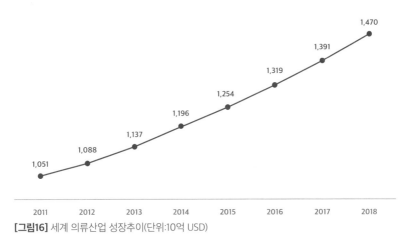

[그림16] 세계 의류산업 성장추이(단위:10억 USD)

14. www.aafaglobal.org

패스트패션 성장원인

미국경제교육재단[15]은 2017년 미국 내 패스트패션 트렌드에 대한 연구 결과를 발표하면서 밀레니얼 세대의 소비문화로 패스트패션이 급속히 성장하고 있는 원인을 다음과 같이 분석했다.

첫째, 젊은 층의 소비가 소유를 위한 소비가 아닌 말그대로 '소비(消費)'가 되었다는 점이다. 20세기와 21세기에 걸쳐 태어난 밀레니얼 세대는 조부모나 부모 세대가 '소유'를 위한 소비를 했던 것에 비해 한번 사용하고 버리는 일회용 방식의 소비를 더 선호한다고 한다.

둘째, 밀레니얼 세대가 일회용 소비를 선호하는 이유에 대해 페이스북, 인스타그램 등 SNS의 발달을 지목했다. 미국에서 인스타그램을 이용하는 25세 미만 여성 2만 명을 대상으로 조사한 결과 이들 중 60% 이상이 구입 예정이거나 새로 구입한 옷의 사진을 공유하고 있으며 한 번 공유한 옷을 다시 공유하는 사례는 5% 미만이라고 한다. 즉, 의류 소비의 주요 동기 중 하나가 SNS 공유라고 해도 무방하다.

셋째, 인터넷과 스마트폰 쇼핑의 발달이다. 가까운 곳에 패스트패션 매장이 없어도 얼마든지 수만 벌의 옷을 손안의 스마트폰으로 고르고 손쉽게 구매할 수 있다. 세계 최대 의류 소비 국가인 미국과 중국의 경우 인터넷과 스마트폰을 이용한 의류 구매가 지난 10년간 매년 평균 15% 이상 성장했다. 인터넷에 올라온 의류 상품은 이제 그 종류와 수를 헤아릴 수 없을 정도로 많아졌다.

넷째, 밀레니얼 세대의 의류 소비는 패스트패션의 성장과 맞물려 시너지 효과를 내고 있다. 수백 개의 패스트패션 브랜드에서 일주일에 수만 벌의 신상품이 쏟아져 나와 밀레니얼 세대의 소비욕을 자극하고 있다. 젊은 소비자들은 한 벌에 평균 30달러 이하의 가격으로 소비욕을 충족하고 이는 곧바로 패스트패션의 매출 증가로 이어진다. 매출의 증가는 패스트패션 브랜드들이 더 빠르게 더 싼 의류를 생산할 수 있는 에너지를 계속 공급한다.

미국경제교육재단은 이와 같은 연구결과를 제시하며 패스트패션 시장의 성장은 패션산업뿐만 아니라 다른 산업에도 영향을 미쳐 앞으로 젊은 층의 소비는 점점 빨라지고 값싸질 것이라고 예측했다.

우리나라 사정도 글로벌 흐름과 크게 다르지 않다. 서울대학교 생활과학연구소[16]가 발표한 자료에 따르면 2000년대 이후 의류 소비가 급격히 증가한 원인으로 전반적인 소득 수준의 향상, 전 연령층의 패션에 대한 관심 증가, 패션을 비롯한 개인의 사생활을 드러내고 공유하는 SNS의 발달, 각자의 개성을 존중하고 중요하게 여기는 문화 확산, 저성장 기조의 지속으로 저가 물품 시장의 성장(안정적인 소득을 얻지 못하는 청년층이 주택, 자동차, 가전제품 등 고가 제품을 소비하지 못하는 대신, 상대적으로 값싼 의류나 액세서리의 소비를 늘리는 현상) 등과 함께 무엇보다 패스트패션의 성장을 지목하였다.

패스트패션의 그림자

패스트패션 산업의 성장은 싼 값으로 멋진 옷을 살 수 있다는 소비욕구를 충족시키는 데에는 기여한 바 있지만, 한순간의 소비욕구를 채우기 위해 우리가 치러야 할 대가는 너무 크다.

2015년 미국의 다큐멘터리 감독 앤드류 모건(Andrew Morgan)은 '트루 코스트(True Cost)'라는 다큐멘터리 영화를 발표했다. 이 영화는 2013년 방글라데시 라나플라자 참사장면을 시작으로 점점 더 빠르게, 점점 더 싸게 생산하는 옷 때문에 일어나고 있는 지구촌 곳곳의 환경, 사회 문제를 생생하게 화면에 담고 있다. 이 영화는 낮은 납품가와 빠른 생산을 요구하는 글로벌 패스트패션 브랜드 때문에 제3세계 국가의 열악한 노동환경, 낮은 임금, 아동노동, 노동권 무시, 환경 오염 등의 문제가 해결되지 않고 있다고 비판했다.

15. https://fee.org
16. http://rihe.snu.ac.kr

한편 영국의 BBC는 2018년 11월에 '패스트패션의 가격(The Price of Fast Fashion)'이라는 시사 프로그램을 방영했다. 이 프로그램에서 "패스트패션은 환경문제를 전혀 고려하지 않기 때문에 옷값이 쌀 수밖에 없다"고 지적하며, "옷을 생산하는 과정에서 보다 친환경적으로 만든다면 결코 이 가격으로 생산할 수 없을 것"이라고 비판했다. 특히 몇 번 입지 않고 손쉽게 버려지는 패스트패션의 폐기물 처리 비용을 생각하면 패스트패션은 결코 싸지 않다고 강조했다.

패스트패션이 급속히 성장하면서 야기한 새로운 환경문제는 과잉 생산, 과잉 소비로 인한 엄청난 의류 폐기물이다. 월드뱅크의 자료에 따르면 2014년 한 해 동안 공식통계에 잡힌 의류 생산량은 무려 1,000억 벌이었다. 통계에 잡히지 않은 옷을 더하면 훨씬 더 많다. 2014년 세계 인구가 약 73억 명이었던 것을 감안하면 1인당 10벌이 넘는 옷이 생산된 것이다. 그리고 이중 10% 정도가 버려졌다. 2010년 이후 통계에 잡히는 폐기물 중 가장 급속히 증가하고 있는 폐기물은 의류 폐기물이다. 2015년 유엔환경계획자료에 따르면 전체 산업 중 의류산업 폐기물이 배출량 2위를 차지했다.

미국 환경보호국에 따르면 미국에서 1년 동안 버려지는 의류 폐기물의 양은 2013년 기준 1,510만 톤이며 해마다 10% 이상 증가하고 있다. 우리나라 환경부 통계를 보면 의류 폐기물 배출은 2008년에는 하루에 161톤이던 것이 2015년에는 308톤, 2017년에는 386톤으로 해마다 10% 이상 증가하고 있다. 연 단위로 환산하면 2017년 한 해 동안 우리나라에서 버려진 의류 폐기물은 14만 1,000톤에 이른다. 이는 일반적인 2.5톤 쓰레기 트럭으로 56,400대 분량이다. 2016년 EU환경청[17]은 섬유와 의류 산업에서 발생하는 폐수, 화학 폐기물, 폐의류 등 환경 오염 물질이 전 세계적으로 매년 10억 톤 이상일 것이라고 추정했다.

이렇게 많이 쏟아지는 의류 폐기물은 어떻게 처리될까? 앞서 소개한 BBC의 프로그램에서는 미국과 영국의 의류 폐기물 중 재활용되는 비율은

4%가 되지 않으며, 대부분 소각하거나 매립한다고 했다. 우리나라도 마찬가지여서 환경운동연합의 자료를 보면 재활용, 재생산되는 의류 폐기물은 5% 미만이다. 우리나라에서도 의류 폐기물은 대부분 소각한다. 특히 명품 브랜드는 브랜드 이미지와 가격 유지를 위해 판매되지 않은 제품을 전량 소각한다. 그린피스를 비롯한 환경단체들은 이렇게 태워지는 의류 폐기물 때문에 2030년이 되면 패션 업계의 탄소 배출량이 전체 산업에서 배출하는 탄소 배출량의 15% 이상을 차지할 것이라고 예측한다.

　패스트패션의 과잉 생산은 저개발국가의 의류산업도 망가뜨리고 있다. 중남미 국가 아이티는 미국에서 기부한 옷과 의류 폐기물로 수입된 옷 때문에 옷값이 너무 싸져 기존 의류 생산 업체들이 대부분 문을 닫았다. 이 문제는 아이티뿐만 아니라 아프리카의 여러 나라에서도 일어나고 있다.

지불하지 않는 가격

　패스트패션으로 인한 문제와 피해는 세계 곳곳에서 나타나고 있다. 선진국에서는 낭비적인 소비 문화와 의류 폐기물로 인한 환경 오염 문제를 걱정하는 목소리가 커지고 있다. 패스트패션 브랜드의 옷을 생산하는 제3세계 국가에서는 더 나은 노동환경과 임금, 인권을 보장하라는 노동자의 목소리가 점점 커지고 있다. 옷을 생산하지도 못하는 최빈국 국가에서는 폐기물로 수입되는 패스트패션 옷을 입는 바람에 자체 의류산업이 망해가고 있다.

　그럼에도 불구하고 패스트패션의 세력은 점점 강해지고 있다. 그 이유는 바로 소비자 때문이다. 눈앞에 보이지 않는 의류 폐기물과 언론에 잠시 등장했다 사라지는 제3세계 노동자들의 열악한 상황은 패스트패션 매장에 걸려있는 커다란 세일 광고판을 이기지 못하고 있다. 소비자는 점점 더 빠르고

17. https://www.eea.europa.eu

점점 더 싼 옷을 찾고 있다.

패스트패션의 빠른 생산과 싼 가격의 비밀은 단순하다. 패스트패션 회사와 소비자가 '지불하지 않는 가격'에 있다. 만일 패스트패션 때문에 발생한 환경오염 문제를 해결하게 하고, 제3세계 노동자에게 안전하고 쾌적한 노동환경과 적정한 임금을 지불한다면 패스트패션은 결코 지금의 가격을 유지할 수 없다. 더 빠르게 더 싸게 만드는 옷들의 편익은 소비자와 패스트패션 회사들이 가져가지만, 그로 인한 비용과 부담은 제3세계 생산업체와 노동자, 지구환경이 지고 있다.

책임의 확대와 옷 오래 입기

폐기까지의 책임 확대

패스트패션이 일으킨 문제를 해결하는 방법은 단순하다. 패스트패션 브랜드와 소비자들이 지불하지 않고 있는 가격을 제대로 지불하도록 하거나, 문제 해결에 대한 책임을 지게 하는 것이다. 하지만 급증하는 의류 폐기물에 대한 모든 책임을 패스트패션 브랜드에게만 지울 수는 없다. 의류 폐기물은 모든 의류기업들이 함께 해결해야 할 공동의 긴급한 과제이다.

환경에 불필요한 악영향을 끼치지 않겠다고 기업의 미션에 깊이 새겨 넣은 파타고니아도 제품을 생산하고 유통, 판매하는 단계까지는 자신들의 관리와 통제 안에서 환경 오염을 줄이는 노력을 할 수 있지만, 제품을 판매한 후 고객의 손에 들어가면 이후부터는 어찌 할 수 없는 것이 현실이다. 현재까지 기업의 사회적 책임은 일반적으로 핵심 밸류체인 안에 머물러 있다. 판매된 의류의 사용과 폐기 책임은 소비자의 손에 달려있다.

하지만 앞으로 기업의 책임은 <그림17>과 같이 핵심 밸류체인을 넘어 원자재까지의 책임 확대와 폐기까지의 책임 확대가 필요하다. 원자재까지의 책임 확대 부분은 앞서 4장과 5장에서 설명한 대로 재료, 원자재, 공급자(생산 협력업체)에 대한 책임을 의미한다. 폐기까지의 책임 확대는 제품 사용과 제품 폐기까지의 책임을 말한다.

[그림17] 책임 확대의 두 가지 방향

　제품 폐기에 대한 기업의 책임은 어느 정도 제도화되어있다. 영국, 프랑스, 독일, 스웨덴, 스위스 등 유럽 주요 국가와 일본, 싱가폴 등에서는 1990년대부터 주요 산업 폐기물에 대한 '생산자 책임 재활용 제도(EPR : Extended Producer Responsibility)'를 시행하고 있다. 우리나라에서는 2003년 1월부터 '자원의 절약과 재활용 촉진에 관한 법률 시행령'이 발효되어 주요 가전제품, 타이어, 자동차 윤활유, 형광등, 건전지, 종이팩, 금속 캔, PET병, 유리병, 이동전화 단말기, 플라스틱 포장재, 스티로폼 등 일상 생활에서 재활용 폐기물로 분류되고 있는 물품에 대해 생산자 책임 재활용제도를 시행하고 있다. 아직 의류는 포함되지 않았다.

　국내 환경단체들은 현행 생산자 책임 재활용 제도의 대대적인 개선이 시급하다는 입장이다. 그 이유는 현재 제도는 제품을 생산한 기업이 재활용이나 폐기물 처리를 위탁 업체에 전부 맡기고 비용만 지불하면 된다. 그렇다 보니 제품을 생산하는 기업은 재활용이나 폐기 비용을 제품에 포함하여 재활용과 폐기 책임을 지는 것이 아니라 소비자와 위탁업체에 떠넘기고 있다. 그나마 양심적인 재활용과 폐기물 처리업체가 제대로 처리하면 다행이지만, 최근 언론에 수차례 보도된 바와 같이 재활용과 폐기물 처리업체들이 위탁 수수료만 받고 제대로 재활용을 하지 않거나 무단 폐기, 무단 방치하는 사례가 늘고 있다. 심지어 쓰레기를 외국으로 몰래 수출했다가 적발되어 다시 가져오는 어처구니없는 사건이 발생하기도 했다.

환경단체들은 재활용이나 폐기물 처리를 생산자가 최종 단계까지 직접 책임지는 방식으로 법과 규정을 강화하는 것과 더불어 생산자 책임 대상 물품을 대폭 확대해야 한다고 주장하고 있다. 특히 의류는 현재 전 세계적으로 폐기물의 양이 급속히 증가하고 있는 추세여서 의류에 대한 생산자 재활용 또는 폐기 책임 제도의 적용이 시급하다는 것이다. 의류 폐기물에 대한 생산자 책임 제도의 실행은 의류 폐기물로 인한 환경 오염을 줄이는 데 큰 기여를 할 것으로 예상된다. 이미 영국과 EU의 일부 국가들은 부분적이긴 하지만 의류 폐기물 생산자 책임제도를 시행하고 있다.

그렇다면 글로벌 패스트패션 브랜드들과 의류회사들이 제3세계 생산 협력업체들의 노동여건을 개선하고, 생산과정과 폐기까지 환경 오염을 일으키지 않는 방법으로 의류를 생산하고 유통하여 판매한다고 가정했을 때 그 비용을 옷값에 제대로 반영한다면 과연 옷 한 벌의 가격은 얼마나 될까?

옷에 환경·사회 비용을 포함하여 값을 매긴 사례는 찾아볼 수 없었지만, 『책임혁명』에서 제프리 홀랜더(Jeffrey Hollender)는 맥도널드 빅맥을 언급하면서 평균 5달러 안팎인 빅맥에 환경·사회 비용을 제대로 포함한다면 빅맥의 가격은 개당 200달러가 넘을 것이라고 했다. 그렇다면 현재 20~30달러에 팔리고 있는 패스트패션 브랜드의 T셔츠 한 장은 200달러를 훨씬 넘는 가격이 될 것이다.

국가가 법률로 제품의 환경·사회 비용을 제품값에 완전히 포함하는 제도를 시행하면 어떤 일이 일어날까? 똑같이 적용할 수 있는 사례는 아니지만 싱가포르는 국토가 매우 작기 때문에 자동차로 인해 발생하는 환경·사회 비용이 막대하다. 때문에 자동차에 자동차 값을 훨씬 넘는 세금을 부과한다. 예를 들어 우리나라에서 3천만 원 정도하는 중형차를 그대로 싱가포르에 수출할 경우 소비자는 1억 3천만 원 정도를 부담해야 한다. 그래서 대부분의 싱가포르 국민들은 승용차를 구입하지 않는다.

자동차와 같이 고가 제품이나 생필품이 아닌 경우 법으로 환경·사회 비용을 제품에 그대로 부과할 수 있겠지만 옷이나 식품 같이 생필품은 사실상 그러기 쉽지 않다. 만일 부과한다고 해도 소액에 그칠 수밖에 없다. 생필품인 의류에 고액의 환경·사회세를 부과하는 것도 어렵고, 패스트패션 회사들이 자발적으로 자신들의 제품에 환경·사회 비용을 포함하여 가장 강력한 경쟁력인 싼 가격을 포기하게 하는 것도 어렵다면, 과연 급증하는 의류 폐기물 문제를 어떻게 해결할 수 있을까?

오래 입은 옷(Worn Wear) 캠페인

의류산업으로 인해 발생하는 환경 오염과 급증하고 있는 의류 폐기물 문제를 해결하기 위해 파타고니아가 제시한 해결 방법은 '5R 공동자원 활용 운동'이다. 앞서 6장에서 소개한 바와 같이 파타고니아는 2005년 공동자원 재생 프로그램을 시작하면서 고객이 제품을 구매해서 사용하고 버리는 단선형 소비모델 '요람에서 무덤으로'가 아니라 구매해서 사용하고 회수해서 다시 제품으로 만드는 순환형 소비모델 '요람에서 요람으로'를 실현하고자 했다. 공동자원 재생 프로그램의 연장선상에서 2011년 블랙프라이데이에 '이 재킷을 사지 마세요'라는 광고를 하게 되었고, 5R(Reduce, Repair, Reuse, Recycle, Reimagine) 개념을 담아 고객과 함께 '5R 공동자원 활용 운동'을 시작한 것이다.

생산과 소비를 줄이고(Reduce), 망가지면 고쳐서 사용하고(Repair), 다시 사용하고(Reuse), 폐기물을 원재료로 환원시키고(Recycle), 고객과 함께 인식의 전환을 통해(Reimagine) 순환 또는 대체 가능한 재료만을 자연으로부터 취한다는 5R 공동자원 활용 운동은 파타고니아 가치사슬 전체에 걸쳐 활발히 진행 중이다. 이 중 최근 파타고니아가 고객과 소통하며 공을 많이 들이고 있는 것이 바로 '오래 입은 옷(Worn Wear)' 캠페인이다.

파타고니아의 오래 입은 옷 캠페인은 패스트패션과는 정반대로 '오래 입은 옷일수록 가치가 빛난다'는 것을 전제로 한다. 오래 입은 옷 캠페인은 크게 보면 5R 운동 모두에 해당하지만 특히 고치기, 재사용, 다시 생각하기에 초점이 맞춰져 있다. 먼저 '수선하기'는 고객들이 옷을 오랫동안 입을 수 있도록 고객들의 옷을 잘 수선해주는 것과 고객 스스로 잘 관리하고 쉽게 고칠 수 있도록 돕는 것이다. 심지어 수선 전문가들이 트럭을 타고 고객을 직접 찾아가 옷을 고쳐주기도 한다. 다음으로 '재사용'은 고객이 자신에게 필요 없는 옷들을 공유하고 거래하여 다시 입을 수 있도록 돕는 일이다. 마지막으로 '다시 생각하기'는 온·오프라인 캠페인을 통해 소비자들이 오래된 옷, 수선한 옷을 입는 것이 가치 있는 일이며 자랑스러운 일이라는 것을 공감하고 공유하도록 하는 일이다.

1. 잘 관리하고 스스로 고쳐 입기

파타고니아 매장에 가면 한 구석에 재봉틀을 비롯한 수선기구가 있는 것을 볼 수 있다. 간단한 수선은 매장에서 바로 무료로 해준다. 복잡한 것은 수선센터로 보내 수선해준다. 의류회사가 AS 차원에서 고객의 옷을 수선해주는 일은 당연한 일이다. 그런데 파타고니아의 특별한 점은 고객에게 스스로 옷을 잘 관리하고 잘 수선해 입을 수 있도록 상세한 정보를 제공하고 돕는다는 점이다.

파타고니아 홈페이지엔 '만일 고장나면 고치면 돼!(If it's broke, fix it!)' 페이지가 있다. 이 페이지에는 제품을 오래도록 입을 수 있는 관리 방법과 스스로 옷을 고칠 수 있는 방법을 소개한다. 제품별 관리 안내서도 내려받을 수 있다. 자동차나 가전제품 회사 홈페이지에서나 볼 수 있는 것을 아웃도어 의류 회사에서도 볼 수 있다.

예를 들면 방수 재킷에 대한 관리 방법은 뜨겁지 않은 물에 중성세제로 손세탁한 다음 가능한 한 건조기를 사용하지 않고 그늘에서 자연건조를 해야 하며 주기적으로 내구성 발수제를 발라주어야 한다고 되어있다. 관리 방법에 해당하는 제품 목록과 내구성 발수제에 대한 설명, 발수제 구입 방법, 제품에 바르는 주기와 방법도 자세히 나와있다. 또한 아웃도어 활동을 할 때 야외에서 옷이 망가지거나 고장나는 경우 빠르게 임시 수선이나 대응할 수 있는 방법도 설명하고 있다. 긴급한 수선을 위해 '파타고니아 원정대 바느질 키트'를 판매하기도 한다.

2. 찾아가는 수선 트럭

가전제품 회사들이 서비스센터가 없는 오지를 찾아 이동 수리 서비스를 제공하는 일은 종종 있지만 의류회사가 수선 트럭을 몰고 고객들을 찾아가 옷을 고쳐주는 일을 본 적은 없다. 그런데 파타고니아는 2014년부터 그 일을 하고 있다. 파타고니아가 자랑하는 트럭이 하나 있는데 바로 '오래 입은 옷(Worn Wear) 트레일러'이다. 이 트레일러는 파타고니아 매장이 있는 나라는 물론이고 오래 입은 옷 캠페인 확산을 위해 전 세계를 여행하고 있다.

2017년에는 라틴 아메리카의 아르헨티나, 칠레, 페루, 코스타리카와 중국 베이징, 상하이, 광저우, 시안, 우한, 장춘에서 파타고니아 제품을 비롯한 다른 아웃도어 제품도 수선해주는 행사를 열고 옷을 고쳐 오래 입자는 캠페인을 벌였다. 미국에서는 오래 입은 옷 트레일러가 남부에서 북동부까지 70일이 넘는 기간 동안 21개 대학을 방문하여 오래 입은 옷 캠페인을 진행했다. 대학 캠퍼스에서는 밀레니얼 세대인 학생들에게 망가진 옷을 스스로 고쳐 입는 방법을 알려 주고 옷을 수선하는 무료 DIY 행사를 열기도 했으며, 중고 옷 교환하기와 중고 옷을 판매하는 벼룩시장도 열었다.

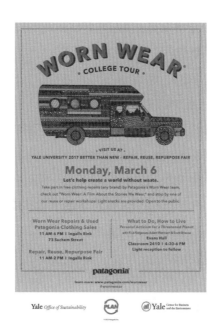

[그림18] 오래 입은 옷 캠페인 캠퍼스 투어 포스터
출처 : www.patagonia.com

대학 캠퍼스 행사에서는 의류와 직접 연관이 있는 행사뿐만 아니라 지역의
환경단체들과 협력하여 학생들의 가전제품이나 자전거를 고쳐주기도 하고
생활 쓰레기를 분류해 거름으로 사용하거나 종이와 금속 캔을 재활용하는
방법을 알려주는 등 '쓰레기 제로 캠페인'을 벌이기도 했다. 참고로 미국은
대부분의 지역에서 재활용 분리수거가 이루어지지 않고 있다. 대학 캠퍼스
투어를 마친 오래 입은 옷 트레일러는 유럽으로 건너가 스칸디나비아 지역과
덴마크, 스웨덴, 영국 등 유럽 10개국을 방문하여 캠페인을 진행하였으며
2018년에도 200일 동안 미국을 비롯한 세계 곳곳에서 8,400여 명이 참여한
오래 입은 옷 캠페인을 진행했다.

3. 중고 옷 공유와 거래

파타고니아 매장에 가면 입지 못하는 파타고니아 옷을 두고 가는 박스가 있다. 파타고니아는 2005년부터 수명이 다한 파타고니아 제품을 매장에 가져와 이 박스에 넣으면 제품 구매 시 사용할 수 있는 보너스 포인트를 지급하고 있다. 2011년에는 이베이(eBay)와 공동으로 입지 않는 옷의 중고 거래를 장려하는 캠페인을 벌이기도 했다.

2017년 파타고니아는 중고 의류나 수선된 의류, 중고 옷에서 잘라낸 자투리 천으로 만든 제품에 대해 고객들의 관심이 높은 것에 착안해 온라인 상에서 중고 의류를 판매, 교환할 수 있는 인터넷 사이트를 파타고니아 홈페이지 내에 새로 개설하였다. 파타고니아 CEO 로즈 마카리오는 이 사이트 첫 화면에 "파타고니아의 기업 목표는 우리의 환경 보존 철학이 고객들의 삶에서 실현될 수 있도록 지속적으로 돕는 것입니다"라고 고객들이 중고 의류를 재활용하고 서로 교환할 것을 장려하는 메시지를 실었다.

승리의 열쇠

미국경제교육재단은 패스트패션 문화를 주도하는 밀레니얼 세대의 일회용 소비 현상에 대해 깊은 우려의 뜻을 밝혔다. 앤드류 모건 감독은 '트루 코스트'에서 패스트패션 산업을 성장시키는 강력한 에너지는 기업의 욕심보다는 오히려 싸고 좋은 것을 찾는 소비자들의 신자유주의적 소비 본능에서 발생한다고 했다. BBC는 패스트패션의 문제를 해결하기 위해서는 환경·사회 비용을 포함한 제대로 된 가격을 소비자가 지불해야 한다고 했다.

『컬트가 되라(Cultural Strategy)』에서 더글라스 홀트(Douglas Holt)는 비즈니스를 통해 사회 혹은 환경문제를 해결하기 원한다면 사회 변화를 촉진시킬 만큼 기업이나 비즈니스를 크게 성장시켜야 하는데 그러기 위해서는 대중, 즉 소비자들이 그 이념에 충분히 동화되어야 한다고 했다. 홀트는 좋은 이념을 가진 회사들이나 사회적 기업들이 대부분 시장에서 실패하는 이유가 브랜드와 상품을 통해 일관되고 꾸준하게 소비자와 소통하기보다는 자극적인 메시지나 계몽적인 교훈으로 성급하게 소비자를 가르치려 들기 때문이라고 했다.

홀트는 파타고니아가 브랜드와 상품, 그리고 매장 디스플레이, 카탈로그, 홈페이지, 이메일 등을 통해 광활한 청정 자연에서 즐기는 아웃도어 활동의 멋진 점을 자연스럽고 일관되게 알림으로써 고객들이 파타고니아의 환경 보호 철학에 동의하게 히는 고객 소통 전략을 높이 평가했다. 그는 파타고니아는 그 어떤 아웃도어 브랜드보다 열정적인 마니아 층을 지니고 있으며, 파타고니아 마니아들은 파타고니아의 옷을 입으면서 마치 파타고니아 환경운동의 일원이 된 것 같은 기분을 느낀다고 했다.

파타고니아의 오래 입은 옷 캠페인 홈페이지에 가보면 '옷을 버리면 환경이 오염된다', '패스트패션은 나쁘다', '옷을 오래 입자'와 같은 계몽적 메시지가 없다. 또 버려진 옷으로 인해 망가진 자연의 모습이나 더럽고 혐오스러운 의류 쓰레기 더미의 사진을 보여주지도 않는다. 대신 아빠에게 물려받은 낡은 신칠라 재킷을 예쁘게 고쳐 입고 멋지게 사진 찍은 여학생이나 칠십 대의 할머니와 중년의 딸이 오래된 파타고니아 재킷을 수선해서 다정하게 입고 있는 모습, 다 해진 파타고니아 청바지에 'worn wear' 패치를 붙이고 마치 최신 아이템을 입은 것 마냥 뽐내고 있는 멋진 청년의 사진이 등장한다. 파타고니아 페이스북이나 인스타그램에도 오래된 파타고니아 제품을 입고 마음껏 자연을 즐기는 사람들의 에너지 넘치는 사진이 끊임없이 이어진다. 이 사진들은 고객들이 자발적으로 공유한 것이다.

책임의 확대에서 원재료와 생산단계의 책임은 원재료 농장과 생산 협력업체들이 함께 행동하지 않으면 실현 불가능하다. 마찬가지로 사용과 폐기단계의 책임 확대는 소비자, 고객이 함께 행동하지 않으면 한 걸음도 앞으로 나갈 수 없다. 파타고니아는 자사의 환경경영이 성과를 거두기 위해서는 고객들의 동참이 반드시 필요하다는 것을 아주 잘 알고 있다. 때문에 오래 입은 옷 캠페인을 통해 순간적인 소비 욕구를 충족하기 위해 싼 가격에 그럴듯해 보이는 제품을 구매하기보다는 가치 있는 제품을 제대로 된 가격으로 구입해 오래도록 그 가치를 더하여 입자는 메시지를 계속 전달하고 있다.

최신 트렌드의 옷을 저렴한 가격에 엄청난 속도로 생산하여 소비자의 이기적 소비 본능을 끝없이 자극하는 패스트패션과 옷 한 벌을 사서 고쳐 입고 돌려 입고 물려 입어 수십 년을 입자고 호소하는 파타고니아의 대결에서 과연 누가 승자가 될 것인가?

분명한 사실은 신자본주의 경제 체제를 떠받치고 있는 소비 본능과 지구 환경을 지켜야 한다는 이성적 판단과 의지의 대결에서 어느 쪽이 승리하는가에 따라 우리의 미래와 지구의 환경이 결정된다는 것이다. 그리고 이 대결의 승리를 결정짓는 열쇠는 소비자, 바로 우리 자신에게 있다.

III

연대와 확산

NEXT
CSR -
PATAGONIA

8장

협력하고 확산하라(1) :
히그 인덱스

파타고니아가 협력하는 네 가지 방향

"브레이크를 밟은 채 운전하는 것"

CSR을 해야 하는 이유를 설명할 때, 2001년 엔론의 분식회계 사건 등 다양한 사례를 들면서 기업이 CSR을 제대로 하지 않으면 주가가 폭락하거나 망할 수도 있다고 말한다. 그러면서 윤리소비가 증가하고 4차 산업혁명으로 정보 투명성이 증가하면서, CSR을 잘 하면 소비자로부터 더욱 많이 선택받을 수 있고 재무적 가치 또한 증가할 수 있다고 말한다. 그 외 다우존스 지속가능경영 지수(DJSI)에 편입된 기업들의 주가가 더 높다는 데이터를 인용하기도 한다.

일견 맞는 말이다. 그러나 이는 유리한 데이터만을 뽑은 것일 뿐 현실은 꼭 그렇지만도 않다. 소비자는 환경단체 등으로부터 많은 항의를 받는 다국적 글로벌 기업들의 제품을 여전히 더 많이 소비하며, 술, 담배, 도박, 무기 등 나쁜 기업에 투자하는 바이스 펀드(Vice fund)의 수익률이 사회책임투자(SRI) 수익률보다 높다는 기사도 쉽게 찾을 수 있다.

　사회적 책임을 제대로 수행하는 기업이 그렇지 않은 기업보다 일반적으로 경쟁력이 높을 수 없다. 온갖 화학약품을 사용하면서 자연을 망친 대가로 저렴하게 제품을 생산하는 기업과, 친환경 방식으로 자연을 해치지 않으면서 제품을 생산하는 기업의 제품 가격이 같을 수 없다. 전자의 기업은 비용을 사회화시키고 이익은 사유화시키는 반면, 후자의 기업은 비용을 사회화시키지 않고 그 과정에서 추가적으로 드는 비용을 책임지며 제품의 가격에 포함시킨다. 이들 기업 간에 공평한 경쟁이 되는 것은 힘들다. 극히 일부 기업이 사회적 책임을 다하면서도 소비자의 선택을 받고 있을 뿐이다. 사회적 책임을 다하는 기업들은 기울어진 운동장에서 경쟁하는 것이다. 『비즈니스 생태학』에 "최근 한 친구가 양심적으로 사업한다는 것이 브레이크를 밟은 채 운전하는 것 같다고 털어놓은 적이 있다"는 말이 나오는데, 현실을 매우 극명하게 드러내는 말이다.

'사회의 딜레마'를 해결할 수 있을까

　우리는 개인의 이익과 사회의 이익이 충돌하는 여러 상황 아래 살고 있다. '사회의 딜레마'다. 조금 더 편리하고, 조금 더 저렴한 것을 쫓고 싶을텐데 그러면 사회 문제는 더욱 악화된다. 공동의 이익을 쫓는 협력자와 공동의 이익을 저버리고 개인의 이익을 쫓는 배반자가 있다고 할 때, 배반자가 협력자보다 많은 이익을 취하게 된다. 협력자마저 배반자로 돌아서게 되면 우리 사회는 서로 파괴를 향해 곤두박질칠 것이다.

　인간은 이타적인 존재도 아니지만, 다행히 이기적인 존재도 아니다. 상호적인 존재다. 상황에 따라 타인이 이기적이면 이기적이 되기도 하고, 반대로 타인이 호혜를 베풀면 이타적이 될 수 있는 존재이다. 이렇게 상호적인 존재이기에 사회적·제도적 신뢰를 만들면서 공동의 이익을 지켜온 부분이 있었다.

　이론적으로 집단의 이익을 위해 희생하는 개체로 구성된 집단은 이기적이익을 우선시하는 개체로 구성된 집단보다 잘 살아남을 수 있다. 이것이 진화론 이론 중 하나인 '집단 선택설'이다. 그러나 그러한 집단도 이기적인 개체가 들어오면 '배반자'가 늘어나게 되므로, 별로 지지를 받지 못하고 있다.

가족, 가까운 친구 집단, 소규모 마을 내에서는 신뢰와 협력이 쉽게 사회적 규범화될 수 있다. 노벨경제학상을 수상한 엘리너 오스트롬(Elinor Ostrom)은 『공유의 비극을 넘어(Governing the Commons)』에서 오랜 세월 동안 집단적인 해결책을 통해 공유자원을 잘 관리해온 사례를 소개한 바 있다. 개릿 하딘(Garrett Hardin)이 「공유지의 비극(Tragedy of the Commons)」에서 공유지인 목초지를 자유롭게 사용하도록 하면 각자 자신의 이익만 추구하여 모두가 파국을 향해 달린다고 이야기한 바 있는데, 이에 대한 반론이다. 방목장을 함께 쓰는 스위스 퇴르벨 지역의 목장지대 등 공동체 규칙으로 제도적 성취가 견고한 대표적인 사례를 여섯 곳으로 분류했다.

그러나 소규모 지역 내에서 이루어지는 사례여서 일반화하기는 어렵다. 명확한 경계 및 구성원이 존재하고, 적합한 규칙체계가 있느냐 등의 내용이 중요한데, 현실 세계에서 그대로 적용하는 것은 무리가 있다. 현대사회에서 '사회의 딜레마'가 일어나는 경우에 이를 일반화하여 적용하기는 어렵다는 것이다. 특정 지역에서만 생활이 이루어지지 않으며, 생산-소비 시스템은 글로벌 차원에서 연계되어 있기 때문이다.

협동자 집단을 어떻게 만들 것인가

가까운 집단, 명확한 경계 및 구성원을 규정짓는 집단을 넘어서 어떻게 협력의 범위를 확대할 수 있는가는 사회의 딜레마를 극복하기 위해서 매우 중요하다. 하버드대 마틴 노박(Martin A. Nowak) 교수는 「협동 진화의 다섯 가지 규칙」[18]에서 몇 가지 가능성을 제시했다.

배반자와 협동자가 골고루 섞여 있는 경우 배반자가 협동자보다 훨씬 많은 이득을 얻지만, 현실에서 이렇게 '골고루 섞여 있는 경우'는 없다. 보통은 유유상종하게 되고 협동자는 협동자끼리 모이는 경향이 존재한다. 그럴 경우 협동자 집단 내에서는 배반자가 설 입지가 없어지며, 그 집단에서는 협동이 사회적 규범이 될 수 있다는 것이다.

나아가, 공동의 이익을 위해 협력하고 이타적으로 행동하는 사람이 많은 협동자 집단이 만들어진 경우 그렇지 않은 배반자 집단보다 생존 경쟁력이 더 높다는 것이다. 개인 차원에서는 배반자가 유리하지만, 집단 차원에서는 배반자 집단이 불리하기에, 협동자 집단이 규모를 더욱 크게 늘려갈 수 있는 것이다.

어떤 조건에서 협동이 일어나는가를 밝힌 마틴 노박의 주장은 기업의 사회적 책임 관점에서도 시사하는 바가 크다. 사회적 책임을 다하는 기업은 기울어진 운동장에서 경쟁해야만 한다. 그러한 기업들은 두 가지 도전에 직면해 있다. 첫 번째 도전은 불리한 여건에서도 이를 뚫고 경쟁력을 확보하는 것이다. 스위스에 본사를 두고 5년 이상된 트럭 방수포를 재활용해서 개성 있는 가방을 만드는 프라이탁은 해당 가치를 인정하는 고객들로 협동자 집단을 형성해 경쟁력을 확보하는데 성공했다.

두 번째 도전은 기울어진 운동장을 바로잡는 일까지 나아가는 것이다. 이는 특정 기업 자체적으로 소비자를 끌어들이는 것만이 아니라, 다른 기업들도 협동자 집단에 포함시켜 나가는 것이다. 동종기업, 때로는 이종기업 간에 협동자 집단을 만들어 다수가 사회 및 환경의 가치를 중시하도록 변화시키는 것이다.

이 도전들에서 가장 중요한 가치를 든다면 바로 협력이다. 어떻게 협력을 만들어내고, 협력을 통해 가치를 확산해 나갈 것인가는 우리 사회가 풀어야 할 중요한 과제다. 엘리너 오스트롬은 공유자원을 자치적으로 관리하는 사례를 분석했다. 이와 마찬가지로 기업이 협력을 통해 '자치적으로 관리'하는

---

18. 「Five rules for the evolution of cooperation」

사례 분석도 중요하다. 이러한 협력이 성공을 거둔다면 전 지구적 차원으로 영향력을 확대할 수 있으며, 때로는 우리 삶을 규정하는 생산과 소비 시스템을 변화시킬 수도 있기 때문이다. 이 책에서는 파타고니아가 다른 기업과 함께 협력을 만들어가는 사례만 제시하고자 한다. 이를 통해 기업 간 협력에 대한 주제가 공론화되었으면 하는 바람이다.

궁극적으로 만나게 되는 '책임'과 '협력'

'협력의 확대'는 '책임의 확대'에 기반해야만 한다. 이는 두 가지 이유가 있다. 첫째는 책임의 확대를 집요하게 밀고 나간 기업들이 궁극적으로 만나게 되는 단어는 '협력'일 수밖에 없다는 것이다. 파타고니아 역시 협력의 역사 이전에 책임의 역사가 있었다.

『돈 착하게 벌 수는 없는가』에서는 다음과 같이 말한다.

"요즘은 기업이 고객에게 제공하는 가치 중 70~80%가 공급자에 의해 만들어진다. 그래서 오늘날 많은 기업들이 '폭은 넓지만 깊이는 매우 얕은' 존재로 묘사되곤 한다. 즉 공급자에게 의존하는 비중이 높아지면서 기업이 제공하는 제품과 서비스는 전보다 다양해진 반면, 기업이 추구하는 가치는 더욱 줄어들었다. 많은 기업이 넓이는 1마일, 깊이는 1인치인 시대가 된 것이다."

전통적인 책임 범위는 기업의 핵심 밸류체인(value chain)과 관련된 영역이었다. 해당 제품·서비스 생산 및 공급 과정에서 벌어지는 책임 문제를 주로 다루었다. 그러나 이는 '1인치'를 다루는 책임이다. 기업의 책임의 확대는 곧 공급업체는 물론 농장, 목장, 산림 등 원자재 생산 단계까지 거슬러 올라갈 수밖에 없다. 해당 기업이 직접 경영하는 영역은 1인치이고, 겉흙 1인치만 적시는 물주기로는 농작물을 재배하기 어렵기 때문이다.

파타고니아는 자신의 핵심 밸류체인을 넘어 원자재 단계까지 책임의 범위를 깊게 파고 들어갔다. 그리고 다른 한편으로는 제품의 판매 이후 소비 단계에서 환경 피해를 유발하는 요소나 폐기 단계에서 재활용에 관한 요소까지 책임의 수준과 범위를 확대했다.

책임의 범위를 확대하다 보면 한계에 부딪힐 수밖에 없다. 그리고 한계를 해결하는 방법으로 협력이 중요하게 부각된다. 책임의 범위와 수준을 최대한 깊게 파고 들어가면 협력과 책임이 결코 분리되지 않는다는 것을 알 수 있다.

가장 중요한 이유는, 무엇보다도 혼자 해결 가능한 문제가 거의 없다는 것이다. 특정 기업의 1차 협력 기업의 범위는 넓지 않지만, 2차, 3차, 4차 협력 기업으로까지 거슬러 올라가면 수백, 수천까지 확대된다. 농장 단계의 문제를 해결하기 위해 수많은 농장을 혼자 관리할 수도 없으며, 설사 그 농장으로부터 공급 받는 경로를 차단해도 그 농장은 곧 다른 수많은 거래처를 찾아 나설 수 있다. 앞 장에서 예로 든 네슬레의 팜유 사례를 보더라도 네슬레가 오랑우탄 서식지를 파괴하는 인도네시아의 한 농장에서 야자기름을 사들이지 않더라도 그 농장은 카길 등 다른 기업에 판매하면 그만이다. 결국 협력과 연대를 이끌어내야 이 문제를 해결할 수 있다.

한 기업의 책임의 확대가 다른 기업과의 협력으로 이어지지 않는다면 '불연속 평형(갑작스럽게 일어나는 진화)'은 일어나지 않는다. 그럴 경우 선도적으로 환경·사회 문제를 해결하려는 기업은 혼자 브레이크를 잡은 채 기약 없이 운전해야 할 지도 모른다. 협동자 집단이 만들어지지 않는 한, 지속적으로 확대 재생산되기는 어려운 것이다. 협력은 해당 기업이 추구하는 사회적 가치가 존립되기 위해서도, 사회 문제를 풀기 위해서도 중요한 가치다.

'협력의 확대'가 '책임의 확대'에 기반해야만 하는 두 번째 이유는 신뢰 확보에 있다. 죄수의 딜레마 게임에서 서로 배반하는 쪽으로 내쉬균형(Nash equilibrium)이 이루어지는 것은 어떤 경우라도 상대방을 배반하는 쪽이 자신에게 유리하기 때문이다. 결국 상대방을 신뢰할 수 없기에 벌어지는 상황이다.

그런데 만약 상대방을 절대적으로 신뢰할 수 있다는 것을 전제한다면 상황은 달라진다. 보통의 경우 다른 사람이 자신을 배반할까 두려워 배반을 선택하는 경우가 많은데, 이 두려움을 제거해주는 것이다. 이럴 경우 탐욕에 의해 배반하는 사람을 제외하고는 많은 협력을 이끌어낼 수 있다. 즉, 협력의 성공 가능성을 높이려면 책임의 확대에 기반하여 협력의 확대를 추진해야 한다.

파타고니아가 추진하는 협력의 방향

파타고니아는 2000년대까지 다양한 방면으로 책임의 범위와 수준을 확대해가더니, 2010년대 들어서서는 이에 기반하여 협력의 가치를 매우 중요하게 내걸기 시작했다. 파타고니아가 추진한 협력은 책임의 확대에 기반했기에 힘이 실릴 수 있었다.

파타고니아는 협력을 크게 네 가지 방향에서 추진했다. 첫째는 사회공헌 영역에서의 협력이다. 파타고니아의 사회공헌은 곧 환경운동이다. 파타고니아가 추진하는 환경운동에 다른 기업들을 동참시킴으로써 그 규모와 임팩트를 확대해가고 있다. 대표적으로 지구에 세금을 내는 개념으로 매출의 1%를 환경단체에 기부하는 '지구를 위한 1%(1% for the Planet)'와 자연을 보호하기 위해 활동하고 기금을 마련하는 기업들의 단체인 '환경보존연대(The Conservation Alliance)' 설립을 주도한 사례가 있다.

둘째는 비즈니스 영역에서의 협력이다. 파타고니아는 원재료 생산 단계 및 폐기 단계까지 책임의 범위와 수준을 확대했다. 그 과정은 곧 다른 기업과의 연대와 협력 없이는 해결하기 어렵다는 것을 깨닫는 과정이기도 했다. 이에 파타고니아는 자신들이 공급망 관리를 통해 얻는 경험과 자산을 다른 기업과 나누고 좀 더 깊이 있고 폭넓게 적용할 수 있는 해결방안을 모색하기 위해 다른 기업들과 협력을 꾀했다. 대표적인 사례로 '지속가능한 의류 연합(Sustainable Apparel Coalition)' 설립을 주도한 것과 히그 인덱스(Higg Index)를 만들어가고 있는 것을 들 수 있다.

셋째는 신규 비즈니스 추진을 통한 협력이다. 기업은 항상 새로운 비즈니스 창출을 모색한다. 다만 일반적인 기업이 재무적 가치 측면에서 모색한다면, 파타고니아는 사회적 가치를 창출하기 위한 방법으로 새로운 비즈니스를 모색했다. 신규 비즈니스 설립과정도 다른 소셜벤처와의 협력을 통해 이루기도 했고, 이를 기반으로 보다 광범위한 다른 기업과 협력하여 사회 문제를 풀어나가려 하고 있다. 대표적인 사례가 파타고니아 프로비전스(Patagonia Provisions)라는 식품회사 설립과, 그에 이어 되살림 유기농연대(Regenerative Organic Alliance)의 공동 창립이다.

넷째는 사회공헌과 비즈니스를 떠나 '넥스트 파타고니아'를 육성하는 것이다. 앞의 세 가지 협력 방법은 파타고니아의 밸류체인과 직접 연계된 사례로, 협력하는 분야나 영역에 한계가 있을 수밖에 없다. 한계 극복 방안 중 하나로 파타고니아는 다른 기업에 임팩트투자를 진행했다. '틴쉐드벤처(Tin Shed Ventures)'라는 임팩트투자 펀드를 만들어 환경분야에서 혁신적인 차세대 소셜벤처를 발굴하여 투자, 육성하고 있다. 이는 또 다른 방식의 협력 사례다.

위의 네 가지 협력 방향 중 첫 번째인 환경운동과 관련된 협력은 11장에서 다루기로 하고, 8~10장에서는 '협력하고 확산하라'라는 주제 아래 히그 인덱스, 틴쉐드벤처, 되살림 유기농업 사례를 차례로 다루고자 한다. 먼저 비즈니스를 통한 협력 사례인 히그 인덱스를 소개하고자 한다.

'히그 인덱스'가 만들어낸 혁신

세상을 변화시키는 3가지 방법

『요람에서 요람으로』의 저자 윌리엄 맥도너는 이렇게 말한 바 있다.

"세계를 변화시키는 방법은 세 가지다. 중국을 변하게 하고, 캘리포니아를 변하게 하고, 월마트를 변하게 하면 된다."

중국은 인구와 인구에 의한 영향력 면에서, 그리고 캘리포니아는 미국을 넘어 세계 산업혁신의 심장이라는 면에서 꼽았을 것이다. 누구나 고개를 끄덕거릴 두 단어 뒤에 기업인 월마트를 꼽았다는 것은 시사하는 바가 크다.

월마트는 전 세계에 직원이 230만 명이 있고, 매출이 5,000억 달러가 넘으며, 11,700여 개의 매장을 가지고 있다. 그러나 이것 때문만은 아니다. 월마트의 경우 매주 이용하는 고객이 2억 7천만 명이나 되며, 공급회사는 10만 개가 넘는다. 경쟁사의 수는 가늠하기조차 어렵다. 만약 월마트가 변한다면 그 영향은 수많은 고객, 공급회사, 경쟁사에게 끼칠 것이다. 이는 기업의 진정한 영향력이 어디에 있는지 말해주는 것이기도 하다. 기업의 영향력은 '매출' 그 이상이다. 해당 기업을 둘러싼 생태계야말로 영향력의 크기를 짐작할 수 있다.

월마트가 변한다면, 나아가 경쟁업체와 연대한다면

월마트 이야기를 더 해보자. 월마트는 2000년대 초반까지만 해도 저임금, 취약한 복리후생, 공급자에 대한 고압적인 자세, 단가 후려치기로 유명한 회사였다. 사회적 책임을 지지 않는 회사로 거의 1위에 꼽혀왔다. 그러다 보니 '증기 롤러'라는 별명도 얻었다. 증기 롤러처럼 임금과 단가를 누를 수 있는 한 누르면서 성장해왔던 것이다. 월마트와 거래하는 공급업체는 낮은 단가를 맞추기 위해 환경 오염을 야기하고 생물보존을 해치기도 하는 등, 월마트는 수많은 공급업체에게 부정적인 영향을 끼쳤다.

그런 월마트가 2005년을 전후하여 변화하기 시작했다. 지속가능경영에 대해 고민하고 실천하기 시작한 것이다. 유기농 면과 지속가능한 해산물 유통 확대, 포장재 줄이기 등에 나섰다. 예를 들면 북아메리카 지역 등에서 해양관리위원회가 인증한 어장에서 자연상태로 잡은 어류만 구매하기로 선언했는데, 수많은 공급업체에게 영향을 끼치는 조치였다.

월마트가 변하면 10만 개의 공급업체, 2억 7천만 명의 고객에게 영향을 끼친다. 기업이 상품을 생산하고 판매할 때, 상품의 생애주기 전반에서 발생하는 이산화탄소 중 해당 기업의 관리영역 내에서 발생하는 비중은 약 10% 정도로 보고 있다. 나머지 90%는 공급업체, 유통업체, 그리고 고객이 소비하는 과정에서 발생하는 것이다. 10%가 90%에게 영향을 미칠 수 있는 것이다.

예를 들면 자연식품을 판매하는 회사로 시작한 홀푸드마켓(Whole foods Market)도 1980년 문을 열었을 때만 해도 유기농 식품 매출 비중은 전체 매출 중 5%에 불과했다. 홀푸드마켓은 고객에게 유기농 식품을 알리는 한편, 공급자와의 협력을 지속적으로 강화하는 노력을 펼쳤으며, 이에 2010년대에는 유기농 식품의 비중이 30%를 넘어섰다. 유기농 식품 생태계에 큰 영향을 끼친 것이다.

기업이 변화하고, 변화를 해당 기업의 밸류체인과 연관된 공급회사 등으로 확산하면서 공급망 생태계를 변화시킨다면, 창출되는 사회적 가치는 이루 말할 수 없이 크다. 특히 시장 지배적 사업자가 변화를 만든다면 영향력은 더욱 크다. 그런데 여기에 그치지 않고 한발 더 나아가 월마트가 다른 동종업계나 다른 업계 기업들과 협력하여 같이 더 큰 플랫폼을 만든다면 사회적 가치는 기하급수적으로 늘어날 것이다.

홀푸드마켓의 공동 설립자 존 매키는 『돈 착하게 벌 수는 없는가』에서 이렇게 말했다.

"비즈니스 리더들이 다 함께 힘을 모은다면 기업과 자본주의에 내재된 놀라운 힘이 발현될 수 있으며, 그 결과 모든 사람이 목적과 사랑과 창의성이 가득한 삶을 영위하는 따뜻하고 자유로운 번영의 세상이 이루어질 것이다. 이것이 바로 깨어있는 자본주의가 추구하는 비전이다."

비즈니스를 기반으로 다른 기업들과 협력한다면, 수많은 참여 기업과 연관된 공급업체 및 고객에게까지 영향력을 끼치는 큰 사회적 가치를 만들어낼 수 있다. 대표적으로 경쟁업체와 공동의 어젠다를 내걸고 협력하는 사례로 '지속가능한 의류연합(SAC, Sustainable Apparel Coalition)'에서 추진하는 히그 인덱스(Higg index) 사례를 들 수 있다.

지속가능한 의류연합이 만드는 표준, 히그 인덱스

SAC는 지속가능한 방식으로 제품을 생산하자는 차원에서 의류, 신발, 가정용 섬유산업의 기업 및 기관이 참여하고 있는 연합조직이다. SAC는 제품 생산, 유통, 소비 과정에서 '불필요한 환경 피해를 일으키지 않으며, 해당 활동과 관련된 사람들과 지역사회에 긍정적인 영향을 미친다'는 것을 미션으로 한다.

2009년에 출범하여 현재는 브랜드업체, 소매업체, 생산업체, 정부, NGO, 학계 등에 걸쳐 약 230여 개 기업과 기관이 회원으로 참여하고 있다. 브랜드 업체를 보면 우리가 알 만한 기업은 대부분 들어와 있다. 파타고니아, 나이키, 아디다스, 뉴발란스, 갭, 퓨마, 베네통, 리바이스 등 다수 기업이 참여하고 있다. 참여하고 있는 의류·신발업체 회원사의 연 매출이 500억 달러를 상회할 정도인데, 전 세계 시장점유율 기준으로는 50%가 넘는다. 우리나라는 단 한 곳의 기관에서만 참여하고 있을 뿐 브랜드 업체는 아직 참여하고 있지 않아 아쉬움이 남는다.

[그림19] 지속가능한 의류연합 주요 참여 기업

이들이 SAC에 함께 모인 것은 히그 인덱스를 함께 만들고 적용하기 위해서다. 히그 인덱스는 특정 기업이나 제품을 얼마나 지속가능한 방식으로 운영하고 만드는지를 측정하고 점수화하는 도구다. 공장 노동자, 지역사회, 그리고 환경에 브랜드 업체, 소매업체, 공장시설이 어떠한 긍정적·부정적 영향을 끼치는지를 측정하고, 이를 개선할 수 있도록 이끌며 종합적으로 접근하고 있다.

SAC가 만들고 있는 것은 의류·신발 산업의 지속가능성에 대한 신뢰할 수 있는 국제 표준이다. 히그 인덱스는 단지 지속가능성을 측정하는 것만이 아니라 개선에 초점을 맞춰서 설계되어 있다. SAC는 이를 통해 생산자와 소비자를 변화시키려 하고 있다. 히그 인덱스를 적용하는 과정에서 생산자는 투명성과 환경·사회 책임을 높이고, 소비자들은 신뢰할 만한 지속가능성에 대한 정보를 바탕으로 제품을 선택하도록 하려고 한다.

히그 인덱스, 2020년 소비자에게 공개

히그 인덱스는 제품이 생산, 소비되는 일련의 라이프사이클 과정을 따라 단계화된 모듈로 구성된다. 각 단계마다 간단한 질문을 통해 지속가능성에 대한 수준을 점수화하고 이를 통해 개선할 점을 찾는 모듈을 구축하고 있다.

[그림20] 히그 인덱스의 목적

이를 크게 <그림 21>과 같이 시설(facility), 브랜드 및 소매(brand·retail), 제품(product) 등 3가지 모듈 카테고리로 구분한다. 시설 모듈은 특정 기업은 물론 해당 기업의 공급업체의 제조 현장까지 포괄한 시설에 중점을 두며, 브랜드 및 소매 모듈은 의류·신발 제품을 생산 및 판매하는 기업에, 제품 모듈의 경우는 제품 수준에서 관리해야 할 다양한 측면에 중점을 두고 있다.

히그 인덱스는 SAC가 출범한 2009년부터 만들어지기 시작하여, 지속적으로 참여 기업·기관 간 협의를 거치면서 검증하고 있으며, 최종적으로는 2020년 완성을 목표로 하고 있다.

이 중 우리에게 가장 친숙한 '브랜드' 모듈을 예시로 들어보자. 브랜드는 환경 모듈과 사회·노동 모듈로 나누어 측정한다. 환경 모듈에서는 환경관리, 원재료, 포장, 생산과정, 운송과정, 제품 판매 후 제품관리 및 수선, 폐기 등 해당 제품의 원재료 생산 단계인 농장·산림 지역에서부터 제품의 폐기 단계까지 전 과정의 환경적 위해 요소를 체크하게 된다.

이런 과정을 거쳐 브랜드 제품은 환경 모듈, 사회·노동 모듈의 점수를

[그림21] 히그 인덱스를 구성하는 모듈
출처 : https://apparelcoalition.org

100점 만점으로 하나의 숫자로 환산한다. 히그 인덱스의 검증이 완료되는 2020년이 되면, 소비자들은 이 100점 만점의 히그 인덱스 점수를 특정 브랜드 제품에 달린 품질표시표(hang tag)에서 간단하게 알 수 있게 된다.

재료 단계의 지속가능성 지수까지 측정

원재료 단계까지 거슬러 올라가 지속가능성 여부를 점수화하여 100점 만점으로 표기한다는 것은 쉬운 일이 아니다. 우리 사회는 보통 1차 공급업체까지만 관리한다. 의류 브랜드로 치면 의류를 최종적으로 생산하는 업체이다. 그런데 1차 공급업체가 어떤 원단을 납품 받아 생산하는지는 확인하기 어렵다. 염색하는 과정에서 얼마나 많은 화학약품을 쓰고, 얼마나 많은 물을 사용했는지, 목화를 기르는 과정에서 얼마나 많은 제초제를 쓰고 수자원을 소모했는지 알 수 없다.

이 '블랙박스'를 열어야 한다. 이를 열기 위한 '히그 인덱스 속 인덱스'가 바로 '재료 지속가능성 인덱스(MSI, Materials Sustainability Index)'다. MSI는 원료 추출에서부터 제조 후 가공에 이르기까지 환경에 미치는 영향을 기반으로 재료에 점수를 매기는 실용적인 도구다. 농장, 숲, 재료의 원천 단계에서부터 원사 형태를 거쳐 직물이 제조, 염색, 마무리되는 단계까지 포함하며, 소비자의 사용 단계나 재사용 단계까지는 포함하지 않는다.

MSI는 화학, 에너지 및 온실가스(GHG) 강도(intensity), 물 및 토지 이용 강도, 물리적 폐기물 등 4가지 영역에서 환경 영향을 점수화하고 있다. MSI에서는 낮은 점수일수록 환경에 끼치는 부정적 영향이 적다. MSI는 데이터 공개를 통해 검증 및 활용도를 높이고 있다. 예를 들면 <그림22>는 MSI 화면의 일부로 각 재료의 MSI 점수를 통해 어떤 재료가 환경에 피해를 덜 끼치는 재료인지를 미리 확인할 수 있다.

MSI의 중요성 중 하나는 디자인 단계에서 환경과 사회적 가치를 고려할 수 있도록 해준다는 점에 있다. 생산물의 환경적 영향의 80%는 콘셉트와 디자인 단계에서 결정된다[19]고 말한다. 환경문제를 해결하기 위해서는 소비자의 현명한 선택에만 의존해서는 안 된다. 생산 단계에서부터 환경을 고려한 디자인이 되어야 한다. MSI를 활용하면 디자인 단계에서 어느 재료를 쓰고 어느 공장에서 생산할 것을 결정하느냐에 따라 재료 생산에 얼마나 많은 수자원과 화학제품, 에너지가 소요되고, 얼마나 많은 온실가스를 만들어내고, 제품 사용과정에서 세탁물을 얼마나 쓸 것인지, 또 폐기과정에서 얼마나 많은 오염을 야기할 것인지 알 수 있다.

[그림22] 재료별 환경 점수를 확인할 수 있는 MSI 화면
출처 : http://mci.higg.org

히그 인덱스는 디자이너 및 제품 개발자가 제품 설계 당시에 제품의 환경적 영향을 줄이기 위해 디자인 및 개발 모듈(DDM, Design and Development Module)을 개발했다. MSI 등의 인덱스가 있기에 가능하다. DDM은 총 5가지 내용으로 구성되어 있다. 재료(materials), 제조(manufacturing), 관리 및 수선(care & repair), 사용 종료(end of use), 품질 및 수명(quality & lifetime) 항목을 포함하여 설계하고자 하는 제품의 환경영향 점수를 미리 파악할 수 있다.

DDM은 많은 장점을 가지고 있지만 무엇보다 환경에 끼치는 영향이 어떠한지 하나의 점수로 확인할 수 있다. 그리고 그 점수가 회사 평균 및 산업 평균과 비교하면 어느 수준인지 파악할 수 있어 벤치마킹하고 분석할 수 있다. 이를 통해 개선점을 찾고, 다른 제품보다 친환경적인 제품 설계가 되도록 경쟁할 수 있도록 한다.

히그 인덱스의 의미

히그 인덱스는 아직 완성된 것이 아니다. 2009년부터 지난한 실험을 하고 있다. 히그 인덱스가 구현되는 2020년, CSR 영역에서나 사회혁신 영역에서 큰 파장이 일어날 것이다.

히그 인덱스는 생산자만이 아니라 소비자 영역에서 큰 변화를 만들 것으로 기대하고 있다. 먼저 생산자 영역에서는 투명성과 환경·사회적 책임 수준을 크게 혁신할 것이다. 이제 생산자에게는 농장·목장·삼림에서부터 제조, 생산, 유통, 사용, 폐기 단계에 이르기까지 투명성과 총체적 관리 책임에 대한 요구가 늘어날 것이다. 이미 EU는 히그 인덱스를 어떻게 빠르게 정착시킬 것인가를 고민하기 시작했다.

소비자 패러다임도 바뀔 것이다. 과연 녹색 소비자 시장이 커질 수 있을지 의구심을 나타내기도 하지만, 소비자의 행동 변화가 더딘 것은 정보의 투명성, 정보 접근성 한계에도 기인한 측면이 많다. 만약 소비자들이 티셔츠 사이즈 확인하듯 해당 제품이 얼마나 환경에 피해를 주지 않고 사회·노동적 측면에서 긍정적인 영향을 끼치는 제품인지를 쉽게 점수로 확인할 수 있다면 상황은 달라질 수 있다.

히그 인덱스는 큰 파급력을 만드는 사례이나, 만들기 어려운 길이다. 그럼에도 불구하고 현재 의류·신발 업계의 시장점유율 기준 50% 넘는 기업들이 여기에 참여하는 등 협력을 이끌어냈다.

히그 인덱스를 통한 협력은 비즈니스를 기반으로 하므로 이해관계자나

---

19. 『Sustainable Development, Energy and the City』

참여자 선정이 보다 용이하며, 어디에서부터 시작하고 어떻게 실행할지를 어렵지 않게 파악할 수 있다. 무엇보다 확장성이 용이한 반면, 문제 범위 영역이 명확하여 특정 산업 분야에서 특정 문제를 실질적으로 해결할 수 있다. 또한 비즈니스를 변화시키기 때문에 그로 인한 사회적 영향력이 매우 크다. 히그 인덱스는 비즈니스를 통한 산업계의 협력이 얼마나 큰 파급력을 만들 수 있는지를 여실히 보여주는 사례이다.

'히그 인덱스'를 만들어낸 협력

SAC의 첫 시작, 다윗과 골리앗의 협력

히그 인덱스가 의류·신발 업체를 시장점유율 기준 50% 이상 참여하도록 한 것은 기업들이 사회적 가치를 함께 만드는 협력의 역사에서 매우 의미 있는 일이다. 비즈니스를 통한 협력의 활성화를 위해서는 히그 인덱스가 어떤 협력 과정으로 만들어졌는지 살펴보는 것이 중요하다.

SAC 및 히그 인덱스의 발전에 가장 큰 공로를 세운 세 기업을 꼽으라면 파타고니아, 월마트, 나이키를 들 수 있다. 또 이에 기여한 두 인덱스를 들라고 하면 아웃도어산업협회(Outdoor Industry Association)의 에코 인덱스(Eco index)와 나이키의 MSI를 꼽을 수 있다. 그 시작 시점은 멀리 2008년으로 거슬러가야만 한다.

월마트는 2005년 시점을 기준으로 지속가능성을 제고하기 위한 변화를 본격적으로 추진했다. 그러나 기초적인 접근의 하나로 과도한 포장을 줄이고 트럭의 공회전 시간을 줄이는 등 환경경영 개선활동을 할 수 있어도, 큰 기업이 단기간에 근본적인 변화를 만들기는 어려운 일이다. 이에 2008년 월마트는 파타고니아의 공급망 관리를 배우기 위해서 파타고니아를 찾아갔다. 파타고니아 창업자 이본 취나드는 월마트에서 강연을 하는 등 파타고니아의 공급망 관련 노하우를 월마트에게 전수하며, 월마트가 공급망 관리, 기후변화, 에너지 효율성 등의 문제를 개선하도록 도움을 주었다. 파타고니아와 월마트 간 협력의 시작이었다.

2009년 파타고니아는 월마트에 지속가능한 의류연합(SAC)을 만들 것을 제안했다. 그리하여 2009년 1월 파타고니아와 월마트는 '21세기 의류 리더십 콘퍼런스'에 세계적 규모의 16개 의류 회사를 초청해서 의류산업의 지속가능성을 위한 인덱스의 필요성을 논의했다. 그해 10월, 파타고니아의 이본 취나드와 월마트 CEO 마이크 듀크(Mike Duke)는 함께 편지를 작성해 12개 회사의 CEO에게 보내며 SAC 참여를 제안했다. 1월의 편지에는 월마트의 CMO(Chief Merchandising Officer)가 사인을 했지만 10월의 편지에는 월마트의 CEO가 사인을 했다. 파타고니아와 월마트의 지속적인 논의는 SAC에 대한 챔피언십을 월마트의 CEO 레벨까지 올린 것이다. 이러한 노력을 통해 SAC는 12개 회사를 시작으로 출범했다.

이본 취나드는 다른 두 저자와 함께 하버드 비즈니스 리뷰에 쓴 글 「지속가능한 경제」[20]에서 "지속가능성에 헌신하면서 독자적으로 치고 나가는 회사는 많은 것을 성취할 수 있다. 그러나 두드러진 전진을 만들고 싶다면 '밸류체인 인덱스'[21]를 개발하기 위해 파트너 및 경쟁 업체와 협력하라"고 말했다.

파타고니아는 월마트와 협력하는 코드명을 '다윗과 골리앗'이라고 불렀다. 2008년 당시 두 기업의 매출액의 차이는 무려 1천 배였다. 가히 다윗이 골리앗을 끌어들여 산업을 바꾼 것이다. 사회혁신을 만들어내는 가장 이상적인 경로이자 바람직한 사례이지 않을까 싶다.

---

20. The Sustainable Economy, 2011년 10월
21. 히그 인덱스의 초기 이름은 밸류체인 인덱스(Value Chain Index)였다.

또 하나의 골리앗 파트너, 나이키

파타고니아는 SAC가 성공하는데 두 가지 큰 기여를 했다. 하나는 제품의 라이프사이클 전반에 걸친 환경·사회적 책임의 이상적인 모델을 제시하고, 이의 중요성에 대한 영감을 불어넣어준 것이다. 또 하나의 기여는 월마트를 비롯한 초기 12개 기업의 중추 조직을 설립하는 데 결정적인 역할을 한 것이다.

그러나 파타고니아는 시장점유율 측면에서 의류·신발 업계의 리딩 기업이 아니다. 제품라인도 제한되어 있고 공급망 범위도 크지 않아 국제적으로 통용되는 지속가능성 기준을 만들기에는 한계가 있다. 동종 산업계 다수의 기업 참여 하에 기준을 만들기 위해서는 참여자 간 상호 세부 조정을 하기 전 완성도 있는 인덱스를 빠른 시간 안에 갖추고, 이를 기반으로 다수 참여자들이 상호 조정해가는 과정이 필요하다. 내용적인 측면에서 또 하나의 골리앗이 초기에 필요했는데, 그 역할을 나이키가 해주었다.

나이키는 2004년부터 BWE(Brown and Wilmanns Environmental)라는 기관과 함께 환경적 측면에서 신발 및 의류 제품의 긍정적 영향을 향상시키는 데 사용할 수 있는 다차원 도구를 개발하기 위해 협력했다. 이 결과 나이키는 자체적으로 재료 지속가능성 인덱스 'Nike MSI(Nike Materials Sustainability Index)'를 개발했다.

나이키가 Nike MSI를 개발한 것은 너무나도 다양한 섬유재료 중 어느 것이 더 환경친화적인 소재인지 판단하기 어려웠기 때문이었다. 재료의 상대적인 장점이 무엇인지를 평가하기 위해서는 표준화된 방법이 필요하다고 느꼈다. 나이키는 공급업체 데이터베이스를 구축하면서 다양한 지역, 다양한 생산경로를 통해 공급되는 수만 가지 소재를 분석했다.

나이키는 2011년 초부터 Nike MSI를 제품 개발 프로세스에 사용하기 시작하여, 환경친화적 소재를 선택하는 데 도움을 얻기 시작했다. 그 결과 공급업체의 MSI 점수가 향상되는 것을 보았다.

2012년 7월, 나이키는 혁신적인 결정을 했다. 무려 8년 동안 자신이 독자적으로 구축한 Nike MSI를 SAC에 공개적으로 제공한 것이다. 자신이 구축한 재료의 환경적 성과 측정 도구를 산업 전반에서 접근할 수 있도록 제공하여 다른 회사들이 환경·사회적 측면을 개선할 수 있도록 장려한 것이다.

SAC는 2012년 7월 히그 인덱스 1.0을 만들었는데, 'Nike MSI'는 히그 인덱스 1.0의 주요 구성 요소로 통합되었다. 지금의 히그 인덱스 MSI는 Nike MSI 프레임을 그대로 유지한 채 보완, 발전시킨 것이다. SAC는 나이키가 8년 동안 독자적으로 구축해 온 Nike MSI를 발전시켜 2013년 6월에 MSI 웹 도구를 만들었다.

플랫폼 방식으로 MSI 완성도 제고

MSI 웹 도구는 플랫폼 방식이었다. SAC 회원은 누구나 새로운 MSI 데이터를 공유할 수 있다. MSI가 데이터 수집을 확대하고, 투명성에 기반해 신뢰도를 제고하고, 완성도를 높일 수 있었던 것은 바로 SAC가 개방을 통해 공동으로 이 도구를 만들어가는 방식(open creative commons)을 취했기 때문이다.

SAC 관계자는 CWR(China Water Risk)과의 인터뷰[22]에서 MSI 웹 도구의 정확성을 어떻게 보장하느냐는 질문에 "자료는 SAC 웹 사이트에서 공개적으로 볼 수 있습니다. 우리는 시간이 지남에 따라 점점 더 많은 데이터를 보유하고 데이터 제출 및 검토 프로세스를 최대한 투명하게 만드는 궁극적인 목표를 가지고 있습니다. 파일럿의 학습 결과를 바탕으로 프로세스를 조정할 것입니다"라고 말했다. Nike MSI가 큰 기반이 되었지만, 히그 인덱스 MSI의 완성도를 높인 것은 참여자들이 공급업체에 이 프레임을 적용하고 다양한 방식으로 참여를 늘려가면서 꾸준하게 피드백을 해주었기 때문이다.

그렇다면 왜 나이키는 8년이나 독점적으로 구축한 귀중한 정보를 SAC에

---

22. "Materials sustainability in the Higg Index"(2013. 12. 9)

제공하고 공개하기로 한 것일까? 앞의 인터뷰에서 SAC 관계자는 "나이키는 많은 지속가능성 문제를 하나의 조직에서 해결하기가 어렵다는 것을 알고 있으며, 의미 있는 변화를 가져오기 위해서는 협력이 필수적이라는 사실을 잘 알고 있습니다. 이를 위해 Nike MSI를 대중에게 공개하여 자료를 평가하는 최선의 방법을 찾는 공개토론을 유도하고, 산업 전반에 걸쳐 보다 지속가능한 제품을 만들 수 있게 했습니다"라고 답변했다.

히그 인덱스 성공요인 네 가지

히그 인덱스는 경쟁업체끼리도 협력을 이끌어낼 수 있다는 것을 보여준다. '보이지 않는 손'도, '죄수의 딜레마'도 극복한 사례다.

애덤 스미스(Adam Smith)는 개인의 이기심으로 가장 효율적인 사회를 만들 수 있다고 했으나, '죄수의 딜레마'는 개인의 이기적인 선택이 사회의 비효율을 가져온다는 것을 보여주면서 애덤 스미스의 이론을 보기 좋게 뒤집었다. 존 내쉬(John Nash)는 '내쉬균형'을 통해 '죄수의 딜레마'의 궁극적인 균형상태에 힘을 실어줬다. 죄수의 딜레마를 통해 내쉬균형이 이루어진다면, 사회운동가 나오미 클라인(Naomi Klein)의 표현대로 자본주의는 '바닥으로의 경주(race to the bottom)'를 가속화시킬 것이다. 자본이 사회적 기준과 환경 기준이 가장 낮은 지역으로 흘러 드는 것이다. '바닥으로의 경주'를 멈추게 하기 위해서는 경쟁업체와의 협력이 매우 중요하며, 그런 점에서 히그 인덱스는 좋은 사례를 보여준다.

히그 인덱스는 아직 론칭도 되지 않았기에 성공이라 말하기는 어려운 단계다. 그럼에도 불구하고 경쟁업체끼리도 협력할 수 있다는 사례를 제시했으므로 성공 사례로 분석할 만하다. 히그 인덱스의 성공 요인은 무엇일까.

첫째, 초기에 중심집단을 순도 높으면서도 영향력 있게 잘 세웠다. 공급망 관리를 혁신하면서 깊이 있는 철학과 많은 경험을 쌓아온 파타고니아와 공급망 관리를 비롯해 기업의 지속가능성을 혁신하고자 하는 글로벌 대기업 월마트가 CEO 레벨에서 어젠다를 공유하고 방향을 세웠다. 여기에 의류·신발 업계의 리더인 나이키의 적극적인 참여를 이끌어냈다.

이 사례는 우리나라 사회적 기업, 소셜벤처에도 시사하는 바가 크다. 사회적 기업, 소셜벤처를 통해서도 사회적 가치를 많이 창출할 수 있겠지만, 사회를 변화시키기 위해서는 리딩 기업 등 영향력 있는 주체의 참여를 어떻게 이끌어낼 것인가가 매우 중요하다는 것이다. 파타고니아는 자신보다 덩치가 1천 배나 되는 월마트를 끌어들여 업계의 판도를 바꿔 놓았다.

둘째, 공동의 니즈에 기반하여 협력을 이끌어냈다. 의류가 만들어지기 위해서는 목장, 원사, 직물, 제조 등 여러 복잡한 단계를 거쳐야 한다. 특정 기업은 원재료 단계에 있는 수많은 농장, 축산농장, 원재료 생산업체까지 책임질 수밖에 없다. 문제가 발생하면 정보사회에서 그것은 곧바로 회사의 리스크로 작용할 수밖에 없기 때문이다. 그러나 관리방안이 마땅치 않다.

예를 들어 미국에 본사를 둔 A라는 의류 브랜드업체가 베트남에 있는 3차 공급업체인 원사 업체 E에게 환경·사회적 책임 요건을 준수하라고 할 경우, 공급업체 E는 A사와만 독점적으로 거래하지 않기 때문에 이러한 책임을 요구하지 않은 B나 C라는 의류 브랜드업체를 찾아 거래를 할 수 있다. 그런데 만약 A사 외에도 같이 거래하고 있는 B사, C사도 같이 요구한다면 공급업체 E는 환경 영향과 사회, 노동 여건을 체크하고 개선할 수밖에 없을 것이다. 그럴 경우 SAC 회원 기업들은 모두 불확실한 리스크에서 벗어날 수 있다. 이렇게 동종산업에 있는 경우 공동 니즈 발굴이 용이할 것이다.

셋째, 참여자의 성장을 돕는 방식으로 설계했다. SAC는 참여 회원에게 권리와 의무를 동시에 부여한다. 연회비[23]도 있지만, 지속가능성을 향상시키기 위해 지원한다. 히그 인덱스를 적용하여 해당 회원사만이 아니라 회원사

---

23. 예를 들면 매출이 2천만 달러 이하인 기입의 경우는 연 5천 달러다.

공급업체의 지속가능성을 향상하는 데 도움을 준다.

특히 히그 인덱스 자체가 행동 변화를 유도하기 위한 방향으로 설계되어 있다. 히그 인덱스를 적용하다 보면 가장 기본적으로는 개선이 필요한 영역을 자각할 수 있다. 그리고 데이터를 활용해 전반적인 프로세스를 이해하도록 돕고 있다. 이를 기반으로 개선해야 하는 영역과 개선의 기회를 찾도록 한다. 마지막으로는 행동 변화를 유도하고 있다.

이러한 과정을 통해 브랜드니 소매업체의 경우 SAC 가입 1~4년 후에는 해당 분야에서 리더십을 발휘할 수 있도록 돕고 있다. 단순히 히그 인덱스를 측정해서 소비자에게 공개함으로써 압박하겠다는 것이 아니다. 2009년에 시작했지만 2020년에 인덱스를 완성하겠다는 목표이므로 참여 회원사는 자신의 영역에서 변화를 차근차근 만들어내면 된다. 2020년 국제적으로 통용될 지표이므로 미리 참여하여 변화를 사전에 만들어낸다면 더욱 유리할 것이다.

넷째, 참여자 간 공동으로 지표를 만들어간다는 것이다. SAC는 히그 인덱스 1.0을 2012년에, 히그 인덱스 2.0을 2013년에 내놓았다. 그리고 2013년에 웹 도구를 개방했다. 2020년이 완성 목표이지만 측정 툴을 빨리 공개해 같이 보완하고 같이 만들어가고자 한 것이다. 참여자의 참여도를 높이는 것은 사회혁신 플랫폼에서 매우 중요한 요소다.

히그 인덱스를 넘어

비즈니스 기반 협력 사례는 이미 크고 작게 있었고 앞으로는 더욱 많아질 것이다. 공급망 관리 기준이나 공정무역 기준을 NGO와 함께 앞서 만든 나이키, 스타벅스 등 선진 기업들은 그러한 기준을 NGO와 협력하여 확산해 산업 수준을 높이는 데 기여했다. 치키타(Chiquita)도 그 중 한 사례다. 바나나 재배농장 관행에 대한 비난이 거세게 일자 열대우림연맹(Rainforest Alliance)이라는 NGO와 협력하여 '더 나은 바나나 프로그램(Better

Banana Program)'을 만들었다. 야생생물 보존, 토지 침식, 수질 보전, 노동자 작업환경, 지역사회 관계 활동에 대한 공급업체의 인증기준을 만든 것인데, 해당 산업 공급망 발전에 큰 기여를 하게 되었다. 물론 보통은 2자, 3자간 협력을 통해 보다 높은 기준을 만들고 NGO 등과 함께 사회운동 방식으로 확산시키는 경우가 많고, 다자간 얼라이언스나 플랫폼 방식을 통해 활성화하는 사례는 아직 많지 않다.

그러나 이는 가능성이 있느냐 없느냐의 관점에서 고려할 문제는 아니다. '바닥으로의 경주'를 막기 위해서도 서로 협력해야 하는 당위의 문제가 되고 있다. 폴 호켄은 『비즈니스 생태학』에서 "우리는 잘 운영되는 기업을 인간이 만들어낸 가장 효율적인 제도로 여긴다. 그러나 잘못 운영되는 기업은 인간이 만들어낸 가장 위험한 제도가 될 수 있다"고 말했다. 비즈니스 기반 협력을 만드는 것은 기업을 위험한 제도로 만들지 않는 방법이기도 하다.

히그 인덱스는 바닥으로의 경주를 막기 위한 훌륭한 협력이지만, 우리 사회와 지구를 높은 곳으로 이끌어주는 데는 한계가 있다. 근본적으로 기업이 환경 및 사회에 끼치는 부정적 영향을 최소화하기 위한 관점에서 설계됐기 때문이다. 이에 대해 이본 취나드는 파타고니아의 '2018 환경 사회 보고서'에서 이렇게 말했다.

"히그 인덱스는 사업을 바르게 하는 데 도움을 준다. 하지만 더 큰 회사들이 그 이상의 일을 하지 않는다는 점은 실망스럽다. 우리가 이를 시작한 2007년에는 '지속가능성(Sustainability)'이 모두의 화두였으나 이제는 그 단어가 실질적으로 무의미해졌다."

히그 인덱스는 2009년만 해도 혁신적인 협력 방식이었고, 지금도 의미성이 높은 실험이다. 파타고니아는 히그 인덱스를 론칭하기도 전에 이를 넘어서는 협력으로 한걸음 더 나아갔다. 그것이 바로 10장에서 언급할 되살림 유기농연대(Regenerative Organic Alliance)다.

9장

협력하고 확산하라(2) : 임팩트투자

대표적 투자기업, 부레오

폐어망 업사이클링 소셜벤처, 부레오

친환경 카펫으로 유명한 인터페이스는 동물 서식지 보호기관 ZSL (Zoological Society of London)과 협력하여 버려진 어망을 한 해에 142톤(2017년) 수거해 카펫으로 재활용했다. 그런데 비슷한 규모의 버려진 어망을 수거해 재활용하는 작은 벤처가 있다. 칠레에 사업 기반을 두고 2013년 설립된 부레오(본사는 파타고니아와 같은 캘리포니아 벤투라에 있다)라는 신생 소셜벤처다.

부레오 공동 창업자인 벤 키퍼스(Ben Kneppers), 데이비드 스토버(David Stover), 케빈 아헨(Kevin Ahearn)은 공통점이 많다. 모두 스케이트보딩과 서핑을 좋아하고, 엔지니어였으며, 무엇보다도 친환경 제품에 관심이 많았다. 그들은 서핑 등 아웃도어 활동을 하면서 해양플라스틱 문제의 심각성을 느껴왔다.

2013년 1월, 그들은 플라스틱 쓰레기 중에서도 버려진 어망의 문제점을 자각했다. 곧이어 4월, 이 환경문제를 해결하기 위해 안정적인 직장을 던지고 잠시 경력 쌓기를 멈추기로 했다. 스토버는 한국 방문 강연에서 이를 커리어 브레이크(career break)로 표현했다.

현재 바다에는 매년 800만 톤의 플라스틱 쓰레기가 버려지고 있는데, 이 중 어망이 64만 톤을 차지한다. UN은 해양 플라스틱 중 어망 쓰레기의 비중을 10%로 추산하고 있다. 해양플라스틱은 바다에 가라앉아 해저면의 생태계를 망칠 뿐만 아니라, 물고기가 걸려 죽게 만드는 '유령 낚시(ghost fishing)' 효과까지 초래한다.

부레오 창업자들은 칠레를 주목했다. 세계에서 6번째로 큰 수산업 국가이자, 플라스틱 재활용률이 전 세계 평균인 35%에 훨씬 못 미치는 10%도 되지 않았기 때문이다. 칠레 어부들은 한 번의 조업에 여러 개의 어망을 사용한다. 조업을 하다 보면 종종 어망에 구멍이 나거나 찢어지거나 또는 일반적인 마모가 일어나서 어망을 버려야 한다. 그러나 이 어망을 수거하는 시스템이 없기 때문에 바다나 해변에 그냥 버리거나 태운다.

여러 현장조사 결과 2013년 6월, 그들은 칠레 해변에 버려진 그물을 수거해 잘게 부수고 압착하여 작은 조각(pellet)으로 만든 후 스케이트보드를 만드는 모델을 구체화했다. 이를 통해 해양을 깨끗하게 보존함과 동시에, 수거 과정에서 지역 일자리를 창출하고, 판매 수익으로 지역의 어촌 커뮤니티를 돕고자 했다.

파타고니아에서 임팩트투자 진행

공동 창업자들은 회사 이름을 칠레 고유어로 파도를 뜻하는 '부레오 (Bureo)'로 정했다. 그리고 2013년 10월, 칠레 정부가 후원하는 액셀러레이터 프로그램 스타트업 칠레(Start-Up Chile)에 응모하여 4만 달러의 상금을 획득했다. 이를 통해 11월에는 주민들이 참여하는 재활용 프로그램인 '넷

포지티바(Net Positiva)'를 론칭하고, 2013년에만 1톤의 어망을 모았다. 그리고 드디어 2014년 3월 '민나우(Minnow)'라는 상품명의 스케이트보드를 출시했다.

칠레 해변을 따라 폐어망 수집지점을 만들자 어망 수집량은 계속 늘었다. 그리고 2014년 10월, 부레오 성장에 결정적인 사건이 일어났다. 파타고니아가 부레오에 임팩트투자를 한 것이다. 투자 수익률을 목표로 하는 것이 아니라, 부레오가 환경적 가치를 지속적으로 실천하고 확대할 것을 기대하고 장기자본, 즉 인내자본(patient capital)으로서 투자한 것이다.

파타고니아 역시 나일론 재활용에 관심이 많았으며, 이미 파타고니아 제품 50개 이상에서 재활용 나일론을 사용하고 있었다. 그러나 독자적인 노력만으로는 나일론 재활용 문제를 풀 수 없기에 부레오에 투자한 것이다. 투자로 수익을 얻고자 하는 것이 아니라, 파타고니아가 추구하는 환경적 가치를 달성하고자 '투자'라는 수단을 활용한 것이다.

파타고니아는 후속 투자까지 진행해 부레오의 성장을 도왔다. 이에 응답해 부레오는 2018년에 26개의 어망 수집센터를 통해 130톤 이상의 어망을 수거했다. 현재는 제품라인도 안경테나 젠가 등으로 다양화하고 있으며, 현재 어망 수집센터를 아르헨티나와 페루까지도 확장하고자 타진하고 있다.

파타고니아는 투자에 그치지 않고 다양한 방식으로 '리틀 파타고니아' 부레오의 성장을 돕고 있다. 부레오가 단기간에 전 세계 유통망을 구축할 수 있었던 것은 전 세계 30여 곳의 파타고니아 매장에서 부레오의 스케이트보드를 팔 수 있었기 때문이다. 또한 부레오는 많은 면에서 파타고니아가 걸었던 길을 따르고 있다. 파타고니아와 같은 비콥(B Corp) 인증 회사이며, '지구를 위한 1%' 회원사이다. 피투자사를 넘어 어깨를 걸고 함께 환경문제를 해결하는 동반자가 되고 있다.

동반자를 육성하고자 하는 것, 파타고니아 임팩트투자가 다른 임팩트투자와 다른 가장 큰 차별점이다.

'넥스트 파타고니아'에 투자하는 틴쉐드벤처

현 CEO의 이니셔티브로 2013년 론칭

파타고니아 이전 미션의 마지막 문구는 "환경 위기에 대한 공감대를 형성하고 해결방안을 실행하기 위해 사업을 이용한다"였다. 2010년대 들어 이 내용을 실천하기 위해 다방면으로 활발히 활동한 것은 현 CEO인 로즈 마카리오가 취임한 이후였다.

로즈 마카리오는 사모투자회사 수석부사장 등을 거친 후, 한동안 불교에 심취하다 2008년 파타고니아의 CFO로 입사했다. 그리고 2013년 3월, 파타고니아의 CEO로 취임했다. 파타고니아 창업자 이본 취나드는 로즈 마카리오를 가리켜 "파타고니아 철학을 가장 잘 이해하고 실천하는 최고의 CEO"라고 치켜세운 바 있다. 그만큼 이본 취나드의 철학에 충실하면서도 구체화하기 위한 다양한 활동을 활발히 펼쳤다. 사회·환경책임(SER) 부문 조직을 대폭 증원했으며, 소재 리사이클링 확대, 미세플라스틱 방지, 되살림 유기농업, 환경 캠페인 등을 적극적으로 전개했다. 그 중 대표적인 로즈 마카리오의 업적 중 하나가 바로 임팩트투자(Impact Investment)다.

로즈 마카리오는 취임 2개월 후 곧바로 '2천만 달러와 변화($20 Million and Change)'라는 벤처투자기금을 만들었다. 비즈니스를 통해 혁신적인 방법으로 환경문제에 대응하는 신생기업이 많아지고, 그들이 건강하게 성장하여 긍정적인 변화를 확산하도록 하기 위해 설립한 것이다.

그리고 2014년 2월, 딜로이트 등에서 10년 동안 재무 컨설턴트로 일해온 필 그레이브스(Phil Graves)를 디렉터로 영입해 임팩트투자 업무를 총괄하게 했다. 필은 파타고니아의 철학에 자신의 투자 전문성을 결합해, 환경문제를 해결하려는 신생 벤처를 발굴해 투자했다. 첫 시작이 부레오였다.

파타고니아는 2016년에 2천만 달러를 훨씬 상회하는 3천 8백만 달러의 투자를 이미 달성하여, 투자 펀드 이름을 변경해야만 했다. 틴쉐드벤처(Tin Shed Ventures)란 이름은 그렇게 만들어졌다.

새롭게 만든 기금 이름은 파타고니아의 창립정신을 담은 것이다. 파타고니아의 뿌리를 거슬러 올라가면 1966년의 작은 틴쉐드(Tin Shed, 함석 오두막)에 다다른다. 함석 오두막은 파타고니아 정신의 뿌리이다. 아직도 파타고니아 본사 한가운데 그대로 보존되어 있으며 이본 취나드는 그 곳에서 아직도 간혹 작업을 하고 있다. 함석 오두막에서 클린 클라이밍 운동이 확산되었다. 함석 오두막은 파타고니아 사업 방식의 혁신과 전환을 상징한다. 파타고니아는 당시 아주 작지만 혁신적인 가치를 만들고자 하는 신생벤처였다. 파타고니아의 정신을 가진 또 다른 많은 신생기업들을 키우고자 하는 마음을 담아 기금의 이름에 '틴쉐드'를 붙였다.

사회적 가치까지 고려하는 임팩트투자

임팩트투자는 '사회영향투자'로, 환경적·사회적 문제 해결을 우선하면서 재무적 수익성을 동시에 추구하는 투자방법이다. 사회적 가치와 재무적 가치를 함께 고려한다고 해서 혼합 가치를 추구한다고도 한다.

통상적으로 임팩트투자는 비영리기관에 하는 투자와 ESG(환경, 사회, 거버넌스)가 우수한 기업에 투자하는 사회책임투자(Social Responsible Investment)를 구별하여 본다. 전자는 자선 성격이 강하고, 후자는 전통적인 기업에 대한 투자이기 때문이다. 보통 임팩트투자의 투자대상은 소셜벤처와 사회적 기업 등 사회적 가치를 우선시하는 기업이다.

소셜벤처와 사회적 기업의 경우 투자 수익률이 일반 기업보다 보통 낮거나 어떤 경우는 없기도 하다. 재무적 가치만 본다면 투자할 이유가 크지 않다. 그러나 이들이 만들어내는 환경·사회적 가치까지 함께 고려한다면 투자할 가치가 높아진다. 그래서 투자 수익률이 낮거나 때로는 없더라도 임팩트투자 기관에서 투자를 하는 것이다. 파타고니아가 임팩트투자에 나선 것은 환경·사회적 가치를 중시하겠다는 파타고니아의 철학과 궤를 같이 하고 있다.

틴쉐드벤처를 만든 세 가지 목적

파타고니아가 틴쉐드벤처를 만든 목적은 세 가지다. 첫째, 다수의 '넥스트 파타고니아'를 육성하고자 함이다. 파타고니아가 임팩트투자 펀드를 만든 가장 큰 목적은 비즈니스를 통해 환경 위기에 대한 해결방안을 제시하고 실천한다는 파타고니아의 미션을 확산하기 위함이다. 이 미션을 달성하기 위해서는 공급자의 참여, 고객의 참여를 넘어 서드 파트(third part)라고 부르는 다른 많은 기업과 기관의 활발한 참여가 필요하다.

파타고니아는 틴쉐드벤처를 통해 파타고니아가 추구하는 가치와 유사하게 실천하는 기업들이 많아지도록 하고자 한다. 투자한 기업들이 '지구를 위한 1%'와 비콥(B Corp) 회원이 되고, 비즈니스를 통해 환경문제를 해결하고, 향후 장기적으로 안정적인 재무 가치까지 만들어내도록 함으로써, 다수의 '넥스트 파타고니아'를 키우려는 것이다. 따라서 투자하기 전에 비콥에서 비즈니스를 통해 더 나은 세상을 만들 수 있도록 만든 평가도구(B Impact Assessment)를 작성하도록 권유하고, 투자 후에도 비콥 인증을 위한 조언을 제공한다. 틴쉐드벤처는 긍정적 사회변화를 촉진하기 위한 엔진인 셈이다.

둘째, 소셜벤처에 인내자본으로서 기여하고자 함이다. 파타고니아는 사회적 가치와 재무적 가치를 함께 만들어내는 것이 얼마나 힘든지 지난 40여 년간 몸소 체험했다. 훌륭한 미션을 가진 회사가 재무적으로도 안정적인 궤도에 오르기 위해서는 많은 인내의 시간이 필요하다. 그러나 일반적인 벤처 캐피탈 회사들은 그 시간을 기다려주지 않는다.

설사 벤처 캐피탈이 이러한 회사에 투자한 경우에도 조급한 마음에 단기간에 이익이나 성장을 달성하도록 관리한다. 막 날갯짓을 시작한 혁신적인 기업의 장기적 비전을 망가뜨릴 수 있다. 이러한 것을 방지하고자, 파타고니아는 혁신적인 신생 벤처회사가 환경적, 사회적 가치를 지속적으로 지키면서 장기적인 안목을 가지고 성장하도록 버팀목이 되고자 한다.

물론 당장은 수익이 나지 않아도 일정 기간 안에 환경·사회적 가치 창출을 하면서도 재무적 가치를 실현할 수 있어야 한다. 대상 기업이 장기적으로도 재무적으로도 지속가능하지 않을 경우 아무리 환경·사회적으로 가치 있다 하더라도 투자하지 않는다. 그런 기업들은 NGO 형태로 기부금을 받는 것이 바람직하다고 생각하기 때문이다.

셋째, 파타고니아의 연관 산업을 혁신하고자 함이다. 틴쉐드벤처 투자기업은 수질 오염, 유독성 물질 재활용 등 파타고니아와 비즈니스 연관성은 다소 떨어지지만 매우 해결하기 힘든 환경문제를 붙들고 해결하고자 하는 일부 기업도 있다. 그렇지만 대다수 기업이 파타고니아의 공급망과 직접적, 간접적으로 연결되어 있다. 사실 파타고니아는 예전부터 환경적·사회적 가치를 증진하기 위해서 다른 회사를 지원하는 역할을 지속적으로 해왔다. 대표적으로 1994년부터 1996년까지 유기농 면으로 대체하는 비즈니스로 전환할 때 목화농장을 변화시키기 위해 다양한 지원을 통해 함께 노력을 기울여야만 했다.

CEO 로즈 마카리오는 파타고니아의 틴쉐드벤처 소개 영상에서 이렇게 말했다.

"공급망 내 파트너와의 관계는 혁신적인 변화를 만들어 내기 위해 매우 중요합니다. 파타고니아는 항상 그렇게 해왔습니다. 유기농 목화로 만든 면을 처음 사용했던 1990년대에도 농부들에게 투자하고 자금을 지원했습니다. 그들이 재정적인 지원을 받지 못했기 때문입니다. 파타고니아는 이런 일들을 계속 하고 있고 범위를 조금씩 넓혀 갔습니다."

파타고니아는 이러한 활동의 경험이 축적되어 있기에 틴쉐드벤처를 만들 수 있었다. 파타고니아의 틴쉐드벤처는 환경 위기를 극복하는 신생기업에 투자하는 기금이자, 파타고니아의 다양한 공급망 생태계를 광범위하게 혁신하기 위한 프로그램이기도 하다.

14개의 '환경 기업'에 투자

틴쉐드벤처에서 처음으로 임팩트투자를 한 곳은 '부레오(Bureo)'였다. 필 그레이브스는 인터뷰에서 "함께 미팅에 참여한 로즈 마카리오는 부레오의 비즈니스 모델을 매우 마음에 들어 했고, 그 결과 막 설립 단계에 있던 부레오에 초기투자를 했다. 로즈 마카리오는 이들과 미팅 직후 이러한 기업을 20개 정도 더 찾아보라고 지시했다"고 말했다. 틴쉐드벤처 설립 후 5년 동안 파타고니아에 제안이 들어오거나 파타고니아가 찾은 후보군은 약 2천 개였다. 파타고니아는 이 중 부레오를 포함 총 14개의 회사에 7천 5백만 달러를 투자했다.

틴쉐드벤처의 투자 영역은 모두 다섯 가지 분야다. 되살림 유기농업, 쓰레기 감축 및 폐기물 전환, 신재생 에너지, 수자원 절약, 친환경 섬유산업 기술 분야이다.

파타고니아는 이러한 기업에 투자해 온실가스 배출을 줄이고, 물을 절약하며, 토양 생태계를 회복하고, 청정 에너지를 공급함으로써, 환경 위기에 대한 새로운 해결책을 확산하고자 한다. 대부분의 기업은 파타고니아 비즈니스와 연계되어 있다. 파타고니아에 제품과 원료를 공급(와일드

되살림 유기농업	와일드 아이디어 버팔로(Wild Idea Buffalo), 워터셰드 밀즈(Watershed Mills), 엘리멘틀 허브스(Elemental Herbs), 케른스프링 밀즈(Cairnspring Mills)
폐기물 전환	부레오(Bureo), 예들(Yerdle), 캘리포니아 세이프 오일(California Safe Soil), 레어폼(Rareform)
신재생 에너지	키나올 캐피탈 파트너스(Kina'ole Capital Partners), 뉴멧 테크놀로지스(NuMet Technologies)
수자원 절약	CO2넥서스(CO2Nexus)
친환경 섬유산업 기술	BST(Beyond Surface Technologies), 레볼루션 파이버(Revolution Fibres)

[표8] 틴쉐드벤처 투자분야 및 기업들

아이디어 버팔로)하거나, 파타고니아 유통망을 통해 판매(부레오)하거나,
기술혁신 결과를 파타고니아 비즈니스에 접맥(BST)하고 있다. 그러나 뉴멧
테크놀로지스처럼 2~3곳 정도는 파타고니아 비즈니스와 무관한 기업도 일부
있다. 각 분야별로 사례를 하나씩만 소개하고자 한다.

1. 되살림 유기농업 : 와일드 아이디어 버팔로

미국 산업화는 대평원의 버팔로를 죽이고, 소고기를 얻기 위해 땅을
파헤쳐 옥수수 등 단일 경작 시스템을 만들었다. 땅을 파헤쳐 토양 속의
이산화탄소가 대기 중에 방대하게 방출되었고, 대평원은 미국에서 가장
위험에 빠진 에코시스템으로 전락했다.

와일드 아이디어 버팔로(Wild Idea Buffalo)는 미국 대초원의 생태계를
복원하기 위해 버팔로를 방목하기 시작했다. 현재 20제곱킬로미터 면적의
목장에서 950마리(2016년 기준)의 버팔로를 친환경 방식으로 방목한다.
파타고니아는 와일드 아이디어 버팔로에 틴쉐드벤처 투자를 한 데 이어,
파타고니아 프로비전스(식품사업 자회사)는 여기에서 생산된 버팔로
고기를 공급 받아 육포 제품을 판매하고 있다. 와일드 아이디어 버팔로는
파타고니아가 생태계 복원 차원에서 추진하는 되살림 유기농업 활성화 사업
목표의 한 부분을 이루고 있다.

2. 쓰레기 감축 및 폐기물 전환 : 예들

2012년에 설립된 예들(Yerdle)은 온라인 재사용 물품 교환 플랫폼을
비즈니스 모델로 가지고 있다. 스마트폰 앱을 통해 더 이상 사용하지 않는
제품을 올리고 이를 원하는 다른 이용자에게 우편으로 배송해준다. 그리고
판매대금 대신 예들 크레딧을 받아 다른 이용자의 물품을 살 수 있다.

재사용, 재활용에 관심이 많은 파타고니아는 2014년 11월 예들에
투자했다. 그리고 곧바로 2014년 블랙프라이데이를 겨냥한 프로젝트를

함께 내놓았다. 블랙프라이데이에 과도하게 소비하지 않도록 먼저 옷장에 입지 않는 의류를 내놓도록 하고, 대신 다른 중고 옷들로 바꾸어 입자는 운동을 펼쳤다. 파타고니아의 8개 매장에 가지고 와서 교환할 수 있으며, 매장에 있는 중고의류가 마음에 들지 않으면 예들 크레딧을 받아 예들에서 물품을 구매할 수 있게 했다. 이러한 캠페인을 지속하여 향후 장기적으로 블랙프라이데이 구매 물품을 25% 줄여보자는 야심찬 목표를 세웠다. 그 외에도 파타고니아의 '오래 입은 옷(Worn Wear)' 프로그램과도 협력하여 예들을 통해 파타고니아에서 수선한 옷을 다른 고객이 입을 수 있도록 하고 있다. 파타고니아와 예들은 협력하여 플라이휠 효과(flywheel effect)를 만들고자 한다.

3. 신재생 에너지 : 키나올 캐피탈 파트너스

2014년 10월, 파타고니아는 하와이에 소재한 태양광 발전 투자기업인 키나올 캐피탈 파트너스(Kina'ole Capital Partners)와 2천 7백만 달러의 태양광 펀드를 구성하고 여기에 1천 3백만 달러를 면세투자기금[24] 방식으로 투자했다. 이 펀드를 통해 1천 개 이상의 옥상 태양에너지 시스템을 구축했다.

이의 성과를 바탕으로 2016년 3월에는 총 3천 5백만 달러 규모의 2차 펀드를 만들었다. 파타고니아를 포함 5개의 비콥 회원사들이 연합군단 형태로 참여했다. 이 펀드로 애리조나, 캘리포니아 등 8개 주에 1,700개 이상의 가정용 태양에너지 시스템을 구축했다. 향후 20년 동안 2억 킬로와트시(kWh)를 생산할 예정이며, 이는 32.5만 배럴의 석유를 대체하는 효과를 낳을 것이다.

2017년 한 해 동안 하와이와 미국 본토의 가정집에 설치한 태양광 패널을 통해 줄인 이산화탄소의 양이 18,000만 톤이다. 파타고니아가 2017년

---

24. 면세투사기금 형태로 투자할 시, 총 투자금액의 30%에 해당하는 만큼의 세금을 절감할 수 있다.

전세계에서 배출한 이산화탄소 양(4천 톤)의 4.5배에 달하는 수치다.

4. 수자원 절약 : CO2넥서스

가공된 섬유 1킬로그램 당 최대 835리터 이상의 물을 사용할 정도로, 섬유 및 의류 가공에는 엄청난 양의 에너지와 물이 필요하다. CO2넥서스(CO2Nexus)는 2013년에 설립된 신생기업으로 액체 이산화탄소를 사용하여 혁신적으로 물 소비량을 줄이는 방식으로 직물과 의류를 처리(세척, 소독, 코팅)하는 방법을 개발한 회사다. CO2넥서스의 솔루션은 파타고니아 사업 분야에 긍정적인 혁신을 가져올 것으로 기대하고 있다.

5. 친환경 섬유산업 기술 : BST

파타고니아는 BST(Beyond Surface Technologies)에 1백만 달러 이상을 투자했다. BST는 천연물질에 기반하여 섬유를 다루는 지속가능한 기술을 보유하고 있으며, 품질을 떨어뜨리지 않으면서 화학물질로 만드는 원재료를 대체하는 제품을 만든다. 파타고니아는 BST 제품이 실외성능 요건을 충족시키면 생산라인에 도입하고, 산업계에도 확산할 계획이다.

현재 틴쉐드벤처는 미국 외 뉴질랜드, 스위스 등 세 개 나라에서 투자를 진행했다. 파타고니아 임팩트투자는 현재 두 가지 방향을 가지고 있다. 하나는 유럽, 호주, 아시아 등 다른 나라에서도 틴쉐드벤처를 통한 투자를 확대할 계획이며, 다른 하나는 비슷한 철학을 가지고 있는 다른 재단 및 펀드와 협력하여 공동투자를 진행하는 것이다. 두 가지 계획이 진행될 때 전세계에서 더 많은 '넥스트 파타고니아'가 만들어질 것이다.

임팩트투자의 새로운 가능성

수단·시간·자유, 세 가지를 주고자 한다

전통적인 투자자는 단기적인 성장과 이익에 집중하는 경향이 있으며, 투자한 회사가 재무적 가치를 높이도록 회사를 빠르게 변화시키려 한다. 반면 임팩트투자 기관은 재무적 가치와 사회적 가치를 함께 고려하며 장기적 성과를 추구한다.

이러한 임팩트투자에도 다양한 스펙트럼이 있다. GIIN(Global Impact Investing Network, 글로벌임팩트투자네트워크)의 '2019년 임팩트투자 서베이' 결과에 따르면, 자금규모로 보았을 때 금융기관 등 시장투자자가 다수(60.4%)를 이루고 있다. 시장투자자는 대규모 자본 동원이 용이한 반면, 시장수익률 이상을 추구하는 경향이 있다. 그 다음을 차지하는 연기금 등 공공투자자(26.4%)는 시장수익률 이하의 투자를 선호하면서 시장을 활성화시키고 있다. 이에 반해 비영리재단 등 자선투자자는 손실을 감수하기도 하는데 비중이 10.1%로 매우 적다. 이들 자선투자자는 인내자본 성격이 강해 보통 5년 또는 7년 이상의 장기적인 관점에서 투자하며, 목표 수익률 또한 낮다.

투자수단 측면에서도 대출의 비중이 46%로 가장 높았고, 지분투자(equity)는 38%로 이보다 적었다. 지분투자의 경우 상환 우선순위가 낮고, 투자금 회수가 어려울 수 있어 대출보다 위험이 높기 때문이다. 그래서 지분투자의 경우는 더 높은 수익률을 기대한다.

파타고니아는 시장투자자에 속하나 드물게 기업이 임팩트투자에 직접 나서는 경우이며, 투자수단 측면에서는 지분투자 방식을 취한다. 시장투자자와 지분투자의 경우는 상대적으로 높은 수익률을 추구하는 경향이 있으나, 파타고니아는 장기적인 관점에서 미래지향적인 투자에 더욱 관심이 높다. 이러한 속성 때문에 파타고니아의 틴쉐드벤처는 다른 임팩트투자와는 다섯 가지 점에서 차별적인 특징을 가진다.

틴쉐드벤처의 다섯 가지 특이점

첫째, 틴쉐드벤처는 출구(exit) 전략을 가지고 있지 않다. 임팩트투자 기관조차도 일정한 기간을 설정해 놓고 투자 회수를 목표로 한다. 대략 5년을 바라보며 투자한다. J. P. 모건과 GIIN이 2015년 조사한 결과에 의하면 투자기간이 5년 미만인 경우는 58%로 5년 이상인 경우(42%)보다 많았다. 우리나라의 경우는 투자 기간이 보통 3~5년으로 해외보다 짧다. 임팩트투자 기관일지라도 보통 출구 전략을 갖는다.

반면, 파타고니아는 고정적인 시간 목표나 출구 전략을 가지고 있지 않다. 투자 지분을 가지고 있음으로 해서 투자 대상 기업들이 자신이 추구하는 올바른 방법으로 비즈니스를 지속해 나가기를 원한다. 그러한 회사가 재무적으로도 성공하여 즐거운 마음으로 투자에 따른 배당금을 받는 것을 목표로 한다.

심지어는 다른 임팩트투자 기관과는 달리 후속 투자를 하기도 한다. 보통의 임팩트투자 기관들은 투자한 기업에 대해서는 후속 투자를 하지 않고, 다른 기관들이 후속 투자를 하도록 하면서 출구 전략을 짠다. 반면, 파타고니아는 총 14개 기업 중 부레오를 포함해 3개 기업에 후속 투자를 했다.

다만 투자 계약을 맺을 시, 환경적 가치를 지속시킬 수 있도록 법적인 계약을 맺는다. 파타고니아는 해당 회사가 친환경적인 미션 수행을 저버릴 시에는 합당한 가격으로 투자 지분을 회수할 수 있도록 한 것이다.

둘째, 기업 자체의 환경·사회적 책임 수준을 엄밀하게 검토한다. 필 그레이브스는 "투자를 할 때 파타고니아는 다른 투자자와는 달리 해당 기업의 공급망에 대해 다양한 각도로 살펴본다. 원자재는 친환경적인지, 화학처리를 하는 것은 아닌지, 공급망의 노동여건은 어떤지 등을 꼼꼼하게 살펴본다"고 말했다.

보통의 임팩트투자 기관은 피투자기업이 만드는 사회적 가치가 무엇인지는 따져도 해당 기업이 비즈니스를 하는 과정 자체에서 환경·사회적 측면의 지속가능성을 가지고 있는지는 고려하지 않는다. 투자기관이 해당 기업의 비즈니스 프로세스 전반을 살펴보기 어려운 이유도 있다. 반면 파타고니아는 되살림 유기농업이나 신소재 관련 벤처에 투자할 경우 해당 부서 직원이 참여하여 해당 회사가 지속가능한 방식으로 제품을 생산하고 있는지 살펴본다. 그 과정에서 컨설턴트 역할을 하기도 하고, 투자 검토과정 및 투자 이후에 개선할 수 있도록 돕기도 한다.

셋째, 투자한 기업의 지배구조에 참여하지 않는다. 임팩트투자 기관들은 보통 투자금에 따라 투자한 기업의 이사회에 참여하거나 높은 수준으로 관리하는 것이 일반적이다. 시장투자자의 경우 투자 이후 액셀러레이터 기관 등을 붙여 경쟁력을 높이고자 하며, 자선투자자의 경우도 컨설팅 서비스를 직접적으로 제공하거나, 재무적·사회적 가치를 직접 체크하며 사회적 영향력 제고방안을 강구하는 데 적극적이다.

반면, 파타고니아는 지배구조에 참여하지 않는다. 파타고니아는 보통 적은 규모일 때는 25만 달러, 최대로는 200만 달러 규모로 투자를 한다(태양광 투자 제외). 평균 50만~100만 달러로 초기 단계의 소셜벤처 대상으로는 큰 금액이다. 이를 통해서 보통 10%에서 20%까지 의미 있는 수준의 지분을 획득하지만, 해당 기업을 제어하려고 하지 않는다. 역량이 있으면서 환경·사회 문제에 헌신적인 기업가를 선별해 투자하고, 기업가가 지분의 50% 이상을 갖고 해당 기업을 이끌어 가기를 원한다. 그렇기에 투자기업의 이사회에 참여하지 않으며 세세한 점까지 관리(micromanage)하지 않는다. 간섭하기를 원하지 않는 것이다.

넷째, 투자 규모를 선정하는 기준이 다르다. 보통의 임팩트투자 기관은 해당 기관이 정해 놓은 일정한 투자 규모 가이드라인을 준수한다. 반면 파타고니아는 투자기업이 다른 마인드를 가진 투자회사로부터 투자 받지 않고도 이익을 실현할 수 있을 정도로 성장하기에 충분한 투자 규모를 산정한다. 그렇기에 다른 임팩트투자 기관과는 달리 후속 투자를 스스로 하기도 한다.

마지막으로, 관리하는 KPI(핵심성과지표)가 철저히 환경·사회적 가치 중심이다. 몇 개 기업에 투자했고, 해당 기업의 기업가치가 얼마나 올랐고, 해당 기업이 얼마나 매출을 올렸고, 또 후속 투자를 얼마나 유치했는가 하는 것이 우리나라 임팩트투자 기관에서 일반적으로 관리하는 지표다. 그러나 필 그레이브스는 "KPI는 투자 대상 기업들의 업종이 매우 다양하기 때문에 모두 다 리포트하기는 어렵다. 4천 개 매트릭스 중에서 공통되는 부분을 추려서 투자기업을 통해서 얼마나 물이나 화학제품 사용을 줄였는지, 또 에너지를 얼마나 절약했는지, 고용은 얼마나 창출했는지 등을 KPI로 관리한다"고 말했다.

실제 파타고니아는 틴쉐드벤처 성과를 언급할 때, 투자기업을 통해서 버려진 어망을 얼마나 재활용했는지, 태양광을 통해 이산화탄소는 얼마나 절감했는지, 섬유 처리 과정 개선을 통해 얼마나 많은 물을 절감했는지를 이야기하고 있다. KPI야말로 해당 임팩트투자의 성격을 가장 잘 드러내 줄 것이다.

파타고니아 틴쉐드벤처가 다른 임팩트투자와 다른 다섯 가지 점을 거론했는데, 요약해서 표현한다면, 파타고니아는 투자 받는 기업들이 재무적인 가치뿐만 아니라 환경적·사회적인 목표를 달성할 수 있도록 세 가지를 주고자 하고 있다. 그것은 바로 수단과 시간과 자유다. 실제 비즈니스를 가능하게 하는 '수단(자본)'을 제공하고, 환경·사회적 가치를 가지고도 비즈니스가 날개를 펼칠 수 있는 충분한 '시간'을 확보해주고, 그 과정에서 혁신적인 기업가가 시장투자자들에게 속박되지 않도록 '자유'를 주고자 하는 것이다.

파타고니아가 얻고자 하는 세 가지

그러면 파타고니아는 무엇을 얻고자 하는가. 물론 1차적인 목표는 환경문제를 해결하려는 파타고니아의 미션을 수행하는 것이다. 그러나 그 외에 파타고니아는 투자를 통해서 재무적 측면에서도 긍정적 결과를 얻고 있다.

실제로 많은 틴쉐드벤처 투자 기업들은 파타고니아의 핵심 비즈니스에 도움을 준다. 첫째로, 투자 기업들은 대부분 파타고니아의 의류사업이나 식품사업(파타고니아 프로비전스) 공급업체로 연결되어 있다. 부레오는 유통부서와 협력하여 파타고니아 매장에서 해당 상품을 판매하고 있으며, 와일드 아이디어 버팔로는 파타고니아 프로비전스에 육포를 공급하고 있다. 예들은 '오래 입은 옷' 사업과 협력하면서 파타고니아 비즈니스의 핵심 아이덴티티를 강화하고 있다. 이렇듯 투자기업 대부분은 파타고니아 비즈니스에 시너지 효과를 내는 데 기여한다.

둘째로, 파타고니아의 R&D 부서는 환경문제를 해결하는 선진적인 R&D에 역점을 두고 있는데, 이들 부서에서는 투자기업 중에서 혁신적인 기업을 파트너로 찾을 수 있다. CO2넥서스는 섬유 가공 과정에서 에너지와 물을 절감하도록 하고 있으며, BST는 친환경적인 원재료 확보에 도움을 줄 것이다.

셋째로, 파타고니아는 틴쉐드벤처를 통해 신생벤처들과 협력하면서 벤처로부터 혁신적인 문화를 배우고 있다. 투자기업들은 다양한 범주의 비즈니스를 수행하고 있다. 다양한 영역의 문화는 의류산업의 문화에 갇힌 파타고니아의 시야를 넓게 해준다. 특히 작은 규모로 혁신적으로 빠르게 변화하는 벤처 문화는 파타고니아에 자극을 준다. 파타고니아는 교잡 수분이 파타고니아를 더욱 생명력 있게 할 것이라고 믿는다.

극적 변화 나타나는 환경적 성과

파타고니아가 환경·사회적 성과를 중시한다고 하지만 투자기업의 재무적 성과 또한 궁금할 수밖에 없다. 필 그레이브스는 "아직 재무 결과를 평가하기에는 너무 이르다. 다만, 투자 기업의 어느 기업도 아직 실패하지 않았으며, 그들의 미션이 바뀌지 않았다"고 말한다. 투자 기업이 미션을 계속 추구하고 사회적 성과를 지속적으로 확장하는 가치가 더 중요한 것이다.

파타고니아는 여느 투자기관과는 달리 투자한 회사의 투자 가치를 발표하지 않는다. 2~3년 내에 재정적으로 의미 있는 증가를 보이는 회사를 원하지 않고, 대신 장기적으로 의미 있는 성과를 내는 회사를 원하기 때문이다. 그럼에도 불구하고 투자기업의 기업 가치는 현재 두 자리 숫자의 증가를 보이고 있다고 긍정적으로 평가한다. 일반 벤처 캐피탈의 투자 성과와 비슷하거나 초과하는 수준이다.

재무적인 결과보다 환경적 결과는 더욱 극적인 변화를 보이고 있다. 투자한 회사 중 9개 회사의 환경 성과를 추적한 결과, 2015년에는 이산화탄소를 898톤 줄였는데 2017년에는 12,975톤으로 14배 이상을 줄였다. 폐기물 절감량 또한 758톤에서 2,355톤으로 3배나 줄였으며, 독성물질 배출 절감량도 역시 309톤에서 937톤을 줄였다. 반면 일자리는 102개를 창출했다.

파타고니아의 틴쉐드벤처는 환경·사회적 가치를 어떻게 확산하는 것이 바람직한 것인지에 대한 많은 시사점을 준다. 한 기업이 창출하는 가치는 일정한 한계가 있다. 해당 기업이 자신의 공급업체 등과 함께 사회적 가치를 증가시키기 위한 노력도 중요하겠지만, 이를 넘어서는 범위까지 긍정적 영향을 확대시키기 위해서는 임팩트투자가 유용한 수단이 될 것이다.

파타고니아의 역사를 보면 틴쉐드벤처는 그 동안의 경영활동 과정과 동떨어지거나 돌출된 활동이 아니었다. 공급업체의 환경적 영향을 긍정적으로 바꾸려고 노력하고, 수많은 환경단체를 발굴하고 지원하면서 사회문제를 해결하고자 노력한 결과의 연장선에서 펼쳐진 활동이었다. 비즈니스의 밸류체인을 지속적으로 개선하고 그 범위를 확대시켜 나가는 과정에서 자연스럽게 접맥되고 발전시킨 것이었다.

파타고니아의 틴쉐드벤처는 사회문제 해결을 위해 기업이 가진 문제의식을 어느 방향, 어느 영역까지 확대할 수 있는가에 대한 좋은 본보기가 되고 있다. 파타고니아 CEO 로즈 마카리오는 이렇게 말했다.

"21세기 경제는 사람과 환경을 고려하는 사업방식으로 변화할 것이라고 생각한다. 이게 바로 틴쉐드벤처를 통해 하려는 일이며, 우리는 이것을 자본주의의 새로운 모델이라고 부른다. 이 모델을 통해 일하고, 큰 보상을 받고, 지역사회와 환경에 기여하고, 의미 있는 일과 일자리를 만들어 낼 수 있다. 이 일을 잘 해내고 성공 사례로 만든다면 우리는 세상을 바꿀 수 있다."

사회 변화의 효과적 수단, 임팩트투자

우리나라는 임팩트투자가 2010년대 들어서야 활성화되기 시작했다. 그러나 아직 규모가 크지 않으며, 간접투자, 직접투자 등 다양한 실험 또한 필요하다. 주로 공공투자자와 자선투자자 중심이었지만 이제 시장투자자도 점차 참여하기 시작하고 있다.

우리나라에서 임팩트투자는 상대적으로 기부보다는 주목받지 못하고 있지만, 임팩트투자는 기부에 비해 장점이 많다. 대표적으로 기부는 규모가 무한정 늘어나기 어렵지만 임팩트투자는 향후 기부보다 수백 배, 수천 배 규모로 커질 수 있는 잠재력이 있다. 향후 임팩트투자 시장이 커지고, 주류 자본이 더욱 많이 참여하고, 다양한 임팩트투자 방식이 활성화된다면 우리 사회의 환경·사회 문제를 더욱 빠른 속도로 해결할 수 있을 것이다.

특히 파타고니아처럼 기업이 직접 임팩트투자자로 나선다면 기업의 역량을 연계하여 사회적 가치를 추구하는 투자기업의 성장을 돕고, 기부보다 더욱 큰 사회적 가치를 지속적이고 효과적으로 만들 수 있을 것이다. 또한 소셜벤처나 사회적 기업의 추구 가치와 혁신성의 영향을 긍정적으로 받을 수도 있다. 파타고니아의 틴쉐드벤처는 기업 자체적으로 사회적 가치를 창출하기 위한 노력을 기울이는 한편, 사회적 가치를 어떤 방식으로 확산해 갈 것인지 시사하는 바가 많다.

10장

∙

협력하고 확산하라(3) :
되살림 유기농업

의류회사가 왜 맥주를 만드는가

벤투라 해변에서 롱루트에일 맥주를

파타고니아 본사 심층 연구 방문팀이 본사 방문을 준비하면서 선망했던 것 중 하나가 '되살림 유기농업(Regenerative Organic Agriculture)' 활성화 차원에서 파타고니아가 출시한 롱루트에일(Long Root Ale) 맥주를 캘리포니아 벤투라 해변에서 같이 마시는 것이었다.

파타고니아 본사 방문 첫날 일정을 마치고 그 소원을 이루었다. 아직까지는 홀푸드(Whole Foods) 마켓에서만 팔고 있는 롱루트에일 맥주를 운 좋게 벤투라 해변 매장의 메뉴판에서 발견한 것이다. 세상을 바꾸고자 하는 마음으로 만든 맥주이기에, 변화의 흐름에 동승하는 기분으로 즐거이 맥주를 마셨다.

파타고니아 본사 방문 중 모두 열두 번의 미팅을 했는데, 파타고니아 부사장, 임원에서부터 팀원까지 다양한 직급의 임직원들이 하나같이 되살림 유기농업을 자주 이야기했다. 클린 등반 장비인 알루미늄 쐐기로 비즈니스 모델을 전환한 사례, 100% 유기농 면 제품 생산으로 전환한 사례에 이어 되살림 유기농업은 파타고니아가 추구하는 세 번째 큰 패러다임의 혁신이자, 환경 변혁을 추구하는 파타고니아의 미래전략이다. 되살림 유기농업을 확산하는 방안 중 하나로 파타고니아는 맥주를 만들어 팔고 있는 것이다.

사라지는 표토층을 어떻게 붙들 것인가

아웃도어 의류회사 파타고니아가 맥주를 만드는 이유를 단적으로 든다면 기후변화를 막기 위해서다. 그러나 맥주와 기후변화 사이에는 어떤 연결고리가 있는지 쉽게 연상되지 않는다. 상호 간극이 매우 넓어 보인다.

이 간극을 메우는 중요한 연결고리가 몇 있다. 연결고리를 푸는 첫 번째 열쇠는 롱루트에일 맥주의 원료인 밀이다. 밀은 줄어드는 표토층이 손실되지 않도록 붙드는 역할을 한다. 파타고니아와 협력을 맺고 있는 랜드연구소(The Land Institute) 리 데한(Lee DeHaan) 박사는 되살림 유기농업 소개 동영상에서 한해살이 작물이 토양의 기능을 떨어뜨린다고 말한다.

"현재 우리가 재배하는 곡물은 모두 한해살이 작물입니다. 한해살이 작물은 매년 심어야만 해요. 땅을 파헤쳐서 씨 뿌리는 공간을 만들어야 하지요. 작물이 자라면, 곡식을 수확하고, 작물은 죽고, 다음 재배를 준비할 기간이 필요합니다. 한해살이 작물을 계속 심으면 흙의 기능이 조금씩 떨어지게 됩니다."

랜드연구소 설립자 웨스 잭슨(Wes Jackson) 박사는 "흙은 석유보다 중요하고, 석유처럼 재생 불가능하다"고 말한다. 토양, 그 중에서 표토층은 유한자원인데, 석유보다 많이 보이기에 유한자원이라는 생각을 잊고 산다. 미국 중서부의 경우 목화나 옥수수를 심을 때마다 표토가 사라지고 그 결과 매년 1인치씩 없어지고 있다고 말한다. 표토층을 보호하려면 가급적 땅을 파헤치지 않아야 한다. 이러한 측면에서 보면 한해살이보다 다년생 작물이 훨씬 좋다. 파타고니아 롱루트에일 맥주의 원료인 밀은 단년생 밀이 아니라 다년생 밀인 것이다.

어떻게 이산화탄소를 땅에 붙들 것인가

파타고니아 맥주와 기후변화 사이의 연관성을 설명해줄 두 번째 열쇠는 다년생 밀의 역할이다. 롱루트에일 맥주의 원료인 밀은 토양이 다량의 이산화탄소를 붙들고 있도록 한다는 것이다. 현재 이산화탄소 배출의 문제점은 원래 땅속에 있던 이산화탄소를 대기 중에 과다하게 배출하고 있기 때문이다. 이를 해결하는 방법은 대기 중의 이산화탄소를 다시 땅속으로 돌려놓는 것이다.

그동안 자연은 그 방식을 오랫동안 수행해왔다. 바로 식물이다. 식물은 대기 중의 이산화탄소를 흡수하여 뿌리로 내리고 그 뿌리를 통해 땅속에 이산화탄소를 저장하는 역할을 했다. 그런데 열대우림이 파괴되고, 땅을 파헤치는 농업이 대규모로 발달하면서, 식물의 이산화탄소를 저장하는 기능은 줄어들고 이에 반해 인위적인 배출량은 늘어나면서 온실가스 문제가 심각해지고 있다.

자연의 순환방식을 어떻게 정상적으로 작동시키고 강화하여, 토양이 이산화탄소를 포집할 수 있도록 할 것인가. 그 방법 중 하나가 다년생 작물 재배 확산이다. 단년생 작물의 경우는 경작을 하면서 매년 수차례 땅에 포집된 이산화탄소를 대기 중에 배출하게 된다. 반면, 다년생 작물은 땅을 파헤치지 않을 수 있으며, 뿌리가 깊어서 보다 많은 이산화탄소를 땅에 저장할 수 있게 된다.

캘리포니아 대학과 프랑스 정부에서 수행한 연구에 따르면, 전 세계 농장 절반 이상을 땅을 파헤치지 않는 방식으로 운영하면 매년 배출되는 이산화탄소 양보다 더 많은 양을 흡수할 수 있다. 생산과 소비 시스템에서 이산화탄소 배출을 줄이기 위해 노력해야겠지만, 이 외에 땅이 이산화탄소를 흡수하도록 하는 것이 기후변화를 해결하는 장기적이고 통합적인 대안이 될 수 있을 것이다.

30여 년 발전시켜 온 다년생 밀 '컨자'

곡식은 사람에게 필요한 칼로리의 70%를 제공하고 있으며, 전 세계 경작지의 70%에서 재배되고 있다. 이 경작지를 파헤치지 않을 수 있다면 온실가스 문제의 상당 부분을 해결할 수 있을 것이다. 한 통계 사이트[25]의 전 세계 곡물 생산량 자료를 보면 옥수수가 1위로 40% 이상을 차지하고 있으며, 밀이 약 30%로 두 번째를 차지하고 있다. 밀은 단년생으로 재배되는데, 밀을 다년생 작물로 재배한다면 기후변화 문제를 크게 해결할 수 있을 것이라고 주목한 연구소가 있었다.

바로 미국 캔사스주에 있는 랜드연구소다. 랜드연구소 설립자 웨스 잭슨 박사가 다년생 밀 개발을 시작한 것은 1983년이다. 웨스 잭슨 박사는 다년생 밀 후보로 유라시아 품종을 주목했다. 1988년 미국농무부(USDA) 및 로데일연구소와 협력하여 적합한 품종을 얻기 위한 작업을 진행했으며, 드디어 2003년 리 데한 박사의 주도 아래 육종 프로그램을 시작했다. 수확량, 종자 크기, 질병 저항성 등을 고려하여 최상의 식물을 선별하고 상호 교배시키는 반복 작업에 의해 다년생 밀 품종을 만든 것이다. 그 품종 이름이 바로 컨자(Kernza)다.

컨자는 되살림 농업(Regenerative agriculture)을 확산하는 데 획기적인 진전을 가져올 품종이다. 다년생 밀이어서 표토층 유실 없이 토지를 보호할 수 있으며, 뿌리가 많게는 5미터까지 풍성하게 뻗어 많은 이산화탄소를 땅속에 포집시킨다. 그 외에도 컨자의 장점은 많다. 뿌리가 흙을 부드럽게 부수어서 토양 속에 유익한 미생물과 진균이 번식할 수 있도록 하여 땅을

---

25. www.statista.com

비옥하게 하며, 물을 모으는 기능이 더 뛰어나 자라는 과정에서 많은 물이 필요하지 않다. 또한 살충제 없이 기를 수 있으며, 노동 투입을 줄일 수 있고, 작물의 광합성 기간을 늘릴 수 있다.

반면, 컨자는 아직 많은 과제를 가지고 있다. 우선 북반구의 북서쪽 지역에 적합한 품종으로, 다양한 생육 환경에서 자랄 수 있도록 개량이 필요하다. 또한, 다른 품종에 비해 알갱이가 많이 열리는 장점은 있지만 아직 알갱이가 다른 종자 크기의 5분의 1 수준이어서 수확량이 적고 효율이 떨어진다. 이런 점 때문에 아직 전 세계의 많은 농장에서 재배하기에는 어려움이 있으며, 상용화를 위한 연구가 조금 더 필요하다.

리 데한 박사는 원하는 특성을 찾아내는 작물 육종은 사막에서 바늘 찾기와 같은 일이라고 말한다. 이에 랜드연구소는 대중적으로 상용화될 수 있는 품종을 내놓기 위해 현재도 수많은 실험을 하고 있다. 랜드연구소가 다년생 밀 품종을 위한 노력을 시작한 것이 벌써 35년 전인데 아직도 컨자에 대한 연구는 현재진행형이다.

컨자로 만든 첫 상품, 롱루트에일 맥주

컨자의 연구가 진행 중인 만큼, 보급 역시 아직 초기 단계다. 컨자는 2016년에야 미네소타 주의 토지 200에이커(약 0.8제곱킬로미터)에서 처음으로 시범 재배되었다. 컨자 경작지 확산을 위해서도, 컨자에 대한 연구개발을 가속화하기 위해서도 컨자의 소비가 중요하다.

이 물꼬를 튼 기업이 바로 파타고니아였다. 파타고니아는 컨자를 이용해서 상용 소매 제품을 개발한 최초의 회사다. 파타고니아는 식품회사인 '파타고니아 프로비전스(Patagonia Provisions)' 상품의 하나로 2016년 10월 포틀랜드 주에 위치한 유기농 맥주 전문회사 홉웍스 어반 브루어리(Hopworks Urban Brewery, 이 회사도 파타고니아와 마찬가지로 비콥 회원사이다)와 협력하여 컨자로 만든 롱루트에일(Long Root Ale) 맥주를 출시했다. 아직 상용화되기 어려운 밀을 활용해 신제품을 개발하고, 시장을 초기에 개척하는 리스크를 감수한 것이다. 랜드연구소는 홈페이지를 통해 "파타고니아가 초기에 컨자 시장을 창출한 것은 중요한 이정표"라고 밝히고 있다.

파타고니아가 컨자로 맥주를 만들 수 있었던 것은 이미 2012년에 윤리적이며 지속가능한 방식으로 생산되는 작물로 식품을 만드는 '파타고니아 프로비전스'라는 자회사를 설립했기 때문이다. 현재는 토양과 생태계를 살리는 방법으로 생산된 버팔로 육포, 연어, 스프, 견과류 등을 판매하고 있다.

롱루트에일이 기여한 성과

파타고니아의 롱루트에일 맥주가 기여한 점이 몇 가지 있다. 무엇보다 다년생 밀로 상용제품을 만들어 팔 수 있다는 가능성을 입증했고, 컨자 밀에 대한 인지도를 높였다. 그 결과 롱루트에일 맥주 출시 이후 여러 카페, 피자가게, 레스토랑에서 컨자 곡물로 만든 제품을 판매하기 시작했다. 컨자 제품에 대한 수요가 늘어나면 컨자 전용 재배 농가와 농경지가 늘어나게 되며, 연구 및 개발이 촉진될 것은 자명한 사실이다. 랜드연구소는 컨자의 상품화에 힘입어 다년생 밀 외에 다년생 쌀, 다년생 사탕수수 등을 연구하고 있다.

또 다른 기여는 '되살림(regeneration)'이라는 가치에 대한 인식 개선이다. 파타고니아는 지속가능성(sustainability)를 넘어 '되살림'을 추구하고 있다. 컨자에는 이산화탄소 배출을 줄이거나 제로(0)를 추구해 마이너스(-) 사회적 가치를 줄이려는 것이 아니라, 플러스(+) 사회적 가치를 만들려는 목적이 담겨 있다. 배출을 줄이는 것을 넘어 이산화탄소를 포집하여 지구를 예전의 모습으로 되돌려놓자는 것이다.

롱루트에일 맥주가 재무적 측면에서 얼마나 많은 가치를 창출하느냐는 가장 중요한 이슈가 아니다. 다년생 작물과 되살림 유기농업에 대한 문제의식의 물꼬를 튼 것만 해도 롱루트에일 맥주는 커다란 사회적 가치를 만들어내고 있다. 롱루트에일 맥주는 홀푸드마켓 외 일부 판매사이트에서만 살 수 있을 정도로 아직 유통·판매가 활발하지 않지만, 곧 파타고니아에게 재무적 가치 또한 안겨줄 것으로 보인다.

보통 비즈니스를 활용해 사회문제를 해결하기 위한 시도는 많지만, 사회문제를 풀기 위해서 비즈니스를 새롭게 만드는 사례는 흔치 않다. 의류회사가 맥주를 만든다는 것은 이상한 사업 다각화다. 그러나 "지구를 되살리기 위해 사업을 한다"는 미션을 가진 기업이 했을 때에는 무릎을 치는 사회문제 해결 다각화의 사례가 된다.

지구를 되살리려는 '되살림 유기농업'

농업으로 망친 지구, 농업으로 되돌려야 한다

유발 하라리(Yuval Noah Harari)는 농업혁명이야말로 인류 역사상 최대의 사기이자, 인류 스스로 놓은 덫이라고 말한다. 그는 『사피엔스(Sapiens)』에서 "농업혁명 덕분에 인류가 사용할 수 있는 식량의 총량이 확대된 것은 분명한 사실이지만, 여분의 식량이 곧 더 나은 식사나 더 많은 여유시간을 의미하지는 않았다. 오히려 인구폭발과 방자한 엘리트를 낳았다. 평균적인 농부는 평균적인 수렵 채집인보다 더 열심히 일했으며 그 대가로 더 열악한 식사를 했다. 농업혁명은 역사상 최대의 사기였다"고 말했다.

유발 하라리는 인류의 삶의 질 측면에서 농업혁명을 이야기했음에도 불구하고 농업혁명은 최악의 평점을 받았다. 그러나 아쉽게도 환경적 측면에서는 더욱 혹한 평점이 내려지고 있다. 클라이브 폰팅(Clive Ponting)은 『녹색세계사(A New Green History)』에서 "농업이란 인간이 원하는 작물과 동물을 기를 인공 서식지를 만들기 위해 자연 생태계를 없애버리는 것"이라면서 인류 역사에서 환경파괴의 첫 분수령이 되었다고 말한다. 인류 최대의 환경 파괴는 농업과 정주 생활에서 이루어졌고, 한번 농경지가 된 토지는 더 이상 자연으로 돌아가지 않았다.

농업혁명이 지구환경에 돌이킬 수 없는 충격을 가했다면, 반대로 지구환경을 되돌리기 위해서는 농업을 떠나 이야기할 수 없다. 지금까지 농업에서 환경문제를 접근하는 화두는 '유기농'이었다. 유기농 개념이 등장한 것은 20세기 초였다. 특히 1962년 발간된 레이첼 카슨(Rachel Carson)의 『침묵의 봄(Silent Spring)』은 DDT 사용을 금지하게 하고, 농업 분야에서 화학물질 사용하는 것에 대한 경종을 울렸다.

유기농이 그동안 맞서 싸운 두 축은 화학비료와 농약이었다. 화학비료 대신 퇴비 등 유기질 비료를 사용하고, 농약 대신 천연 살충제 등 생물학적 방법으로 병충해를 방지하는 방식으로 환경과 건강을 지키고자 했다. 농업은 기본적으로 땅의 영양과 지력을 훼손시키는 활동이다. 그동안 산업농은 땅으로부터 과도하게 산출물을 얻고, 훼손된 영양과 지력을 화학물질을 통해 보충했다. 반면 유기농은 자연적인 방식이나 생물학적인 방식으로 보충하고자 한다. 그러나 유기농도 지구환경 측면에서는 부족하다는 목소리가 나오고 있다. 대표적인 선두주자가 대표적인 유기농 화장품 회사인 닥터 브로너스(Dr. Bronner's)다.

닥터 브로너스, "유기농으로는 부족하다"

닥터 브로너스의 시작은 멀리 1858년 독일에서 설립된 친환경 비누 공장으로 올라간다. 3대인 에밀 브로너(Emil Bronner)는 미국으로 이민 와, 1948년 캘리포니아에 '닥터 브로너스'라는 회사명으로 비누회사를 시작했다. 그리고 1998년 이후는 그의 손자(5대)인 데이비드 브로너가 회사를 운영하는데, 세대를 넘어오면서도 환경 철학과 실천은 더욱 견고해지고 있다.

닥터 브로너스는 미국 농무부(USDA)의 'USDA 유기농(USDA Organic)' 인증과 미국 농무부가 인증한 기관이자 국제적으로 가장 까다롭기로 알려진 'OTCO(Oregon Tilth Certified Organic)' 인증을 모두 획득한 회사다. 유기농법으로 재배된 식물성 원료로 제조되고 미생물에 의해 자연친화적으로 분해되는 친환경 제품을 판매하고 있으며, 미국 환경연구단체 EWG가 안전한 화장품 챔피언 브랜드로 선정한 바 있다.

특히 닥터 브로너스는 USDA 유기농 인증을 화장품에 적용시킨 공로가 크다. 2005년 이전까지만 해도 여러 화장품 회사의 로비로 미국 농무부는 화장품 회사에는 USDA 유기농 인증을 부여하지 않았다. 이 인증은 제품 전 성분의 95% 이상이 유기농 원료여야 인증해주는데 대다수 화장품회사들은 이 인증을 받지 못할 것이 뻔했기 때문이다. 닥터 브로너스는 미국유기농소비자협회와 협력하여 미국 농무부를 고소한 결과, 화장품업계에도 USDA 유기농 인증을 적용하는 것을 법규화해냈다.

이러한 일련의 활동 결과, 닥터 브로너스는 소비자에게 유기농 화장품업계의 아이콘으로 강력하게 인식되었다. 닥터 브로너스는 사업을 펼치고 있는 독일, 벨기에 등에서 유기농 인증도 받았다. 유기농에 대한 인식을 확산해 나갈수록 닥터 브로너스의 비즈니스 입지는 더욱 탄탄해질 것이다.

그런데 2017년, 유기농 화장품의 대명사 닥터 브로너스가 파타고니아와 함께 유기농을 넘어 '되살림 유기농업'의 깃발을 들기 시작했다. 유기농만으로는 지구환경을 살리기에 부족하다는 인식 때문이었다. 그 깃발을 함께 든 대표적인 세 선두주자는 1940년대부터 되살림 유기농업 확산에 매진해 온 로데일연구소, 닥터브로너스, 그리고 파타고니아였다.

되살림 유기농업의 세 가지 영역

되살림 유기농업 개념이 정립된 것은 1940년대 로데일연구소에 의해서였다. 1942년 로데일연구소 창업자인 J. I. 로데일이 기본적인 개념을 제시하고, 그의 아들 로버트 로데일(Robert Rodale)이 되살림 유기농업이라는 용어를 쓰기 시작했다. 그들의 기본 정신은 지속가능한 것만으로는 부족하며, 땅,

사람, 동물을 건강하게 되살려야 한다는 것이었다. 이러한 활동을 확산하기 위해 J. I. 로데일은 1947년 로데일연구소를 설립하고, 되살림 유기농업 확산을 지속적으로 추진했다.

되살림 유기농업은 유기농업의 내용과 범위를 크게 확대한 개념이다. 되살림 유기농업은 크게 세 가지 영역을 다룬다. 첫째는 토양을 보호하고 건강하게 하는 것(soil health)이다. 토양은 석유와 마찬가지로 유한자원이다. 미국의 토양의 경우 보충되는 속도보다 손실되는 속도가 10배나 빨라 환경문제가 되고 있다. 현재의 방식으로 농업과 벌채가 지속된다면 향후 60년 이내에 토양 공급이 어려워질 것이라고 보고 있다. 되살림 유기농업은 토양의 유기물을 되살리고, 땅을 갈지 않거나 갈더라도 최소로 한다. 간작 및 윤작으로 지력을 보존하고, 방목지를 정기적으로 이동한다. 또한 GMO(유전자 변형 농산물)를 배척하며, 합성 물질을 사용하지 않고, 생물다양성을 추구한다.

둘째는 동물복지(animal welfare) 향상이다. 목초를 먹이고, 초원에 방목하며, 동물 수송을 제한적으로 한다. 집약적 동물 사육 방식을 지양하며, 동물에게 맞는 보금자리를 제공해야 한다. 또한 동물에게 다섯 가지 해방을 주어야 한다. 불편함으로부터의 해방, 두려움과 고통으로부터의 해방, 굶주림으로부터의 해방, 고통·상처·질병으로부터의 해방, 기존 관행으로부터의 해방이다.

셋째는 사회적 공정성(social fairness)이다. 공정하고 안전한 작업 환경, 강제 노동 금지, 생활임금 지급, 농부에게 정당한 대가 지급, 민주적 조직, 협회 조직의 자유, 장기 근무 보장, 노동환경 지속 개선, 투명성과 책임 등을 통해 농부, 목축업자 및 노동자에게 경제적인 안정성과 공정성을 제공해야 한다.

와일드 아이디어 버팔로의 '되살림 축산업'

되살림 유기농업은 다양한 영역에서 실현되고 있다. 앞에서 소개한,

랜드연구소가 개발 중이고 파타고니아가 롱루트에일 맥주로 확산하고자 하는 다년생 밀 컨자는 되살림 유기농업의 대표적인 사례다. 되살림 농업은 농업 분야만이 아니라 축산업, 어업 등의 분야에도 다양하게 적용되어 환경을 보전하고 복원하는 방식으로 먹거리를 생산하고 있다.

9장에서 짧게 언급한 바 있는 와일드 아이디어 버팔로 역시 축산업 분야의 대표적인 사례다. 와일드 아이디어 버팔로를 운영하고 있는 생물학자 댄 오브라이언(Dan O'Brien)은 1996년부터 사우스다코타주 샤이엔강(Cheyenne River) 목장에서 950마리(2016년 기준)의 버팔로를 방목하고 있다.

성장호르몬, 항생제, 농약 없이 방목하기에, 그의 목장에서 생산되는 버팔로 고기는 건강상으로 안전하다. 또한 버팔로 고기는 소고기보다 높은 단백질을 함유하고 있으며, 칼로리, 지방, 콜레스테롤은 닭이나 생선보다 훨씬 적다. 그러나 이 회사는 버팔로 고기를 대초원을 보존하는 과정에서 얻는 부산물로 보고 있다. 이 회사의 궁극적 목적은 '안전하고 영양가 높은 먹거리'를 넘어, 미국 대초원의 생태계를 복원하는 것이기 때문이다.

예로부터 미시시피강에서 로키산맥에 이르는 대평원 그레이트 플레인스(Great Plains)는 미국 원주민, 버팔로, 그리고 초원이 상호 유기적인 에코시스템을 형성해왔다. 이러한 에코시스템은 1870년대부터 급격히 무너지기 시작했다. 미국 이주민들은 원주민을 몰아내고, 버팔로를 죽이고, 매년 땅을 파헤치면서 옥수수, 밀, 콩의 단일 경작 시스템을 만들었다. 대평원은 미국에서 가장 위험에 빠진 에코시스템으로 전락하고 말았다.

와일드 아이디어 버팔로는 초원을 살려 에코시스템을 회복하기 위해 버팔로를 자연상태에서 방목하기 시작했다. 사료용 옥수수를 재배하지 않으니 땅을 파헤칠 필요가 없었으며, 표토는 뿌리 깊은 식물로 보호되었다. 표토 보호 외에 땅속 깊이 뿌리를 내리는 식물을 통해 이산화탄소를 저장하고자 했다.

파타고니아는 와일드 아이디어 버팔로에 틴쉐드벤처 투자를 했으며, 또한 파타고니아 프로비전스는 여기에서 생산된 버팔로 고기를 공급 받아 2015년 8월에 육포 제품을 출시했다. 사회적 기업이 고용하기 위해 빵을 생산하듯, 롱루트에일 맥주와 마찬가지로 버팔로 육포 역시 생태계를 되살리기 위해 판매하고 있는 생산물이다.

러미 아일랜드 와일드의 '되살림 어업'

되살림 농업은 어업에도 적용되고 있다. 시애틀 북부의 러미 아일랜드 와일드(Lummi Island Wild)는 야생 연어의 생태계를 중요하게 여기며 책임감 있는 방식으로 어업활동을 하는 협동조합이다. 자연환경을 보호하여 후손들도 지속가능한 방식으로 연어를 계속 잡을 수 있도록 하는 것이 그들의 미션이다.

대부분 어업은 물고기 종류를 가리지 않고 모두 잡는 장비를 사용한다. 이 결과 일부 어종은 더 이상 어업이 불가능할 정도로 개체수가 줄어들었다. 잡으려는 물고기만 잡고 다른 물고기는 상처 없이 다시 바다에 놓아주는 장비가 필요하다.

러미 아일랜드 와일드 협동조합의 어부들은 리프 네트(reef net) 어업 방식을 사용하고 있다. 조상들이 수천 년 동안 사용해왔던 방식을 복원한 것이다. 로프에 작은 플라스틱 조각이 달린 그물을 바다에 길게 펼쳐 놓는다. 플라스틱 조각 때문에 물고기들은 암초라 생각하고 그물을 따라 수면 위로 올라온다. 어부는 배의 높은 곳에 올라가 관찰하면서 물고기들이 그물을 따라 올라오면 그물을 수면 위로 끌어 올린다. 물고기들이 그물에서 미끄러져 배의 수조에 부드럽게 담기도록 해 물고기의 아가미를 다치게 하지 않게 할 수 있다.

리프 네트는 수동형 어구여서 물고기를 선별해서 잡을 수 있다. 물고기가 배 안으로 미끄러져 들어오면 즉시 분류해서 곧바로 물고기를 놓아줄 수 있다. 이는 자연환경에 가장 영향을 적게 미치는 어업방식 중 하나로 알려져 있다. 이처럼 되살림 유기농업은 농업만이 아니라 축산업, 어업 등 다양한 분야에서 적용되고 있다.

해롭지 않은 것을 넘어 되살림으로

되살림 유기농업이 추구하는 기본 정신은 단지 덜 해로운 방식으로 생산물을 기르거나 수확하며 지속가능성(sustainability)을 유지하는 것이 아니라, 지구환경을 되살려(regeneration) 훨씬 좋게 만드는 것이다.

농업 분야에서 유기농의 경우도 환경 살리기와 안전한 먹거리를 두 가지 주요 가치로 내걸고 있다. 그러나 소비자협동조합 중심으로 발달하고 소비의 대중화가 이루어지는 과정에서 안전한 먹거리에 대한 비중이 상대적으로 높아진 경향이 있다. 이에 땅, 인간, 환경을 '되살린다'는 측면 보다는 '해롭지 않다'는 가치가 더욱 부상하고 있다.

그러나 해롭지 않은 것으로는 부족하다. 화학비료나 농약을 사용하지 않음으로 인간과 환경에 위해를 가하는 영농방식을 지양하는 것으로는 환경을 회복시키는 데 한계가 있다. 화학비료와 농약을 사용하지 않아도 여전히 표토는 유실될 수 있으며, 지속적으로 땅을 파헤치는 한 대기 중의 이산화탄소를 다시 토양 속으로 되돌려 놓을 수 없다.

되살림 유기농업은 우리가 이야기하고 있는 지속가능성(sustainability)에 대해 문제 제기를 하고 있다. '지속가능'은 '오랜 시간을 계속하여 유지하여 나간다'는 것이다. 그러나 지속가능을 추구해도 유지되는 시간은 지속적으로 단축될 뿐이다. 현재와 같은 패러다임으로는 우리 사회가 지속가능경영, 지속가능발전, 지속가능제품 등을 추구해도 지구환경은 나날이 악화될 것이 불 보듯 뻔하다. 지속가능하다는 것은 환경 파괴 시간을 연장하는 것에 불과할 수 있다. 지속가능성의 한계를 넘어 되살림(regeneration)의 가치를 고민하는 것이 되살림 유기농업에 담긴 가치이며, 이 가치는 농업만이 아니라 기업 경영은 물론 우리 삶 전반에서 고민해야 할 가치이다.

되살림 유기농업의 사회혁신 3단계

파타고니아는 왜 되살림 농업에 뛰어들었는가?

파타고니아가 되살림 유기농업에 뛰어든 것은 2012년 식품회사 파타고니아 프로비전스를 설립하는 시기까지 거슬러 올라간다. 그리고 2015년 버팔로 육포를, 2016년에는 롱루트에일 맥주를 출시했다. 그리고 2018년 미션을 "우리는 우리의 터전, 지구를 되살리기 위해 사업을 한다"로 바꾸었는데, 이 역시 되살림 유기농업에 대한 문제의식의 연장선에 있다.

파타고니아가 되살림 유기농업에 뛰어든 것은 이본 쉬나드의 강력한 의지였다. 이본 쉬나드는 지구가 앞으로 80년쯤 지나면 야생동물이 살기 어려운 곳이 될 수도 있다는 절박함에 파타고니아가 지구를 되살리기 위해 할 수 있는 일을 찾았다. 그것은 되살림 농업이었다. 이본 쉬나드는 '2018 환경 사회 보고서'에서 다음과 같이 말했다.

"파타고니아가 할 수 있는 최선의 방법은 되살림 농업(regenerative agriculture)을 지원하는 것이라는 결론에 도달했다. 이것 말고 지구온난화 문제를 진정으로 해결할 수 있는 다른 방법이 있는지는 모르겠다. 물론 우리는 화석 연료 사용을 중단하기 위해 노력할 수 있다. 하지만 그런 노력에는 한계가 있다. 엑손과 같은 모든 거대 에너지회사들과 맞설 수 있지만, 문제 해결에는 한계가 있다. 우리는 그들과 싸워왔지만 많은 돈만 쓰고 아무 것도 얻지 못했다. 하지만 농업을 통해 탄소를 흡수하는 것은 희망적인 일이라고 생각한다. 유기농업으로 해로운 화학물질을 제거할 수 있지만 그뿐이다. 되살림 농업을 통해 보다 영양이 풍부한 작물을 재배하고, 맛있는 먹거리를 재배하고, 표토를 되살리고, 탄소를 흡수할 수 있다. 1석 4조인 셈이다. 나는 되살림 농업이 지구온난화의 진정한 해결책이자 가장 큰 희망이라고 생각한다."

이본 취나드는 "파타고니아는 항상 실험했고 그 실험을 사업 과정에서 현실화했다"면서, 되살림 유기농업을 일반에게 알리기 위해 제작한 동영상(Unbroken Ground)에서 "이 생각을 적용하는 것은 완전히 다릅니다. 다른 실험이에요. 하지만 우리가 했던 모든 실험 중 가장 중요한 실험입니다"라고 말하기도 했다. 파타고니아 CEO 로즈 마카리오 역시 "농업이 지구를 보호하고 복원하는 근본적인 방법"이라고 말한 바 있다.

되살림 유기농 연대 결성하여 인증 검증

되살림 유기농업은 특정 회사 혼자 할 수 있는 일이 아니다. 연대와 확산이 필요하다. 파타고니아가 사회적 가치를 확산하는 과정을 보면, 1단계에서는 먼저 회사가 어떤 문제를 가지고 있는지 진단하고, 사회적 가치를 제고하는 활동을 비즈니스와 연계한다. 그리고 2단계에서는 사회적 가치를 확산하기 위해서 함께 할 파트너를 찾고, 파트너와 같이 중추조직을 만들고, 공동 어젠다를 정립하고, 여러 이해관계자의 의견을 반영하여 다수가 참여할 수 있는 가이드라인을 만들어간다. 마지막 3단계에서는 다수의 참여를 이끌어낸다. 되살림 유기농업을 확산할 때도 파타고니아는 이 단계를 그대로 적용했다.

2012년까지 내부에서 다양한 실험을 거친 끝에, 2017년부터 파트너와 함께 향후 다수가 참여할 수 있는 플랫폼을 만들기 시작했다. 히그 인덱스와 마찬가지로 플랫폼 안에 담는 핵심은 인증 시스템 구축이었다. 어떤 농수축산물이 되살림 유기농업 방식으로 길러지고 수확됐는지 소비자들이 쉽게 알 수 있어야 하기 때문이다.

2017년 5월, 로데일연구소, 닥터 브로너스, 파타고니아 등 9개 주요 기관의 파트너들은 많은 협의를 했다. 이 결과 되살림 유기농업에 다수의 기업·기관이 참여토록 하고, 기후변화 문제 해결에 되살림 유기농업이 중요하다는 사실을 소비자가 인식하도록 하기 위해 높은 수준의 인증이 필요하다고 결정했다.

곧바로 9월, 되살림 유기농 인증(Regenerative Organic Certification)

초안을 마련하였고, 연말까지 농부, 인증기관, 비영리단체, 과학자 등으로부터 300개 이상의 의견을 받으며 인증을 수정했다. 이를 기반으로 12월에는 되살림 유기농 인증을 지원하기 위한 독립적인 비영리단체로 되살림 유기농연대(Regenerative Organic Alliance)를 출범시키고, 로데일연구소, 닥터 브로너스, 파타고니아 CEO를 비롯해 인증 각 영역에 전문성을 가진 9명의 임원으로 이사회를 구성했다.

그리고 2018년 3월, 파타고니아 CEO 로즈 마카리오는 되살림 유기농연대를 대표하여 전 세계에서 가장 큰 규모의 천연 식품 박람회인 내추럴 프로덕츠 엑스포 웨스트(Natural Products Expo West, NPEW) 기조연설을 통해 되살림 유기농 인증 가이드라인과 계획을 공식적으로 소개했다.

되살림 유기농 인증은 아직 시범 프로그램 단계다. 공신력과 실효성을 높이기 위해 인증 프로그램 전반을 관리하기 위한 파트너로 NSF(미국위생재단)[26]와 손잡은 한편, 80개의 농장 및 목장을 대상으로 시범 프로그램을 운영하며, 인증체계를 지속적으로 보완하고 있다.

파타고니아와 닥터 브로너스는 이 과정에 적극적으로 참여하고 있다. 파타고니아는 2018년 2월, 전 세계에 위치한 네 개의 주요 면섬유 공급업체를 초대하여 되살림 유기농 인증을 소개한 결과, 인도의 400명의 농부와 공장이 프로그램에 참여했다. 이들은 되살림 유기농업 방식으로 목화를 재배하였으며 농법의 효과성을 입증시켰다.

닥터 브로너스 역시 생산 공급망의 농장과 농부들에게 되살림 유기농업을 소개하며 변화를 만들고 있다. 가나, 인도, 사모아, 스리랑카 등지의 공급업체 및 농부들이 토양을 되살리면서 동시에 생계를 개선할 수 있도록 도왔다. 특히 되살림 유기농업 방식으로 코코넛 오일을 얻었는데, 이산화탄소를 땅속에 포집시키면서 우수한 수확량 또한 얻을 수 있음을 증명했다.

---

26. NSF(미국위생재단)는 파타고니아의 추적 다운 표준 관리단체이기도 하다.

실패할 지도 모르는 파타고니아 세 번째 혁신

되살림 유기농 인증은 기존의 여러 인증 기반 위에 운영함으로써 효율성을 기할 계획이다. 유기농 인증, 공정무역(Fair Trade) 인증 등을 받았으면 관련 분야 기준을 통과한 것으로 인정하는 것이다. 이를 통해 향후 동→은→금 레벨을 두어서, 수준별, 단계별로 인증을 부여할 계획을 세우고 있다.

[그림23] 식품산업 인증 흐름표
출처 : http://regenorganic.org

되살림 유기농 인증 운동에는 현재 32개 기업 및 기관이 참여하고 있고, 22개 기업이 참여하여 인증 관련 파일럿 프로그램을 운영하고 있다. 되살림 유기농 인증이 다수의 참여를 통해 공론화 과정을 거쳐 공식화된다면 '2단계 확산'이 완성될 것이다. 또한, 향후 파일럿 프로그램에 참여한 기업을 넘어 다수의 기업 및 시민이 참여한다면 '3단계 확산'으로 나아갈 것이다.

현재, 파타고니아 프로비전스에서 판매하는 유기농 식품 뒷면을 보면 USDA 유기농, 논-GMO 프로젝트(Non GMO Project), 비콥 등 많은 인증체계가 명시되어 있다. 후일 되살림 유기농 인증이 공식 론칭되고 이를 인증 받는다면,

이렇게 많은 인증 로고를 열거할 필요가 없다. 더불어 되살림 유기농 인증은 생산자, 공급자, 시민들의 삶의 방식에 일정한 변화를 만들어낼 것이다.

되살림 유기농 인증에 규모 있는 기업의 참여는 아직 본격적으로 이루어지지 않고 있다. 그렇지만 히그 인덱스 역시 2009년에는 불과 12개 기업에서 시작했지만, 10년도 안된 시점에서 전 세계 시장 점유율 기준 50%가 넘는 의류·신발 업체가 참여하고 있다. 되살림 유기농 인증은 2017년에 시작했을 뿐이며, 최초 인증도 나오지 않은 상황이기에 현재 참여하고 있는 규모만으로 영향력을 판단하기에는 이르다. 2020년에 발표될 히그 인덱스가 의류·신발 업계에 혁신을 불러일으킬 것이라면, 되살림 유기농 인증은 향후 농축수산업 분야만이 아니라 일반 시민의 삶에도 영향을 주는 또 하나의 혁신을 불러올 것이다.

파타고니아의 첫 번째 혁신(알루미늄 쐐기) 및 두 번째 혁신(100% 유기농 면 제품)에 비해 세 번째 혁신(되살림 유기 농업)은 근본적으로 몇 가지 다른 점이 있다. 첫째, 이 혁신이 성공하면 영향력은 특정 산업을 넘어 우리의 삶 전체, 지구 생태계 전반에 영향을 끼칠 것이다. 둘째, 지구 생태계가 망가지는 현상을 멈추게 하거나 유해환경을 줄이자는 것이 아니라, 지구 생태계를 되돌려 재생시키자는 것을 추구하고 있다. 셋째, 혁신을 만들어가는 과정에서 1차(회사 자체 혁신), 2차(다수 참여를 이끌 수 있는 플랫폼 구축), 3차(다수의 참여를 통한 확산) 확산 단계를 만들면서 다수의 참여를 이끌어내고 있다는 점이다. 이 세 가지 차이점은 기업의 사회적 책임이 나아갈 방향과 방법론에도 시사하는 바가 크다. 제공하는 제품으로 세상을 변화시킬 수 있다는 것만큼 훌륭한 CSR은 없다.

이본 취나드는 "되살림 유기농 인증이 실패할지도 모른다. 매우 어려운 일이다. 하지만 우리는 시도할 것이다"라고 말했다. 이 말만큼 기업이 만들어가는 사회적 가치에 대한 도전, 열정, 희망, 연대를 잘 표현한 말도 드물 것이다.

:

11장

파타고니아의 사회공헌 활동

기부 패러다임의 변화, '지구를 위한 1%'

파타고니아를 '넥스트 CSR'의 표본으로 삼은 이유는 무엇보다 현재
기업들이 정의하고 있는 CSR의 범위를 훌쩍 뛰어넘어 비즈니스 자체를 통해
사회와 환경문제를 해결하겠다는 당찬 미션을 세우고 계속 도전하고 있기
때문이다. 그렇다면 우리나라 기업들이 대표적인 CSR 활동이라고 내세우는
또는 심지어 CSR과 동의어로 사용하는 사회공헌은 어떨까? CSR의 여러
영역에서 한 발짝 앞선 모습을 보여주는 파타고니아가 사회공헌 활동은
어떻게 하고 있는지 궁금했다. 이에 기업 사회공헌의 공통 영역인 공익 기부와
임직원 봉사활동을 먼저 살펴보고, 마지막으로 파타고니아만의 특별한
행동주의자(activist) 기질을 소개하고자 한다.

벤투라강의 친구들

벤투라에 있는 파타고니아 본사는 대학 캠퍼스처럼 여러 개의 건물로

구성되어 있다. 그 중 파타고니아 본사 매장이 있는 가장 앞에 위치한 건물 벽면에 작은 나무 간판이 하나 걸려있다. '벤투라강의 친구들(Friends of Venture River)'이라는 간판이다. 파타고니아 본사에서 200미터 정도 떨어진 곳에 흐르고 있는 작은 하천 벤투라강을 지키는 '벤투라강의 친구들'이 바로 파타고니아가 공익 기부를 시작하는 계기가 된 지역 환경단체다.

1972년 이본 취나드와 회사 동료들 몇 명이 벤투라 시내에 파도타기 영화를 보러 갔다. 영화가 끝난 후 평소 함께 서핑을 즐기던 대학원생 마크 카펠리(Mark Capelli)가 관객들에게 "우리 동네 최고의 서핑포인트 중에 하나인 벤투라강 하구의 해변이 개발 때문에 망가질 수 있으니, 시의회에 함께 가서 반대하는 목소리를 내자"고 부탁했다.

벤투라강은 매년 4~5천 마리의 무지개송어가 강 상류까지 올라가 산란을 하던 곳이었다. 그러나 1948년 27킬로미터 상류 지점에 마틸리하(Matilija)댐이 건설되자 상황이 달라졌다. 우기인 겨울을 제외하고는 거의 말라 있고, 평소에 흐르는 물도 1차 하수처리를 한 물이 대부분이었다. 벤투라시는 기능을 상실한 강이라고 생각하고, 강 하구를 막고 인공수로를 건설하겠다는 계획을 추진하고 있었다.

마크 카펠리는 시의회에 참석해 아직도 강의 생태계가 살아있음을, 특히 무지개송어 수십 마리가 그 강에 와서 아직도 산란하고 있음을 필름 슬라이드로 보여주었다. 마크 카펠리가 바다로 내려가는 새끼 무지개송어의 사진을 보여주자, 이본 취나드와 동료들은 그 자리에서 일어나 환호했다. 마크 카펠리의 호소 때문에 우연히 그 자리에 참석했던 이본 취나드와 동료들은 환경 보호 운동에 큰 감명을 받았다.

이 일이 있은 후 이본 취나드는 벤투라강의 친구들에게 파타고니아 본사 한 귀퉁이 공간과 책상을 무료로 내어주고 소액의 후원을 시작했다. 그리고 이듬해이자 파타고니아를 창업한 해인 1973년부터 벤투라 인근의 소규모 지역 환경단체들에 대한 후원을 시작했다.

당시 벤투라강의 친구들의 적극적인 활동으로 벤투라강 개발 계획은 잠시 취소되는 듯했다. 하지만 개발 계획은 수시로 이어졌고, 그때마다 벤투라강의 친구들은 끈질기게 맞서 싸웠다. 그 결과 벤투라강으로 흘러 드는 하수의 2차, 3차 처리가 추가되었고 벤투라강 하구의 생태계가 복원되기 시작했으며, 서핑포인트인 벤투라강 하구의 모래 해변도 지킬 수 있었다. 그리고 1998년부터는 노후되어 쓸모 없어진 마틸리하댐 철거에 대한 논의가 공식적으로 시작되었으며, 2000년대 후반 마틸리하댐 및 벤투라강 생태계 복원 프로젝트가 본격화되었다. 현재는 벤투라강 트레일 코스가 만들어지고, 상류지역이 자연보호구역으로 지정되었으며, 대부분의 이해관계자들이 댐 철거에 대해 동의한 상황이다.

1,082개의 벤투라강의 친구들

1972년 벤투라강의 친구들을 후원한 것의 나비효과는 얼마나 큰지 모른다. 첫째로, 무엇보다 벤투라강을 지켜냈다. 둘째로, 이본 취나드는 같은 건물에서 벤투라강의 친구들이 행동주의를 실천하며 시의회와 싸우는 과정을 지켜보면서, 행동하는 지역의 작은 풀뿌리 환경단체의 중요성을 깨달았다. 이후 파타고니아는 그린워싱(greenwashing)[27] 전략을 쓰는 대기업의 후원금을 받아 공익 캠페인이나 국제 콘퍼런스와 같은 소극적 환경운동을 주 사업으로 하는 큰 규모의 이름난 단체보다는 환경 보호를 위해 현장에서 직접 발로 뛰고 행동하는 지역의 작은 풀뿌리 환경단체들을 후원하기 시작했다.

1985년부터는 당기 순이익의 10%를 기부하기 시작했으며, 1988년에는 단지 후원만이 아니라 이본 취나드가 강철 피톤을 포기하게 만든 요세미티계곡의 자연 복원을 위한 중장기 보호 계획을 지지하는 전국 규모의 환경 보호 캠페인의 중심에 파타고니아가 서기도 했다. 그 결과 요세미티 국립공원은 기존보다 더 긴 자연 휴식년제를 갖게 되었으며, 요세미티암벽은 국립공원 관리사무소의 공식 허가를 받은 소수의 클린 클라이머만 등반할 수 있게 되었다.

이후 파타고니아는 후원하는 환경단체들과 협력하여 낡은 댐 철거를 촉구하는 댐네이션 캠페인, 연어와 강물 되살리기 캠페인, GATT 자유무역협정 반대 캠페인, 유전자 변형 작물 반대[28] 캠페인, 미국을 비롯한 전 세계 자연보호구역 확대 캠페인 등을 진행하였으며, 파타고니아 유럽 지사에서는 대형 트럭들이 알프스 산간 도로를 달리는 것 때문에 발생하는 도로 붕괴와 산사태 문제를 해결하기 위해 대형 트럭의 알프스 통과를 반대하는 캠페인을 벌이기도 했다.

1972년 겨우 몇 백달러로 벤투라강의 친구들을 후원한 작은 날갯짓은 2018년까지 1억 4백만 달러의 누적 기부금으로, 또한 2018년 한 해 동안만 1,082개 환경단체를 후원하는 거대한 태풍으로 성장했다.

지구세, 순이익 아닌 매출의 1%

1996년 파타고니아가 면제품에 유기농 면화를 100% 사용하기 시작한 바로 그해, 이본 취나드는 당기 순이익의 10%가 아닌 매출의 1%를 기부하기로 결정했다. 이본 취나드는 『파도가 칠 때는 서핑을』에서 파타고니아가 환경을 파괴하지 않으려고 아무리 노력해도 여전히 환경문제를 발생시킬 것이며 완벽한 자연주의를 실천할 수 없다고 인정했다. 그러면서 그는 매출의 1%를 환경단체에 기부하는 것을 '지구세(地球稅)'라고 표현했다. 지구세는 파타고니아가 비즈니스를 하느라 지구의 천연자원을 소모하고 환경오염을 일으키기 때문에 그 보상을 지구에게 해야 하는데 지구는 돈을 받지 않으니 환경단체를 통해 그것을 복원하는 일을 하겠다는 의미이다.

---

27. 위장 환경주의라고 한다. 비즈니스 영역에서는 환경을 파괴하거나 오염시키는 반면, 광고나 사회공헌을 통해서는 환경을 보호하는 기업으로 보이게끔 하는 행동을 말한다.
28. 농업 분야에서 자유무역협정이 시행되면 거대 글로벌 기업들이 화학 비료와 농약, 유전자 조작으로 생산한 값싼 농산물이 세계 전역으로 자유롭게 유통되어 개발도상국의 소규모 농민들이 자연 그대로의 방식으로 경작하는 농업을 포기할 수밖에 없게 된다는 점에서 반대 캠페인을 펼쳤다.

참고로 우리나라 국세청 통계를 보면 지난 10년간 우리나라 100대 상장사의 기부금 지출은 당기 순이익의 평균 1.8%, 매출의 0.1% 정도이다. 미국도 우리나라와 비슷해서 법인세 공제를 받는 기업 기부금은 당기 순이익의 2% 정도를 유지하고 있다. 즉, 파타고니아는 20년 전인 1996년에 현재 평균보다 10배나 많은 비율의 기부를 시작한 셈이다.

기업 회계나 재무제표를 조금이라도 아는 사람이면 순이익의 10%를 기부하는 것과 매출의 1%를 기부하는 것이 얼마나 큰 차이인지 알 것이다. 매출의 일부를 기부하는 것은 제품 판매량에 비례해서 기부하는 것이기 때문에 적자를 기록해도 기부해야 한다. 반면 당기 순이익 기준으로 할 경우에는 적자가 나거나 순이익이 적으면 기부를 중단해도 되며, 순이익을 줄이기 위해 비용을 다른 곳에 집행할 수도 있어 기부금 통제가 가능하다. 따라서 파타고니아가 순이익의 10%가 아닌 매출의 1%를 기부하기로 결정한 것은 파타고니아가 비즈니스를 하는 동안 흑자가 되든 적자가 되든 환경단체를 후원하는 일을 멈추지 않겠다는 것을 의미하며, 파타고니아가 성장할수록 정비례하여 환경운동을 지원하겠다는 의미이다.

최근 기부와 관련하여 파타고니아 역사에 남을 또 하나의 일이 발생했다. 2018년 파타고니아는 트럼프 행정부의 법인세 감세 정책[29] 으로 인해 약 1,000만 달러의 법인세를 환급 받았다. 파타고니아는 이를 비즈니스에 사용하거나 기업 이익으로 챙기지 않고 모두 환경단체에 기부했다.

지구를 위한 1%에 1,800개 기업 참여

파타고니아가 매출의 1%를 지역 환경단체에 기부하기로 결정한 후 3년이 지난 1999년 가을, 이본 취나드는 평소 플라잉낚시를 함께 즐기던 낚시용품 회사 '블루 리본 플라이스'의 대표 크레이그 매튜스(Craig Matthews)와 낚시를 하고 있었다. 파타고니아와 블루 리본 플라이스는 모두 아웃도어 활동과 관련된 비즈니스를 하고 있으므로 있는 그대로의 자연이 두 회사의 비즈니스뿐만 아니라 인류 생존에도 반드시 필요하다는 생각을 공유하고 있었다. 그리고 두 회사 모두 각자 나름의 방식으로 지역 환경단체를 후원하고 있었다. 이본 취나드와 크레이그 매튜스는 낚시를 하면서 현장 행동주의에 입각한 소규모 지역 환경운동 단체들의 중요성에 공감했으며 이들을 더 많이 도울 수 있는 방법에 대해 이야기를 나누었다. 그리고 2002년, 이때 나눈 이야기가 바탕이 되어 매출의 1%를 환경단체에 기부하는 '지구를 위한 1%(1% For The Planet)'가 설립되었다.

파타고니아와 블루 리본 플라이스가 함께 설립한 '지구를 위한 1%'에 두 회사의 이름이나 대표들의 이름을 넣지 않은 것은 두 회사뿐만 아니라 더 많은 기업과 개인들이 지구세의 개념을 이해하고 지구를 위한 1%에 참여하길 원했기 때문이다. 또한 공익재단의 형태가 아니라 공익연합체의 성격을 취한 것도 특이한 점이다.

이본 취나드는 『파도가 칠 때는 서핑을』에서 지구를 위한 1%를 재단이 아닌 공익연합체로 세운 이유에 대해 많은 비영리재단과 단체들이 초기에는 그렇지 않다가 자산이 쌓이고 규모가 커지면 내부에 관료주의가 생기고

[그림24] '지구를 위한 1%' 로고
출처 : www.onepercentfortheplanet.org

29. 신자유주의 경제 체제를 적극 지향하는 트럼프 행정부는 기업에게 부과하는 세금과 규제를 없애는 중이다. 파타고니아 '2018 환경 사회 보고서'에는 이를 '무책임한 감세 정책'으로 표현하였다.

안정을 추구하면서 환경운동에서 중요한 현장 행동주의 원칙이 지켜지지 않기 때문이라고 했다. 그래서 지구를 위한 1%는 전 세계에 흩어져 있는 지역 풀뿌리 단체들의 옥석을 가려 회원들에게 정보를 제공하고 서로 기부를 연결해 주는 역할에 집중하고 있다. 회원은 지구를 위한 1%에서 연결해준 환경단체에 기부한 후 기부금 영수증과 매출 증빙을 제출하면 회원 자격을 유지할 수 있다.

지구를 위한 1% 홈페이지에는 전 세계 풀뿌리 환경단체들이 현장에서 활동하는 생생한 모습과 이들 단체들과 연결된 기업들의 이야기가 가득하다. 2019년 5월 기준, 지구를 위한 1%는 45개국 3,000여 개에 달하는 풀뿌리 환경단체들과 연결되어 있으며, 1,800개 이상의 기업들이 회원사로 참여하고 있다. 지구를 위한 1%는 2002년 공식 후원 활동을 시작한 이후 현재까지 2억 달러가 넘는 누적 기부금을 기록하고 있다. 물론 지구를 위한 1%도 기부를 받는다. 지구를 위한 1%에 직접 기부하면 기부금은 사무국 운영과 풀뿌리 환경단체들의 역량 강화, 네트워킹, 그리고 연대 활동에 사용된다.

기부를 통해 사회를 변화시킨다

지구를 위한 1%는 우리나라 기업들의 일반적인 기부와 다른 점이 몇 가지 있다. 첫째는 '세금'에 대한 관점이다. 이본 쉬나드는 『파도가 칠 때는 서핑을』에서 "지구를 위한 1%는 자원을 사용하는 것에 스스로 부과한 세금이자 동시에 먼 훗날에도 계속해서 비즈니스를 하기 위한 보험의 성격을 갖는다"라고 말했다. 일반적으로 우리는 기부를 '아름답고 선한 행위'로 생각한다. 지구를 위한 1%에는 그보다는 '자기성찰'의 의미가 더욱 강하게 배어 있다. 비즈니스를 하다 보면 불가피하게 해치게 되는 환경적 가치가 있는데, 이는 정부에 내는 세금에도, 제품·서비스의 가격에도 반영되어 있지 않다. 파타고니아는 환경적 가치를 해치는 것에 스스로 '반성'의 의미로 세금을 매기고 있는 것이다.

둘째는 문제 해결을 위한 '다양성 공존'의 관점이다. 이본 취나드는 『파도가 칠 때는 서핑을』에서 지구를 위한 1%가 환경문제를 해결하는 다양한 방식을 지원하는 원천이 되기를 바란다고 했다. 우리는 보통 기부를 하면 대상의 상황을 일시적으로 개선하거나 부분적으로 해결할 순 있지만, 문제를 근본적 또는 전체적으로 해결하지 못하는 경우를 종종 본다. 왜냐하면 대부분의 기부가 '파이프라인 방식'이라고 부르는 단선 구조로 이루어지기 때문이다. 단선 구조 기부는 기부 받은 단체가 가장 중요하게 생각하는 문제에 집중하여 그들만의 방식으로 문제 해결에 모든 자원을 쏟아 붓는 경우가 일반적이다. 이럴 경우 하나의 문제를 해결해도 또 다른 주변 문제들이 남아 있는 경우가 많다. 지구를 위한 1%는 기존 단선 구조 기부의 한계를 극복하기 위해 다수의 후원자가 다수의 환경단체들과 자유롭게 연결되고 다양한 해결 방법이 공존하는 커다란 '플랫폼' 또는 '터미널 방식'의 후원구조를 만들었다. 이를 통해 하나의 환경문제에 대해 많은 단체들이 다양한 해결방식을 제시하고 함께 문제를 풀 수 있도록 하고 있다.

셋째는 '협력'에 대한 관점이다. 지구를 위한 1%는 기부에 참여한 개별 회원을 위한 홍보 관점보다 철저하게 사회적 가치를 극대화하고 실질적인 문제 해결을 위한 협력 관점에서 설계되었다. 우리나라 기업들은 참여하는 회사의 이름을 알리거나 브랜드 가치를 어떻게 높일 것인가 하는 홍보 관점에서 기부나 사회공헌에 접근하기 때문에 협력 방식의 기부나 사회공헌에 적극적으로 참여하지 않는다. 그런데 문제 해결 관점에서 보면 사회공헌 영역에서의 협력은 지극히 당연한 일이다. 수많은 사회문제와 환경 오염, 자연 보호와 같은 거대한 과제를 한 기업이 혼자서 해결한다는 것은 절대 불가능한 일이기 때문이다. 우리나라에서도 2000년대 중반부터 하나의 사회문제를 해결하기 위해 다양한 이해관계자들이 이해득실을 따지지 않고 협력하는 방식인 콜렉티브 임팩트(Collective Impact)에 대한 논의가 시작되었지만 기업 사회공헌 영역에서는 아직 소극적인 상황이다.

우리나라에도 기부 플랫폼이 많다. '해피빈'이나 '같이가치'와 같은 온라인 플랫폼도 있고, '텀블벅'과 같은 크라우드펀딩 플랫폼도 있다. 그러나 이들 플랫폼은 특정 스토리에 기부를 연결해주는 시스템인 관계로 개별 스토리의 문제를 어느 정도 해결할 수는 있어도 사회문제를 푸는 데는 한계가 있다. 또 그렇기에 사회문제를 제시하기보다는 끊임없이 개별 스토리를 찾아 나서고 있다. 이런 기부 플랫폼들도 사회적으로 큰 의미가 있음은 물론이다. 그렇지만 다른 한편으로 좀 더 다양한 기부 플랫폼에 대한 시도가 필요하다. 지구를 위한 1%가 말하고 있는 사회문제 해결, 협력과 확산 등의 가치와 방법을 깊이 들여다볼 필요가 있다.

활동가를 길러내는 임직원 자원봉사

봉사활동 담당자들의 고민

우리나라 기업들의 사회공헌 담당자를 만나면 열에 아홉은 임직원 봉사활동에 대한 두 가지 고민을 이야기한다. 하나는 '어떻게 하면 직원들이 자발적으로 봉사활동에 참여할 것인가?'이고, 또 하나는 '직원 봉사활동의 가치를 어떻게 높일 것인가?' 하는 것이다. 두 가지 고민은 결국 하나의 원인으로 모아진다. 그 원인이란 현재 진행되는 기업 임직원 봉사활동의 산출 가치가 투입 가치에 비해 여러모로 현저히 낮다는 점이다. 왜 이런 현상이 발생했을까?

1994년 삼성그룹이 국내 기업 최초로 기업 내 사회공헌 조직 '삼성사회 봉사단'을 만들고, 200명이 넘는 사회복지사를 계약직 '봉사활동 코디네이터'로 채용하여 계열사와 전국 사업장에 파견했다. 이로써 우리나라에 기업 임직원 봉사활동의 시대가 개막되었다.

이후 IMF 외환위기 직후 2000년대 초반, 기업의 사회적 역할이 강조되면서 국내 대부분의 대기업에는 사회공헌팀과 같은 사회공헌 조직이 생겼다. 사회공헌 조직의 필수 역할은 임직원 봉사활동을 기획하고 실행하는 일이었다. 때마침 정부는 자원봉사의 날을 지정하고 봉사활동 실적이 좋은 기업들을 표창했다. 동시에 행정자치부와 지자체들은 자원봉사활동을 지원하는 자원봉사센터를 시와 구마다 만들었고, 센터들의 중요한 과업 중에 하나는 기업 임직원 봉사활동 활성화였다. 이런 상황에서 연말 불우이웃 돕기 시즌이 되면 언론들은 앞다투어 주요 대기업들의 기부금 액수와 임직원 봉사활동 참여율을 비교해서 보도했다.

기업 임직원 봉사활동이 시작되어 활성화되던 2000년대 초중반에는 봉사활동이 기업과 지역사회의 상호 이해를 높이고, 지역의 사회·환경문제를 공동으로 해결하는 협업의 역할을 담당했다. 또 기업의 임직원들이 일상에서 만나기 힘든 극빈층, 중증 장애인, 사회복지 시설 생활자들을 봉사활동을 통해 만나면서 우리 사회에 다양한 계층이 공존하고 있음을 알게 되었다. 특히 봉사활동은 기업 임직원들에게 사회적 가치와 지역사회 공동체에 대한 인식을 높이는 계기가 되었으며 다양한 활동을 통해 직원 간의 소통이 활성화되는 등 이전의 상명하복 방식의 기업문화를 어느 정도 해소하고 유연하게 변화시키는 데에도 긍정적인 역할을 했다.

그러나 사회복지 시설 위주의 봉사활동이 고착, 반복되고, 기업 임직원 외에 초·중·고, 대학의 봉사활동도 제도화되면서 서울을 비롯한 주요 도시의 사회복지 시설에는 일 년 열두 달 봉사자가 넘쳐나는 상황이 되었다. 이에 따라 기업 임직원들이 사회복지 시설에 봉사활동을 가면 청소, 설거지, 배식 등 단순 작업 위주의 활동을 하면서 참여자의 만족도가 점점 떨어지게 되었다.

2008년 서울시복지재단에서 발간한 『기업사회공헌활동 가이드북』을 보면 "기업의 임직원 봉사활동은 외부적으로는 기업의 브랜드 이미지와 명성을 제고시킴으로써 제품과 서비스에 대한 신뢰를 주고 이는 매출의 증대로 이어진다. 내부적으로는 직원들의 충성도와 사기 진작에 도움이 되며 경쟁력 있는 인재 확보 및 유지가 가능해지는 효과가 있다"고 나와 있다. 이후 10년이 훌쩍 지난 지금 과연 기업 임직원 봉사활동을 통해 그런 가치를 만들고 있는지를 자문할 수밖에 없다.

파타고니아의 임직원 봉사활동

그렇다면 파타고니아의 임직원 봉사활동은 어떻게 이루어지고 있을까? 파타고니아에서 임직원 봉사활동을 담당하는 조직은 환경팀(Environmental Department)이다. 파타고니아 환경팀은 우리나라 기업의 사회공헌팀과 같은 역할을 한다. 이 팀은 주로 본사와 매장이 위치한 지역의 환경 캠페인을 기획하고 실행하며, 환경 이슈에 대해 기업 차원에서 어떻게 반응하고 대응할 것인가를 구상하는 역할을 맡고 있다. 또한 임직원이 참여하는 환경 보호 활동을 담당하는 부서이기도 하다. 2018년 본사 방문 인터뷰에서 환경팀 선임매니저 한스 콜(Hans Cole)은 파타고니아 임직원 봉사활동에 대해 이렇게 설명했다.

"파타고니아 임직원 봉사활동은 100% 자발적으로 진행합니다. 파타고니아뿐만 아니라 미국 기업들 대부분이 그렇습니다. 그리고 파타고니아 임직원 봉사활동은 환경 영역에 집중되어 있습니다. 회사와 임직원의 역량을 모두 환경 영역에 집중해도 환경문제는 쉽게 해결할 수 없는 어려운 문제이니까요."

파타고니아 임직원 봉사활동 제도는 자발적 참여를 기반으로 환경 영역에 초점을 맞추고 있으며 본사와 직영점 등 근무 환경에 따라 다양한 활동이 펼쳐지고 있다. 파타고니아 환경팀은 본사 중심으로 직원들이 활동하기 좋은 환경단체를 소개하거나 파타고니아가 주도하는 환경 캠페인에 참가자를 모집하는 일을 한다.

1994년 파타고니아는 직원들의 환경운동에 대한 인식과 참여도를 높이고 소규모 환경단체의 열악한 운영을 실질적으로 돕기 위해 '환경단체 인턴십 프로그램'을 시작했다. 이 프로그램은 직원들이 연중 최대 두 달 동안 유급 휴가를 얻어 환경단체에 단기 인턴으로 근무하는 제도이다. 두 달을 한꺼번에 사용할 수도 있고 주 단위나 일 단위로 쪼개어 사용할 수도 있다. 두 달을 한꺼번에 사용할 경우 연초에 부서장과 인사팀에 사전 업무 조정을 요청해야 한다. 2018년 파타고니아의 환경 사회 보고서를 보면, 1994년 프로그램이 시작된 이후 2018년까지 참여한 직원 수가 총 2,589명이며, 2018년에는 547명의 직원이 이 프로그램에 참여했다. 개인 자격으로 참여한 직원이 76명이고 팀 프로젝트로 참여한 그룹이 27개 팀이다. 이들이 한 해 동안 활동한 시간은 17,316시간이다.

『파도가 칠 때는 서핑을』에는 환경단체 인턴십 프로그램과 관련된 에피소드가 하나 실려 있다. 1990년대 중반 삼나무숲이 우거진 캘리포니아주의 헤드워터즈숲이 개발 위기에 처하자 개발 반대 시위를 하던 파타고니아 직원 4명이 업무 방해 혐의로 지역 경찰에 체포되는 일이 발생했다. 4명의 직원은 지역 환경단체 인턴십 프로그램에 참여하는 중이었고, 인턴십 프로그램에서 비폭력 시민 저항 운동에 대한 사전 교육을 받은 상태였다. 체포된 직원들은 파타고니아 본사에서 보석금을 지급한 후 즉시 풀려났다.

특별한 경우 2개월이 아니라 환경 보호를 위해 직원을 무기한 파견한 경우도 있었다. 2000년대 초 파타고니아 통합 물류, 수선센터를 네바다주 르노로 옮기면서 그곳에 어떤 환경 보호 활동이 필요한지 사전조사를 했다. 직원들의 조사 결과 네바다주에는 아직도 광대한 미개척지가 남아있고 미개척지의 83%에 이르는 땅이 연방 정부 소유이지만, 자연 보호 차원에서 아무런 조치도 이루어지지 않고 있었다. 이때 직원 네 사람이 환경팀을 찾아와 월급과 업무공간만 준다면 몇 년 안에 이 지역을 자연보호구역으로 지정할 수 있다고 했다. 회사의 전폭적인 지원을 약속 받은 네 사람은 곧바로 네바다주 자연보호연맹에 가입했고, 네바다주 연방 상원의원 두 사람의 지지를 받아낸 후 워싱턴으로 날아가 입법 로비를 펼쳤다. 그 결과 2004년 5,163제곱킬로미터에 이르는 광대한 땅이 연방 정부의 자연보호구역으로 지정되었다.

한편 파타고니아 직영점의 직원들은 지역 환경단체와 보다 긴밀한 관계를 맺고 있다. 1993년 피디고니아 북미 지역 매장매니저 10명은 매장 운영을 위해 열린 본사 워크숍에서 매장 직원들로 구성된 매장별 '환경단체 지원금 위원회'를 만들기로 결정했다. 각 매장의 위원회는 지역의 어떤 환경단체에 지원금과 의류를 기부하고 자원봉사에 참여하면 좋을지에 대한 의사결정을 한다. 2018년 한 해 동안 파타고니아 북미 직영점 34개에서 335개 지역 환경단체에 250만 달러를 기부했다.

한 예로 미국 메인주에 위치한 파타고니아 프리포트(freeport) 매장 직원들은 지역 환경단체 '메인 리버(Maine Rivers)'의 노후 댐 철거 및 강 복원 프로젝트에 오랫동안 후원 및 참여하고 있다. 그 결과 2017년에는 노후된 마세(Masse)댐이 철거되었고 2018년에는 건설된 지 100년이 넘어 기능을 상실한 롬바드(Lombard)댐이 철거되었다. 그러나 아직 네 개의 쓸모 없는 작은 댐이 남아있어 캠페인은 계속되고 있다. 댐들이 철거되면 메인강의 생태계가 살아나고 백만 마리에 가까운 청어가 강과 바다를 자유롭게 오갈 수 있게 된다. 파타고니아 프리포트 매장 직원들은 댐 철거에 대한 지역주민들의 동의 서명을 받는 가두 캠페인을 진행하고 매장에서 댐 철거를 위한 영상 상영과 공청회를 열기도 하였으며 거리 시위에도 참여했다.

파타고니아 해외 지사 직원들도 각 국가에서 환경운동 후원과 직원 자원봉사활동을 하고 있다. 파타고니아 일본 지사는 일본의 환경단체들과 함께 '탈석탄 운동'을 펼치고 있다. 2018년 파타고니아 환경 사회 보고서에는 파타고니아 일본 지사와 일본의 환경단체들이 2011년 후쿠시마 원전사고 이후 일본 내에서 급증하고 있는 석탄발전소 건설을 반대하는 활동에 대한 내용이 실려있다.

2012년부터 일본에서는 원자력발전을 줄이고 석탄발전소 50개 이상을 건설하는 계획이 추진되고 있다. 이중 35개는 현실화되고 있으며 발전소들이 완공되면 일본에는 135개 이상의 석탄발전소가 가동되게 된다. 파타고니아 일본 지사와 일본의 환경단체들은 '석탄을 쓰던 시절로 돌아가지 맙시다(Don't Go Back to Coal)' 캠페인을 진행하면서 원전 대체를 위한 손쉬운 해결책인 석탄발전소 건설 대신 태양광, 풍력, 조력, 바이오매스 등 재생에너지 발전을 확대하는 정책을 추진할 것을 일본 정부와 지자체에 요구하고 있다. 캠페인의 성과로 센다이의 신규 발전소는 석탄 대신 바이오매스를 100% 사용하기로 결정했다. 파타고니아 일본 지사 직원들은 캠페인 확산을 위해 고객 서명을 받기도 하고 석탄발전소 건설 예정 지역을 찾아 건설 반대 시위에 참여하기도 했다.

소명의식을 길러내는 자원봉사

파타고니아의 환경단체 인턴십 프로그램을 자원봉사 프로그램으로만 볼 것이 아니라 임직원 교육 및 육성 프로그램으로 접근한다면 몇몇 기업에서는 한 번쯤 시도해 볼만한 프로그램이라고 생각한다. 이미 단기, 장기 등 다양한 직원 교육 프로그램을 가지고 있는 회사가 많고 환경단체를 비롯한 다양한 비영리단체들과 사회공헌 차원에서 협력하고 있는 기업이 많기 때문에 전혀 불가능한 일만은 아니다. 다시 우리나라 기업 임직원 자원봉사의 한계를 지적했던 글의 처음 부분으로 돌아가 살펴보면, 파타고니아 환경단체 인턴십 프로그램에 담긴 자원봉사 철학이나 접근 방식을 통해 얻는 교훈이 몇 가지 있다.

첫 번째, 파타고니아 임직원 자원봉사는 100% 자발성에 의존한다. 회사는 직원들이 봉사활동에 참여할 수 있도록 적극 지지하고 지원하는 역할에 집중한다. 또 봉사활동에 참여한 직원들이 가치 있는 활동으로 느끼도록 실질적인 현장 활동을 하는 환경단체와의 협력에 공을 많이 들이고 있다. 당연히 봉사활동 참여 실적이 평가에 반영되지도 않으며 부서 간 비교도 하지 않는다. 즉, 임직원 봉사활동이 누군가에게 보고하고 외부에 홍보하기 위한 것이 아니라는 점이다.

두 번째, 자원봉사를 기업의 전통과 문화로 만들기 위해 노력하고 있다. 자원봉사에 관련한 많은 책과 자료에서 기업 임직원 봉사활동의 성공 여부는 세밀한 프로그램 기획에 있다기보다 기업 문화에 달려있다고 했다. 기업 문화가 사회와 환경문제 해결에 관심이 많고 그런 활동에 직원들이 참여하는 것을 장려한다면 굳이 사회공헌팀 실무자가 재미있고 감동적인 봉사활동 프로그램을 직접 기획할 필요도 없고 직원들의 참여를 끌어내기 위해 갖은 홍보방법을 동원하지 않아도 될 것이다.

세 번째, 기업의 미션과 자원봉사를 일치시키기 위해 노력하고 있다. 파타고니아는 지구를 되살리기 위해서 사업을 하듯이, 지구를 되살리기 위해서 임직원 자원봉사를 한다. 기업 미션과 자원봉사가 따로 존재하지 않는다. 직원들이 봉사활동에 참여해서 내적 갈등을 일으키는 이유 중에 하나는 회사와 회사의 비즈니스가 환경, 사회문제를 해결하는 쪽으로 가지 않는 상태에서 직원들에게 환경, 사회 문제를 해결하는 봉사활동에 참여하라고 하기 때문이다. 이런 상태가 계속되면 직원들은 회사에서 하는 일과 봉사활동에서 하는 일의 괴리감을 느낄 수밖에 없다. 괴리감은 봉사활동의 자발성과 참여율을 떨어뜨린다. 직원 자원봉사활동이 올바른 방향으로 가고 있는지 판단하려면 기업 미션과 일치하는 부분이 많은지 보면 될 것이다.

네 번째, 기업이 추구하는 방향이 자원봉사에도 투영되어 진행된다는 점이다. 파타고니아에서 매년 추진되는 환경단체 인턴십 프로그램을 보면 환경 보호 활동이 근간을 이루면서도 주제가 조금씩 변화한다는 것을 느낄 수 있다. 최근에는 되살림 유기농업, 미세플라스틱 등의 주제에 참여하는 활동이 많아지고 있는데, 이는 파타고니아가 역점을 두는 활동 방향이기도 하다. 이렇듯 기업이 추구하는 방향이 자원봉사활동에도 그대로 투영되는 것이 구성원의 발전과 기업의 발전 모두에 긍정적인 영향을 끼칠 것이다.

다섯 번째, 파타고니아의 환경단체 인턴십 프로그램은 자원봉사 프로그램이되, 직원 교육 프로그램이기도 하다는 것이다. 지구를 되살리자는 파타고니아 미션에 충실한 인재를 육성하는 방법이 무엇일까 생각해보면 이 인턴십 프로그램만큼 좋은 프로그램도 없다. 직원들은 최대 2개월 동안 환경단체에 근무하면서 환경 보호 활동에 참여하면서 환경에 대한 의식을 제고하고, 환경단체의 열정을 배우게 된다.

일반적인 기업들은 자원봉사로 사회에 '기여'하는 것을 강조한다. 파타고니아의 경우에는 "열정적인 직원들이 열정적인 회사를 만든다"는 것을 강조하고 있다. '기여' 대신 '열정'을 강조하는 것이다. 환경단체의 열정을 인턴십으로 배우고, 열정을 사업장에서 발휘할 것을 기대하는 것이다.

파타고니아가 행동주의자 회사(activist company)를 지향하고 있듯, 파타고니아의 자원봉사 프로그램은 행동주의자 직원 육성을 지향하고 있다. 파타고니아 미션 수행의 소명의식을 갖도록 육성하는 것이고, 환경문제에 대한 열정을 불러일으키는 것을 목적으로 갖고 있기도 하다. 우리나라 기업의 자원봉사는 직원들이 어떤 소명의식, 어떤 열정을 갖기를 원하고 있는지 한번 돌이켜 봄직할 것이다.

행동주의자 회사 The Activist Company

취나드 vs 트럼프

2017년 12월 4일 파타고니아 홈페이지 메인 화면에 "대통령이 당신의 땅을 훔쳐갔다"라는 메시지가 떴다. 검은 바탕에 흰 글씨로 쓴 이미지는 조기(弔旗)를 연상하게 했다. 큰 글씨 아래에는 트럼프 행정부에 SNS 항의 운동을 독려하는 안내문과 방법이 적혀 있었다. 그리고 그날 저녁 CNN 뉴스에 대중매체에 거의 등장하지 않던 이본 취나드의 인터뷰가 방영되었다. 이본 취나드는 "미국의 대통령과 행정부는 악마(evil)와 같으며 우리는 모든 법적 수단을 동원하고 환경 단체들과의 강력한 연대를 통해 악마와 싸우겠다"고 말했다.

인터뷰가 방송되자마자 미국 내 많은 대중매체에서 앞다투어 뉴스로 다뤘으며 SNS를 통해 엄청난 속도로 퍼져 나갔다. 일개 아웃도어 의류기업의

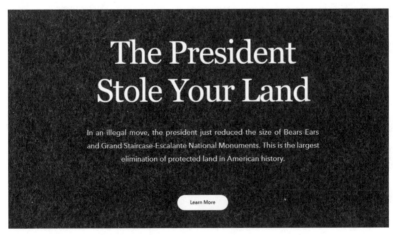

[그림25] '대통령이 당신의 땅을 훔쳐갔다' 문구가 기재된 파타고니아 홈페이지
출처 : www.patagonia.com

창업자가 미국 대통령을 악마로 부르고 행정소송을 걸고 싸우겠다는 말을 혼잣말도 아니고 가장 영향력 있는 TV 뉴스에 나와 대놓고 하다니 도대체 무슨 일이 있었던 것일까?

미국 대통령 도널드 트럼프는 2017년 12월 4일 미국 중서부 유타주에 있는 국립자연보호 구역(National Monument)인 베어스 이어스(Bears Ears)의 85%에 해당하는 약 4,047제곱킬로미터, 그랜드 스테어케이스 에스칼란티(Grand Staircase-Escalante)의 45%에 해당하는 약 3,096제곱킬로미터 면적을 줄여 석유, 가스회사와 관광개발회사들에게 이 지역을 개발할 수 있는 권리를 주겠다고 발표했다.

이는 미국 역사상 최대 규모의 자연보호구역 해제이며 두 지역만 합쳐서 줄어든 면적이 무려 7,143제곱킬러미터에 이른다. 우리나라 충청북도 면적보다 조금 작다. 두 지역은 아름다운 자연 경관뿐만 아니라 인디언 전통문화를 간직한 유적과 유물을 잘 보존하고 있다는 점에서 국립 자연보호구역으로 보전하는 것이 마땅한 지역이다.

문제는 이것이 시작이라는 점이다. 트럼프는 취임 초기인 2017년 4월에 1996년부터 2016년 사이에 지정된 27개 국립자연보호구역 중 면적이 10만 에이커(약 400제곱킬로미터)를 초과하는 지역에 대한 지정을 재검토하라고 지시하였고, 첫 시작으로 베어스 이어스와 그랜드 스테어케이스 에스칼란티의 보호구역 면적 축소를 발표한 것이다. 트럼프의 정책으로 위협 받고 있는 국립자연보호 구역의 면적은 대략 2,589,988제곱킬로미터로 서울의 약 4,280배에 달한다.

트럼프는 발표를 하면서 "부의 새로운 미래를 열어줄 것"이라고 말했다. 트럼프는 석유와 가스의 시추 규제를 완화하고 광물 채굴과 벌목을 확대하며 광산 프로젝트 추진과 호텔과 카지노를 비롯한 서비스산업이 자연보호구역에 난입하게 되는 것을 '부'이자 '미래'라고 주장한 것이다. 미국에서 국립공원(National Park) 지정과 개발은 의회 승인을 반드시 얻어야 하지만 국립자연보호구역은 의회 승인 없이 대통령의 행정명령에 의해 '지정'할 수 있다. 그런데 트럼프 행정부는 대통령이 지정뿐만 아니라 '해제'할 수 있는 것으로 확대 해석해 이번 조치를 발표한 것이다.

이 발표 직후 베어스 이어스의 베어스 부족 연합(The Bears intertribal Coalition)은 '인디언 주권에 대한 공격'이라고 반박했으며, 토착 원주민 환경단체 '나바호족 국가(Navajo Nation)'는 즉각 싸울 것을 공표하였고, 뒤이어 많은 환경단체가 트럼프의 발표를 반대하는 캠페인과 행정소송을 시작했다. 그리고 파타고니아는 트럼프의 발표 직후 1시간 만에 홈페이지에 '대통령이 당신의 땅을 훔쳤다'라는 메시지를 공표했다. 이본 쉬나드는 그날 저녁 CNN 뉴스 인터뷰를 통해 트럼프와 전쟁을 공식 선포했다.

파타고니아, 아메리카 원주민 단체, 환경단체 연합은 대통령이 국립자연보호구역을 지정할 수는 있지만 해제할 수 있는 권한은 없다는 것을 강조하며 베어스 이어스와 관련된 소송 3건, 그랜드 스테어케이스와 관련된 소송 2건 등 대통령 행위의 적법성에 대해 미국 콜롬비아주 법원에 총 5건의 행정 소송을 함께 제기했다.

일련의 사건들이 진행되는 과정에서 2018년 11월 파타고니아는 기업의 미션을 "우리는 우리의 터전, 지구를 되살리기 위해 사업을 한다"로 바꿨다. 그리고 파타고니아 홈페이지 내 별도 페이지인 '행동주의자 회사(The Activist Company)'에는 다음과 같은 서문이 실렸다.

"우리는 환경 위기가 중요한 전환점에 도달했다고 믿습니다. 온실가스 배출량을 줄이고, 깨끗한 물과 공기를 지키고, 더러운 기술로부터 벗어나려는 노력이 없다면, 인류 전체가 우리 지구의 자체 보존 능력을 파괴할 것입니다. 파타고니아에서는 환경을 보호하고 보존하는 일이 언젠가 나중에 해야 하는 일이 아닙니다. 그것은 바로 지금 우리가 사업과 일상적인 업무에서 당장 해야 할 일입니다."

이본 쉬나드는 2019년 2월에 발간된 '2018 파타고니아 환경 사회 보고서'의

여는 메시지를 통해 급속히 망가지고 있는 환경을 보호하기 위해서는 말이 아닌 구체적인 행동이 필요하다고 강조했다.

댐네이션, 물을 다시 흐르게 하자!

파타고니아가 일개 기업으로 미국의 대통령에게 선전포고를 할 만큼 행동주의자의 정체성을 갖게 된 계기는 무엇이었을까? 『파도가 칠 때는 서핑을』에서 이본 취나드는 환경운동에서 행동주의의 중요성을 강하게 깨닫게 된 것은 '벤투라강의 친구들'을 후원하면서부터였다고 언급했다.

이후 환경단체를 금전적으로 후원하고 환경단체의 효과적인 운영을 위해 '풀뿌리 활동가를 위한 도구들'과 같은 교육 세미나를 개최하고 있지만 항상 한계에 부딪힐 수밖에 없었다. 블루 리본 플라이스와 지구를 위한 1%를 결성해 혼자가 아닌 1,800여 개 기업이 환경단체를 후원하게 되었지만 근본적인 변화를 위해서는 궁극적으로 커다란 벽을 넘어서야만 했다. 커다란 벽의 정체는 엄청난 힘을 가진 정부와 환경정책이었다.

이에 파타고니아는 2000년대 들어 정부를 대상으로 환경정책 개선을 위한 캠페인을 벌이기 시작했다. GMO 반대 캠페인(2001), 환경정책 지지 투표 캠페인(2004) 등이 바로 그것이다. 비즈니스를 하는 기업이 정부를 대상으로 정책에 대해 의견을 표명하고 공개적으로 캠페인을 벌이는 일은 아무리 미국이라 할지라도 매우 드문 일이다. 의회 로비가 허가된 미국에서 기업들은 공개적인 대중 캠페인 대신 로비스트를 고용하여 이해관계와 이익에 맞게끔 입법 로비를 한다. 또는 자신들의 이익을 옹호할 후보들의 선거 캠프에 거액의 정치 후원금을 낸다. 이것이 일반적이고 기업에게 안전한 일이지만, 파타고니아는 거액의 자금으로 로비스트를 고용하거나 정치 후원금을 내는 대신 뜻을 같이하는 환경단체를 후원하고 이들과 함께 공개적인 캠페인을 직접 벌여 행동주의자의 면모를 분명히 드러내고 있다.

파타고니아가 행동주의자 회사로서의 면모를 보인 대표적인 사례는

2014년에 시작한 '댐네이션(DamNation)' 캠페인이다. 댐네이션 캠페인은 벤투라강의 친구들과 함께 벤투라강 상류의 낡은 마틸리하댐 철거를 촉구하면서 시작되었다. 건설된 지 60년이 지나 기능을 상실한 마틸리하댐을 철거하고 맑은 물이 다시 흐를 수 있도록 하자는 댐네이션 캠페인은 이후 미국 전역과 유럽으로 확산되었다. 파타고니아는 수명을 다해 사용하지 못하는 낡은 댐이 가져오는 환경 오염과 자연 파괴에 대해 다큐멘터리 영화를 만들어 배포하고 파나고니아 매장을 비롯한 다양한 환경단체 콘퍼런스에서 상영회를 진행하고 있다. 또한 오래되어 못쓰게 된 댐이 있는 지역을 방문하여 지역 환경단체 운동가들과 함께 일반 대중을 대상으로 댐 해체 서명운동을 펼치기도 한다.

우리나라도 지난 10년간 4대강에 설치된 보로 인한 사회적 갈등이 여전히 진행 중이다. 4대강에 설치된 보 외에도 수력 발전과 농업 용수 확보를 위해 전국 곳곳에 설치된 댐과 보는 수천 개가 넘는다. 수력 발전을 위한 댐은 한때 화력이나 원자력 발전보다 친환경적이라고 여겨져 왔으나 물의 흐름을 막아 수질 오염의 원인이 되고 집중호우나 태풍이 일어나면 엄청난 재난의 근본 원인이 될 수 있다. 그나마 대형 댐들은 국가와 공공기관의 관리를 받고 있지만 1970~80년대 산촌과 농촌 하천 곳곳에 건설된 수천 개의 소규모 사방 댐과 보는 아무런 관리를 받지 못한 채 방치되어 있다.

이런 현상은 비단 미국과 우리나라만 그런 것이 아니다. 전 세계 하천에 지난 20세기 초중반에 건설되어 지금은 아무런 역할도 하지 못하고 수로만 막고 있는 수만 개의 낡은 댐과 보 때문에 강과 하천 주변의 생태계는 점점 망가져가고 있다. 그럼에도 불구하고 쓸모 없는 댐과 보의 철거는 거의 이루어지지 않고 있으며, 더 큰 문제는 전기회사들과 농업회사들이 지금도 수천, 수만 개의 새로운 댐과 보를 세계 곳곳에 건설하고 있다는 것이다.

'유럽의 푸른 심장을 지키자(Save the Blue Heart of Europe, 이하 블루하트)'는 발칸반도에 흐르는 강들과 유역의 자연 환경을 보호하는 환경운동단체다. 블루하트는 파타고니아 댐네이션 캠페인과 협력하여 알바니아 바오사(Vjosa)강에 건설 예정인 38개의 신규 댐을 비롯한 유럽 내 무분별한 댐 건설 반대 캠페인을 펼치고 있다.

2018년 6월, 바오사강 유역의 작은 마을 쿠타의 환경운동가 트리폰 무라타이(Trifon Muratai)는 그의 동료들 그리고 파타고니아 댐네이션 활동가와 함께 벨기에 브루셀에 위치한 유럽 의회를 찾아갔다. 그는 유럽 의회 환경분과 의원들 앞에서 바오사강에 전기회사들이 건설하려는 댐이 세워지면 전통을 지키며 살아온 수백 개의 작은 마을들과 수천 년간 자라온 울창한 숲, 그리고 그 안에 살고 있는 수많은 동식물이 완전히 수몰되어 없어질 것이며 강과 유역의 아름다운 자연 환경이 완전히 파괴될 것이라고 연설했다. 그리고 유럽 의회에서 댐 건설을 막아 줄 것을 요청하였다. 연설이 끝난 후 트리폰 무라타이는 댐 건설에 반대하는 지역 주민 12만 명의 탄원서를 유럽 의회에 전달했다.

2010년 이후 발칸반도 여섯 개 국가만 하더라도 2,800개 이상의 댐 건설 계획을 추진하고 있으며, 유럽 전역으로 확대하면 5천 개 이상의 댐 건설 계획이 진행 중이다. 이를 막기 위해 블루하트는 파타고니아 댐네이션과 공동 캠페인을 펼치고 있다.

블루하트와 댐네이션의 지속적인 캠페인과 호소로 유럽 의회는 소규모 수력 발전 댐을 건설할 때 반드시 EU 환경 기준을 넘지 않도록 강조하는 법안을 통과시켰다. 더불어 유럽 의회는 유럽의 주요 개발 은행에게 발칸반도 수력 발전에 대한 대출과 투자를 재고해달라는 요청서를 공식적으로 발송했다. 이어 알바니아 정부는 바오사강에 수력 발전 댐을 건설하는 대신 태양광 발전 단지를 조성하는 계획을 발표했다. 미국에서는 댐네이션 캠페인 이후 크고 작은 낡은 댐과 보 51개가 해체되어 멈추었던 강물이 다시 흐르고 있다.

풀뿌리 환경운동을 통한 사회변화 추구

파타고니아 CEO 로즈 마카리오는 2018년 파타고니아 환경 사회 보고서에 "민주주의는 참여를 필요로 합니다"라는 글을 실었다. 이 글에서 로즈 마카리오는 2017년 12월 4일 트럼프 대통령이 국립자연보호구역을 해제하겠다는 발표 이후 파타고니아와 환경단체들이 힘을 합쳐 싸운 것에 대해 언급하며 '유례없는 위협에는 유례없는 대응'이 필요하다고 강조했다.

그는 그동안 석유와 가스개발회사들이 이권을 위해 선거 캠페인에 개입하고 지지하는 대통령 후보와 의원들에게 엄청난 액수의 정치 후원금을 준 사실을 환기하며 이제 기업의 이권이 아니라 환경 보호를 위해 서로 뜻을 같이하는 기업들이 행동으로 나서야 한다고 호소했다.

파타고니아는 지난 2016년 11월 대통령선거 당시 고객들에게 시민의 정치 참여가 중요하다는 메시지를 전달하기 위해 미국 내 모든 파타고니아 매장과 사무실 그리고 물류센터의 문을 닫고 투표 참여 캠페인을 벌였다. 이어 2018년에는 미국 주(州) 중간선거에서 환경 보호를 지지하는 후보자에게 투표할 것을 독려하는 캠페인을 진행하며 역시 모든 매장의 문을 닫았다. 미국은 각 주의 중간선거일이 공휴일이 아니기 때문에 출근하는 사람들이 투표에 참여하는 것은 본인의 강력한 투표 의지가 있거나 회사에서 배려해주지 않으면 쉽지 않다.

이 때문에 로즈 마카리오는 파타고니아 매장만 문을 닫아서는 큰 효과가 없겠다는 생각하고 파타고니아와 이해관계가 있거나 평소 친분이 있는 기업의 CEO들에게 전화했다. 그리고 회사가 직원들이 투표에 참여할 수 있도록 배려해 줄 것을 요청했다. 그의 요청에 따라 몇몇 회사들은 직원들에게 투표할 수 있는 넉넉한 시간을 제공했다.

기업 사회공헌의 일반적인 방식인 공익 기부나 임직원 봉사활동의 수준을 훌쩍 뛰어넘어 정부와 정책, 정치 권력과 정치인을 대상으로 직접적인 의사표현을 하고 싸우기도 하는 파타고니아의 힘은 무엇일까? 보수

성향의 언론과 트럼프 지지자로부터 엄청난 비난에 시달리고 불매 운동을 감수하면서도 대통령과 싸우는 이유는 무엇일까?

파타고니아가 행동주의자 기업임을 스스로 내세우고 점점 더 강력한 메시지를 공표하는 것은 무엇보다 환경보호에 대한 파타고니아의 철저한 미션 실천 의지가 있기 때문이다. 홈페이지나 회사 정문에 걸려만 있는 전시를 위한 미션이 아니라 실제 달성하기 위한 미션이 분명히 존재하고 계속 발전시키고 있기 때문이다. 또한 파타고니아가 행동주의자 활동을 통해 주장하는 메시지와 주제들은 갑자기 튀어나온 것들이 아니다. 1972년 벤투라강의 친구들을 후원하면서부터 오랜 기간 수많은 환경단체들과 호흡을 같이 하고, 직영매장을 통해 지역 환경 이슈를 지속적으로 쫓아온 결과, 가장 핵심적인 환경 이슈를 잡아낼 수 있었던 것이다.

또한 파타고니아는 현장 행동주의 원칙에 입각한 풀뿌리 환경운동의 능력을 신뢰하고 있다. 벤투라강 사례에서 보듯이, 누군가 끈질기게 물고 늘어지고 맞서 나간다면 실제 변화를 만들어 낼 수 있다는 사실을 직접 보고 믿게 되었다. 그리고 무엇보다 중요한 것은 지금의 환경 위기, 환경 오염의 심각성에 대한 자각이다. 지금과 같은 무분별한 소비와 환경 파괴 비즈니스 구조를 그대로 끌고 갈 경우 지구와 인류가 존속할 수 없다는 절박함이 파타고니아를 안전한 기업 사회공헌 활동에 머무르지 않고 행동에 나서도록 하고 있다.

이제 사회적 가치의 접근방법이 필요하다

일반적인 기업의 사회공헌 활동은 크게 기부, 자원봉사, 사회공헌 프로그램으로 나눌 수 있다. 세 가지 분류에 의거하여, 기부 측면에서는 지구를 위한 1%, 자원봉사 측면에서는 환경단체 인턴십 프로그램, 사회공헌 프로그램으로는 베어스 이어스 국립자연보호구역 보호 캠페인 사례를 주요하게 다루었다. 세 사례는 각각 기부, 자원봉사, 사회공헌 프로그램 측면에서 기업 사회공헌을 어디까지 확장할 수 있을 것인가에 대한 하나의 사례를 보여준다. 이를 우리나라 기업에 그대로 적용하기에는 쉽지 않다. 그러나 사례를 관통하는 흐름은 우리나라 기업들도 쫓아갈 수 있다.

무엇보다도 사례를 관통하고 있는 점 중 하나는 기업 미션과 긴밀하게 결합되어 있다는 것이다. 보통 기업들이 자원봉사나 프로그램을 기획할 때 가장 쉽게 접근하는 방법이 해당 기업이 보유하고 있는 역량과 결합하거나 업의 특성을 반영하는 것이다. 그러니 더욱 중요한 것은 기업 미션을 달성하기 위해 노력하느냐는 점이다. 파타고니아 사회공헌 프로그램은 세부적으로 보면 기업의 역량과 크게 결합되지 않은 프로그램도 있으나, 기업 미션과 강하게 연결되어 있으니 프로그램이 탄탄하게 추진되면서 힘을 받고 있다. 환경단체 인턴십 프로그램이 1994년부터 일관되게 추진되면서 오히려 점차 확대될 수 있었던 것은 프로그램이 파타고니아 미션 실행에 큰 역할을 하고 있기 때문이다.

사회문제 해결 방법도 일관된 철학을 가지고 전체 프로그램을 관통하고 있다. 그것은 특정 사회문제를 붙들고 끝까지 해결하고자 노력하는 다수의 단체에 대해 다수의 기부자 또는 참여를 끌어들여 지원하는 방식으로 문제를 해결해 나가겠다는 것이다. 전 지구적 차원에서 자연환경 보호 운동을 하는 단체를 통해 세상을 바꾸는 것은 어려울 수 있어도 베어스 이어스 국립자연보호구역을 지키기 위해 끝까지 싸우는 지역 환경단체를 지원하면서 해당 문제를 해결할 수는 있다. 그리고 이런 환경단체를 다수 발굴하여 지원할 수 있는 시스템을 만들 수 있다면 산재해 있는 환경문제를 하나씩 풀어나갈 수 있다. 파타고니아 사회공헌 활동이 추구하는 것은 이런 방식을 통해 특정한 영역에서 근본적 문제 해결을 추구해나가는 것이다.

이런 접근법을 선택하고 있기에 파타고니아 사회공헌에서는 '협력'의 가치가 매우 중요하다. 협력의 가치를 끌어내기 위해서는 사회적 가치를 전면에 거는 전략과 동전의 양면처럼 결합되어야 한다. 지구를 위한 1%를 추진하기 위한 중추 조직을 만들 때, 만약 파타고니아가 기업의 평판을 높이기 위해 'PR 전략'을 선택하면서 파타고니아의 사회공헌 활동을 적극적으로 홍보했다면 다수의 협력을 이끌어내기 어려웠을 것이다. 그러나 파타고니아는 '사회적 가치(Social Value, SV) 제고 전략'을 취하면서 사회문제 해결의 중요성을 내세웠고, 그렇기에 다수의 공감을 전 세계적으로 만들 수 있었다. 기업 사회공헌을 추진하면서 PR 전략을 통해 사회공헌 프로그램의 브랜드 인지도를 높일 것인가, 사회적 가치를 중시하면서 다수의 협력을 끌어낼 것인가 하는 두 갈래 길에 대한 고민은 현 시점에서 우리 사회에 매우 중요하다. 파타고니아 사례는 사회적 가치 중심으로 다수의 주체가 모여 협력을 통해 사회문제를 풀어나가는 것이 얼마나 우리 사회에 필요한가를 잘 나타내주고 있다. 이제 PR의 깃발을 들 것인가, SV의 깃발을 들 것인가 한 번쯤 고민할 시점이 왔다.

:

왜 넥스트 CSR인가

CSR 1.0 '산타클로스 모델'

기업 사회공헌을 포함한 CSR의 발전 단계를 제시한 최근의 대표적인 연구(Googins and Mirvis, 2006; Visser, 2010; Saul, 2011)를 참고하면 CSR은 크게 세 단계의 발전 과정을 거친다. 첫 단계인 CSR 1.0은 자선사업 단계다. 흔히 '산타클로스 모델'이라고 부른다. 이 모델은 기업의 비즈니스와 상관없이 기업의 수익 일부를 사회복지, 보건의료, 교육, 문화예술, 국제개발 등의 영역에서 활동하는 개인이나 단체에게 기부금(또는 물품)을 주는 것이다.

지금까지 많은 한국 기업의 CSR 모델은 거의 산타클로스 모델이다. 기업 사회공헌이 CSR의 단지 일부분[30]을 차지하고 있음에도 불구하고, 한국에서 CSR과 기업 사회공헌이 유사어로 사용되고 있는 까닭은 바로 이 때문이다. 산타클로스 모델은 말 그대로 '주는 것'에 초점이 맞춰져 있다. 사회나 개인의 문제를 해결하는 데 초점을 맞추는 것보다 '누구에게 무엇을 얼마나 주었나' 하는 것이 중요하다. 이 모델에서 중요한 것은 상대적으로 더 도움이 필요한 대상을 찾아 감동적인 스토리를 만드는 것이다.

이를 산타클로스 모델로 부르는 또 다른 이유는 산타클로스는 선물을 줄 뿐, 마을의 문제 해결에는 관심이 없다는 점 때문이다. 단순 기부 중심의 기업 사회공헌 모델은 사회 변화와 개선에 대한 책임과 참여를 기업에게 가장 소극적으로 요구하는 모델이다. 많은 이익을 냈으면 사회를 위해 이익 중 일부를 나누기를 원하는 정도의 요구이다. 우리나라에서 1998년 사회복지공동모금회가 설립된 후부터 2000년대 중반까지 '기업 수익의 사회 환원'이라는 말이 많이 사용되었는데, 이 단계에 딱 들어 맞는 표현이다.

CSR 2.0 '세일즈맨 모델'

CSR 2.0 단계는 세일즈맨 모델로 불린다. 1990년대 미국을 중심으로 대중매체를 활용한 마케팅과 광고산업이 폭발적인 성장을 하면서, CSR 분야에서도 공익연계마케팅(CRM, Cause-Related Marketing)과 CSR 브랜드 전략이 등장했다. 마케팅 전략의 대가인 필립 코틀러(Philip Kotler)의 『착한 기업이 성공한다(Corporate Social Responsibility)』는 한때 기업 사회공헌 담당자들의 필독서였다.

세일즈맨 모델의 초점은 사회공헌을 중심으로 한 CSR 프로그램을 '기업의 유익(benefit) 또는 이익'과 연결하고자 하는 것이다. 2000년대 초·중반부터 현재까지 CSR 영역에서 조금 앞서가는 기업들이 전략적 사회공헌, 전략적 CSR을 내세우고 있는데, 대부분 세일즈맨 모델에서 크게 벗어나지 않는다.

세일즈맨 모델의 가장 큰 특징은 기업의 업(業) 특성을 활용하거나, 이해관계자[31]와 연관된 사회공헌을 하는 것이다. 예를 들면 식품회사는 기아

---

30. 2010년에 발표된 ISO26000에는 기업을 포함한 모든 조직의 사회적 책임을 거버넌스, 인권, 노동, 환경, 공정 운영, 소비자, 지역사회 발전 기여와 참여 등 7가지 핵심 주제로 구분하여 제시했다. 기업 사회공헌은 지역사회 발전 기여와 참여에 해당한다.
31. 이해관계자 중 공급자, 환경에 대한 고려는 낮은 반면, 상대적으로 고객, 정부, 임직원, 불특정한 사회 일반에 대한 고려를 많이 한다.

문제나 결식 문제, 음료회사는 물과 관련된 주제, 화장지회사는 식목활동, 건축회사는 집을 지어주는 활동 등과 관련된 사회공헌을 한다. 또 기업의 주된 고객이 아동층이냐 고령층이냐에 따라 사회공헌 프로그램의 수혜자를 주고객에게 맞춘다. 그렇게 하면 사회공헌을 기업 PR이나 마케팅에 활용했을 때 홍보 효과를 높일 수 있고, 기업 브랜드 정체성을 강화하는 데 기여할 수 있고, 나아가 막연하지만 장기적으로 고객 확보와 상품판매에도 도움이 될 것이라고 생각한다.

그러나 CSR 2.0은 분명한 문제와 한계를 가지고 있다. 가장 큰 첫 번째 한계는 비즈니스와 연관된 사회공헌에만 신경쓰고 비즈니스에서 실제로 어떤 문제가 발생하고 있는지에 대해서는 깊이 들여다보지 않는다는 것이다. 아동복지 사업을 열심히 하는 기업의 제3세계 협력업체에서 아동노동이 발생할 수 있으며, 유방암 예방 캠페인을 벌이는 기업의 제품에서 발암물질이 발견될 수 있다. 또한 숲 가꾸기를 하는 회사의 원재료가 열대우림을 파괴하는 농장에서 올 수 있다. 아무리 훌륭한 사회공헌일지라도 사회공헌만을 강조하는 기업은 그린워싱(greenwashing)으로 흐를 가능성이 높다.

두 번째 한계는 비즈니스의 특징을 살린 사회공헌을 해도 실질적으로 창출하는 사회적 가치가 크지 않다는 점이다. 비즈니스에서 훼손하는 대부분의 사회적 가치를 그대로 둔 채 사회공헌으로만 사회적 가치를 창출하려고 한다면 전체적으로 기업의 사회적 가치는 여전히 마이너스(-) 인 것이다.

세 번째 한계는 실제 기업의 이익에 도움이 되는 경우가 많지 않다는 것이다. 전략적 사회공헌의 대표 사례를 떠올려보면 대부분 대중매체 공익 광고와 맞물려 일시적으로 유명세를 타는 경우가 많다. 공익 광고나 캠페인으로 인한 일시적인 유명세가 기업의 지속적인 매출 증가로 연결된 사례는 극히 드물다.[32] 현 시대의 소비자들은 정보 취득 능력과 사회적 가치에 대한 인식 수준 면에서 기업이 진정성을 가지고 사회적 가치를 위한 일을 하는지 아니면 단지 기업 홍보와 평판을 높이기 위한 일을 하는지에 대한 충분한 판단능력을 가지고 있기 때문에 전략적 사회공헌이나 공익 광고 만으로 소비자의 마음을 돌리기는 쉽지 않다.

CSR 3.0 '닥터 모델'

CSR 3.0 단계는 닥터 모델로 부른다. 이유는 닥터(의사)의 존재 이유가 병을 고치기 위한 것처럼, CSR 3.0에서는 비즈니스 자체를 통해 환경과 사회문제 해결을 동시에 추진한다는 뜻이다. 이 모델의 가장 큰 특징은 비즈니스 가치사슬 전체에 CSR의 DNA를 결합시키는 것이다. CSR 1.0과 2.0이 비즈니스는 그대로 둔 채 수익의 일부분만 활용한다면, CSR 3.0은 기업 비즈니스의 모든 부분, 모든 가치사슬(process, products, profits)을 활용한다. 제품을 생산하는 과정(process)과 제품(products)자체의 환경·사회문제를 개선하는 한편, 그 과정과 제품을 통해 환경·사회 문제를 해결하려고 한다. 또한 비즈니스를 통해 얻은 이익(profits)을 사회와 환경문제 해결에 사용한다.

CSV(Creating Shared Value, 공유가치창출)의 경우 사회공헌뿐만 아니라 비즈니스를 활용한다는 점에서 CSR 2.0과 차이가 있지만, 기업 미션이나 비즈니스 전체를 혁신하지 않고, 경제적 가치와 사회적 가치를 함께 창출할 수 있는 일부 상품과 서비스, 비즈니스 프로세스의 부분적 개선을 추구한다는 점에서 CSR 3.0과는 근본적인 차이가 있다. CSV는 CSR 3.0에 대한 문제의식을 촉발시키고 비즈니스 부서의 관심과 참여를 불러일으킬 수 있다는 점에서 CSR 3.0의 출발점 중의 하나가 될 수 있지만, 그렇다고 CSV가 CSR 3.0의 지향점이 될 수는 없다.

---

32. 기부와 공익 캠페인 등 기업 사회공헌에 투입되는 자원의 양과 기업의 매출 증가와의 상관 관계에 대한 조사와 연구가 1990년대 이후 많이 이루어졌으나 상관 관계가 있다는 연구와 상관 관계가 없다는 연구가 팽팽한 대립을 이루고 있다.

파타고니아의 SER 모델

그렇다면 파타고니아는 CSR 모델 관점에서 보면 어떤 위치에 있을까.

우선 파타고니아에서는 CSR이라는 단어를 잘 쓰지 않는다.

2010년대에는 CSR의 대체 개념이 봇물처럼 나오고 있다. CSR 3.0처럼 기존 CSR과는 차별점을 두려는 것부터, CSV, CSI(Corporate Social Innovation, 기업 사회 혁신)처럼 용어를 대체하려는 움직임도 있다. 웨인 비서(Wayne Visser)는 『책임의 시대(The Age of Responsibility)』에서 CSR이란 용어를 사용하되 CSR을 'Corporate Sustainability and Responsibility(기업 지속가능성 및 책임)'란 의미로 사용하는데, 이렇듯 의미를 고쳐 쓰는 경우도 있다. 2010년에 CSR에 대한 국제표준인 ISO26000이 나왔는데, 그 시점에 CSR이란 용어가 다양하게 분화하고 있다는 사실은 아이러니하다. 그만큼 사회 환경이 바뀌었다는 것과 기존 CSR의 문제의식으로는 변화한 환경을 담아내는 데 한계가 있다는 것이기도 하다.

파타고니아 임직원 역시 CSR이라는 단어 대신에 SER(Social & Environmental Responsibility)이라는 단어를 많이 쓴다. 리셉션 데스크의 치퍼 브로에게 차이가 무엇이냐고 물으니 자신 있게 "CSR의 경우 환경에 대한 강조가 약하고, 그린마케팅으로 흐를 개연성이 있다"고 평가했다. 파타고니아 임직원마다 SER을 정의하는 내용이 약간씩 달랐지만 공통점은 CSR이라는 틀에 자신을 가두지 않는 것과 파타고니아가 추구하는 환경과 사회문제를 책임의 한계를 두지 않고 해결하려 한다는 것이었다.

행정소송을 불사하면서 트럼프 대통령의 국립자연보호구역 정책에 수년째 맞서 싸우고, 농장 단계까지 환경·사회적 책임을 확대하고, 자신이 만든 의류 제품의 환경·사회적 책임에 대한 가이드라인을 공개하고 경쟁사에게 협력하자고 제안하는 것은 일반적인 CSR 시각에서 평가하기 어렵다. 그런 점에서 파타고니아가 추구하는 바는 CSR 3.0을 넘어서서 '넥스트 CSR'에 대한 문제의식을 우리에게 던져준다.

넥스트 CSR을 위한 다섯 가지 문제 제기

웨인 비서는 『책임의 시대』에서 CSR 발전 단계를 탐욕의 시대, 자선의 시대, 마케팅의 시대, 경영의 시대, 책임의 시대 등 5단계로 나누었다. 그리고 마지막 책임의 시대를 상징하는 기업 중 하나로 파타고니아를 꼽고 있다. 책임의 시대 리더들이 이전 리더들과 다른 점으로 '인정의 깊이'와 '꿈의 크기'를 들었다. 파타고니아 역시 비즈니스가 환경 파괴를 하고 있다는 철저한 자성과 성찰에 기반하여 '고장난 지구'를 고치기 위한 원대한 꿈을 꾸고 있다. 파타고니아가 추구하는 환경·사회적 책임은 '넥스트 CSR' 관점에서 몇 가지 시사점을 던져준다.

첫 번째는 환경·사회문제의 심각성을 어느 수준에서 받아들일 것인가의 문제다. 지금의 환경·사회 문제가 심각하다는 것은 모두 인정할 수 있다. 그렇지만 자신의 기업 역시 지구의 지속가능성을 해치고 있고, 현재의 시스템과 패러다임으로는 문제가 더욱 악화될 것이라는 점을 인정하기는 어렵다. 넥스트 CSR로 가기 위해서는 '인정의 깊이'를 깊게 가져가는 것부터 시작해야 한다.

두 번째는 목표 수준을 어디에 둘 것인가의 문제다. 대부분의 기업들은 조금 덜 해로운 방식을 찾아 환경·사회적 가치를 창출하고자 한다. 또한 보통 환경·사회적 가치를 창출한다고 할 때 기준을 통상적 수준에 대비해 잡는다. 일반적인 CSR은 기본적으로 법적, 도덕적 책임 등 현 사회적 기준에 기반하고 있기 때문이다.

그러나 조금 덜 해로운 방식일지라도 시스템은 자연에게 되돌려주는 것보다 더 많은 것을 취하고 있으며, 흐름을 전환하고자 노력을 하지 않는다면 문제 해결은 쉽지 않다. 현재의 시장경제는 투입 비용 및 시장 수요에 기반한 가격을 잘 산출할 수 있어도, 환경·사회적 비용을 정확하게 계산하는 능력은 없다. 그렇기에 모든 기업이 통상적 수준에 대비해 CSR을 모범적으로 추진해도 사회적 비용이 증가하는 것이 현실이다. 통상적 수준이 자본주의 문제를 악화시키고 있는 수준이라면, 목표 수준을 변경해야만 할 것이다. 물론 개별 회사 차원에서 '비용의 사회화' 문제를 해결할 수 없지만, 해결하기 위한 방법을 찾는 노력을 각자 해야만 할 것이다.

세 번째는 해결 범위를 어디까지로 할 것인가의 문제다. 일반적인 CSR은 사회 전체 관점보다는 개별 회사 중심 관점에 서 있다. 그러면서 개별 회사 내 가치사슬 및 거버넌스 중심의 사회적 책임을 강조한다. 이것은 CSR에서 '기업(Corporate)'의 관점을 견지하는 것으로, 자신의 집 마당을 쓰는 책임만 수행하는 것이다.

그러나 이제는 회사가 홀로 완벽한 사회적 책임을 수행할 수 없다. 2014년 파타고니아가 7년의 노력 끝에 완성한 '100% 책임 추적 다운' 사례를 봐도 그렇다. 파타고니아는 재킷에 들어 있는 오리털 하나를 책임지기 위해 의류 공장→오리털 처리 업체→오리털 전(前)처리 업체→오리 도축 업체→오리농장→부화장→어미 오리농장까지 협력업체를 7단계까지 거슬러 올라가 책임 있는 공급망 체계를 구축해야만 했다. 사회 전체의 변화가 동반되지 않고 한 기업의 변화가 완전해질 수 없다. 그렇기에 한 기업의 비즈니스 프로세스에 경계를 긋고 경계 안의 사회적 책임 수준을 강화한다는 것은 무척 제한적일 수밖에 없다.

네 번째는 이해관계자에 대한 정의를 어디까지 할 것인가의 문제다. 그동안 CSR은 해당 기업의 가치사슬 중심으로 이해관계자를 정의하고, 이해관계자를 고객, 구성원, 투자자 외에 협력사 등으로 조금씩 확대했다. 그러나 개별 기업과 직접적인 계약관계에 있거나 직접적인 영향을 주고받는 관계에 있는 이해관계자만으로는 이제 문제 해결이 어렵다.

예를 들어 파타고니아가 2015년부터 집중하고 있는 미세플라스틱 이슈만 봐도 그렇다. 세탁할 때 발생하는 미세플라스틱 문제를 해결하기 위해서는 원재료 및 의류 생산업체, 의류 판매업체 외에도 세탁기업체의 기술 개발, 소비자의 행동 변화, 해양 모니터링 등 전반적인 분야에서 협력이 필요하다.

이해관계자의 폭을 넓히지 않는 한 문제 해결이 어려운 것이다.

또한 이해관계자에서 '자연'의 중요성을 강화할 필요가 있다. 지구에서 얻은 것보다 더 많은 것을 돌려주기 위해서는 자연 역시 중요한 이해관계자로 봐야 한다. 파타고니아는 주주, 직원, 고객, 지역사회 외에도 자연을 중요한 이해관계자로 보고 있다.

다섯 번째는 협력과 확산을 어떻게 추진할 것인가의 문제다. 경제학에서 보통 시장 실패의 요인을 외부성, 공공재, 독점 등으로 꼽는다. 그동안 CSR은 시장 실패를 언급하되 해결 방안을 해당 기업의 가치사슬 안으로 가두려는 경향이 있었다. 그러할 때 외부성, 공공재 등 우리 사회가 풀어야 할 문제는 해결이 요원해질 수 있다.

사회문제를 해결하기 위해서는 각자 자신의 상자 안에서 나와야 한다는 문제의식이 중요하다. 그러나 일부 기업만 상자에서 나와서는 해당 기업의 생존이 위태로울 가능성이 높다. 그래서 넥스트 CSR을 꿈꾸는 기업은 법적, 도덕적 기준을 넘어 사회적 비용을 줄이기 위한 더 높은 환경적, 사회적 기준을 만들고 노력하는 한편, 동종업계 및 사회에 확산하려는 노력을 동시에 다양하게 경주하고 있다. 넥스트 CSR에서 협력과 확산은 추가적으로 창출하는 가치가 아니라 생존과 변화를 위한 기본적인 가치다.

파타고니아 역시 여전히 비즈니스를 통해 환경을 오염시키고 기후변화 문제를 만들고 있다고 자성한다. 여전히 지속가능성(sustainability) 문제와 싸우면서도, 다른 한편으로 되살림(regeneration)이라는 더 높은 목표를 내걸고 나아가고 있다. 분명한 것은 지속가능성으로는 충분치 않다는 것이다. 넥스트 CSR의 시작점은 '지속가능성'의 틀을 깨고 앞으로 내딛는 그 지점이 될 것이다.

파타고니아에 다녀와서

저자 2인을 포함하여 대기업 CSR과 소셜 밸류 담당자, 사회혁신 기업의 대표 등 총 6인은 CSR의 선구자 파타고니아를 깊이 있게 살펴보기 위해 2018년 6월, 미국에 있는 파타고니아 본사를 방문하였다. 일주일 동안 부사장부터 매니저까지 여러 임직원들과 다양한 이야기를 나누었고, 그 내용은 이 책에서 상세히 다루고 있다.

그렇다면 저자들과 함께 파타고니아의 '넥스트 CSR'을 경험하였던 사람들은 파타고니아 탐방 후 어떤 점을 느꼈을까?

파타고니아는 진짜일까?

김민석 LG전자 CSR팀장

'기업' 하면 떠오르는 몇 가지 이미지가 있다. 그런데 얼마 전 일반적인 기업과는 다른 모습의 기업을 알게 되었다. 바로 '파타고니아'이다. 그동안 환경과 사회적경제, 지속가능경영을 공부하고, 졸업 후에는 환경 및 공급망 관리, CSR분야에서 일을 하면서 다양한 기업들을 접할 기회가 있었다. 유명한 저널이나 언론에 실린 훌륭한 기업을 포함하여 좋은 기업으로 알려진 기업들을 만나고 접하면서, 어떻게 하면 우리 조직도 나아질 수 있는지 배우고 고민해왔다. 하지만 현실에서 만난 많은 기업들은 알려진 것과는 상당한 거리가 있음을 알게 되었고 기대했던 만큼 실망도 클 때가 많았다.

각 기업의 홈페이지나 소개 책자에 적혀 있는 멋진 경영이념과 추구하는 비전이, 단순히 보여주기 위한 글로만 남겨 있는 것이 아니라 실제로 그러한 비전과 목표를 달성하기 위해 노력하는 회사는 없을까? 그리고 사회와 환경을 위한 비즈니스를 하는 기업은 없을까? 이런 고민을 하고 있을 때 만난 회사가 파타고니아였다.

환경의 가치를 소중히 생각한다는 파타고니아에 대한 이야기를 듣고 난 후에, 이 책의 저자를 포함한 몇몇 지인들과 미국 서부 벤투라에 있는 파타고니아 본사에 갈 수 있는 기회를 만났다. 파타고니아에 가기 전, 파타고니아에 대한 책을 읽고 홈페이지에서 관련 자료를 찾고 해외 인스타그램 계정까지 팔로우하면서 이 회사에 대해 알기 위해 많은 시간을 보냈다. 왜냐하면 '파타고니아는 일반적인 기업과는 다를까? 파타고니아는 진짜일까?'라는 의심과 물음이 내 안에 있었기 때문이다.

하지만 파타고니아의 본 모습을 확인하는 데에는 그리 오래 걸리지 않았다. 방문 첫날 회사의 경영철학과 주요 이슈를 꿰뚫고 있던 안내데스크에서 일하는 치퍼브로(Chipper Bro)와의 만남을 시작으로, 제품개발 및 공급망 관리 측면에서 환경보호를 위해 노력하고 있는 담당자들의 진정성 있는 모습들, 그리고 마지막 날에 만난HR 디렉터인 딘 카터(Dean Carter)로부터 생생하게 들은 인사철학과 인재상을 통해 '아, 진짜가 있구나!'라는 확신을 갖게 되었다. 이 외에도 여러 국내외 파타고니아 관계자들을 만나면서 파타고니아가 추구하는 가치가 무엇인지, 정말 중요하게 생각하는 것이 무엇인지 명확하게 알 수 있었다. 이러한 경험을 통해 파타고니아가 한국의 많은 기업들에게 지속가능한 환경과 사회를 위해 새로운 경험과 시도에 도전할 용기를 줄 수 있다는 믿음을 갖게 되었다. 이후로 누구보다 파타고니아에 열광하고 지지하는 한 명의 팬이 되어, 환경보호를 위한 기업경영을 실천하며 나아가는 한걸음 한걸음을 열심히 응원하고 있다.

내 삶에 딱 맞는 옷을 40대에 들어서야 마침내 찾았다

김정태 사회혁신 컨설팅·임팩트투자 기업 MYSC 대표

평소 나의 소비생활은 매우 단조롭다. 집에 아직까지 에어컨도 없이 살아가며, 자동차 운전도 하지 않고 TV도 물론 없다. 골프를 치지도 않고, 평소 등산을 다니지도 않기에 의복 쇼핑, 특히 아웃도어 의류와 나는 관련이 전혀 없었다. 그러다 우연하게 이 책의

저자 중 한 명인 유승권 팀장이 연락을 주어 만나게 되었다. '파타고니아에 같이 가자'란 제안과 함께.

물론 그 전에 파타고니아가 무슨 일을 하는지는 알고 있었고, 지속가능경영의 사례에서 흔히 듣는 모범 기업 중 하나임을 알고 있었다. 다만 나는 파타고니아의 고객도 아니었고 앞으로도 고객이 될 것 같지는 않았지만, 같이 가게 될 사람들이 누구인지를 알게 되자 더 이상 고민이 되지 않았다. 사실 나는 파타고니아보다는 같이 가는 분들과 함께 할 시간과 나눔이 더 기대되었다.

그러한 불순한(?) 의도로 방문한 2018년 파타고니아 본사 방문은 내 삶에 크나큰 영향을 끼쳤다. 도대체 이런 괴물 같은 기업이 어떻게 존재할까? '의류와 환경'이라는 키워드를 멋지게 조합하는 기업이라고 생각했는데, 사실 파타고니아에게 의류보다 더 중요한 것은 '환경'이었다. '지구를 지키기 위해' 사업을 한다는 파타고니아의 미션은 내게 전무후무한 영감을 주었다. 내가 몸 담고 있는 MYSC는 환경과 큰 관련이 없다고 생각했지만, MYSC 역시 환경과 깊은 관련이 있고 따라서 MYSC의 직간접적 활동에서 반드시 우리는 어떠한 환경적 가치를 창출하고 기여하고 있는지를 행동으로 보여야 함을 깨닫게 됐다. 그리고 무엇보다 MYSC에게 무한한 영감을 주며 장기적인 롤모델이 될 회사가 파타고니아임을 확인했다. (현재 MYSC의 단기적인 롤모델은 IDEO+맥킨지앤컴퍼니의 융합조직이다.)

매일 파타고니아 사람들과 이야기를 나누고 흠뻑 빠져 들어가니, 자연스럽게 파타고니아 매장에 가서 옷을 들쳐 보는 것이 너무나 즐거웠다. 40대에 접어들어 이렇게 의류 쇼핑에 관심을 가지게 될지 전혀 상상하지 못했다. 결국 처음으로 100만원이 넘는 카드 결제가 이루어졌다. 그뿐만이 아니다. MYSC 모든 구성원들은 파타고니아 티셔츠를 입고 다니기 시작했고, 최근엔 파타고니아 로고와 MYSC 로고가 함께 부착 된 후드티를 단체로 구매했다. 나는 지속가능경영과 사회책임기업의 사례를 소개하거나 새로운 고객과 만날 때 의도적으로 파타고니아 옷을 입는다. 말하는 것과 입는 옷과 행하는 것이 일치할 때 더욱 강력한 메시지가 나오기 때문이다. 그 전에는 말하는 것과 행하는 것의 일치를 위해서만 열심히 고민했다면, 이제는 말하는 것과 행하는 것의 일치만으로 충분하지 않음을 느낀다. 내가 입는 옷이 무엇인지에 따라 내 말과 행동의 진정성 역시 달리 해석될 수 있기 때문이다. 사회혁신가, 사회적기업가로서의 내 삶에 딱 맞는 옷을 40대에 들어서야 드디어 발견했다.

분류하기 힘든 회사 파타고니아

이준석 SK 하이닉스 SV팀 TL

분류하는 것이 익숙한 나에게 파타고니아는 참 분류하기 힘든 회사다.

트럼프 정부의 정책에 강한 목소리를 내고 환경 단체들과 환경 캠페인을 하는 것을 보면 환경운동가들이 모인 비영리 기관의 모습이 보인다. 좋은 품질과 수려한 디자인의 제품으로 항상 높은 매출과 점유율을 보이는 것을 보면 잘 나가는 영리 회사의 모습이다. 또한, 파타고니아 본사에서 점심 시간에 직원들이 잔디에 앉아 밥먹고 서핑에 대한 이야기를 하는 풍경은 스포츠 동호회나 자급자족 공동체의 모습으로 보인다.

몇 년 전 파타고니아가 CSR을 잘하는 기업이라는 말을 듣고 '지속경영 전략이 무엇일까?'라는 질문이 생겼다. 이러한 호기심을 가지고서 운 좋게 본사도 방문하고 여러 자료를 읽었지만, 쉽게 그 비결이 잡히지 않는 이유는 아마도 나의 질문 자체가 잘못된 것 때문이 아닐까? 파타고니아를 단순한 기업의 영역에 가두어 놓고 이 기업이 어떤 전략을 수립하고, 인사관리는 어떻게 하며, 업무는 어떤 식으로 진행되는 지를 알고자 하면 할수록 더 손에 잡히지 않는다.

이윤이라는 단 하나의 목표를 추구하는 기업들과 다르게 파타고니아는 환경적, 사회적 가치를 추구하기 때문에 작동하는 방식도 당연히 기존 기업과는 많이 다른 모습일 것이다. 파타고니아 직원들이 여유로워 보이지만 큰 성과를 내는 이유, 다양한 부서들이 모여 충돌보다는 시너지를 더 많이 내는 이유, 우수한 인재들이 계속해서 몰리는 이유에 대해 질문하다보면 기업의 미래에 대해 다시금 생각하게 된다.

넥스트 CSR 파타고니아

초판 1쇄 발행 2019년 10월 31일
2쇄 발행 2021년 04월 01일
지은이 서진석, 유승권

발행처 주식회사 엠와이소셜컴퍼니(MYSC)
발행인 김정태
주소 서울시 성동구 뚝섬로1나길 5 헤이그라운드 G402호
홈페이지 www.mysc.co.kr
문의 02) 532-1110 / info@mysc.co.kr

출판등록 제2015-000064호
인쇄 네모연구소
내지 디자인 네모연구소
표지 디자인 김덕유
교정·교열 김경아

ISBN 979-11-967888-1-0

* 이 도서의 국립중앙도서관 출판예정도서목록(CIP)은 서지정보유통지원시스템 홈페이지(http://seoji.nl.go.kr)와 국가자료종합목록시스템(http://www.nl.go.kr/kolisnet)에서 이용하실 수 있습니다. (CIP제어번호 : CIP2019040363)